中华经典诠解

U0945499

孟子诠解

振宇◎校注

山东友谊出版社
Shandong Friendship Publishing House

目录

孟子生平与思想简介

孟子，名轲，战国时邹(今山东省邹城市北)人，约生于公元前372年，卒于前289年。关于他的父母，史料几乎没有什么记载。根据《史记》、《孟子》、《韩诗外传》、《列女传》的相关资料推测，孟子的父亲去世较早，主要由母亲抚养、教育他成人。

韩婴《韩诗外传》和刘向《列女传》记载了很多孟母教子的故事，如“买东家豚肉”、“不敢去妇”、“孟母三迁”、“断机教子”、“孟子去齐”等，其中流传最广的是“孟母三迁”。据《列女传》记载，孟子孩提时代，住所离墓地很近，因此经常看到办理丧事的活动，好奇的孟轲总喜欢模仿大人的样子，玩办理丧事的游戏。孟母看到后非常担心，感觉这种环境对孩子成长不利，于是把家迁到了集市旁边。幼小的孟轲天天目睹商人吆喝卖货物的场景，又开始玩卖商品的游戏。孟母看到后，忧心忡忡，于是又把家搬到学校附近。受学校环境的熏陶，孟子和小伙伴摆设碗盘作为礼器，学习打恭拜揖进退的礼仪。

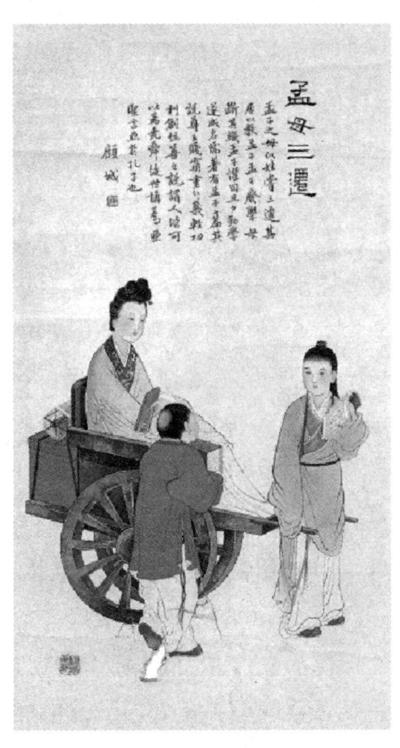

荀子曾经说:“蓬生麻中,不扶而直;白沙在涅,与之俱黑。”孟母就是因为看到了环境对人的影响,希望孟子能够受到好的熏陶和教育,所以才屡次搬家。后来孟子受母亲的影响,也曾多次强调环境对人修养的重要性,甚至认为居住的环境会影响人的气质和气度。有一次在从范邑去齐都的路上,孟子远远望见齐王的儿子。他问学生:“同为人子,为什么王子在气质上如此与众不同呢?”接着他自问自答说:“王子住的房屋、用的车马、穿的衣物与别的王公大臣差别不大,但他却有如此不凡的气度和王者气质,是因为他居住的环境与别人不同!肉食只可以改变人的体质,但居住环境可以改变人的气度。”在他看来,“仁”是人类最舒适的住宅,“义”是人类最正确的道路,居仁由义是提升气质和道德修养的最有效途径。虽然人的地位和生活条件不能选择,但人们可以选择居住在“仁”这一天下最舒适的住宅里,来提高自身的道德修养和才能。

现在可知的孟子的生平事迹比较少。孟子之所以伟大不在于他的事功,而在于他的思想。在儒学发展史上,孟子的影响和地位仅次于孔子,是承前启后的重要人物。孟子的思想主要体现在《孟子》一书中。司马迁在《史记·孟子荀卿列传》中指出:“《孟子》七篇”,即《梁惠王》、《公孙丑》、《滕文公》、《离娄》、《万章》、《告子》、《尽心》。但刘歆《七略》考证《孟子》当有11篇。东汉赵岐进而考证其余四篇文章为《性善辨》、《文说》、《孝经》、《为政》。这四篇的真伪问题至今已水落石出,学者一致认为乃明代人伪撰。实际上,在先秦时期的一些著述中,譬如《荀子》,引述《孟子》人性思想的一些重要文句就不见于今本《孟子》。举例来说,《荀子·性恶》所载“孟子曰:‘人之学者,其性善’”、“孟子曰:‘今人之性善,将皆失丧其性故也’”等文句,皆不见于今本《孟子》。周广业《孟子四考》对此多有考证,董仲舒、王充等人皆读过《外书》,当无疑义。或许这已从一个侧面证明通行本《孟子》并非全本或祖本。

以下主要从四个方面介绍与评论孟子的思想。

一、自然之天·主宰之天·义理之天

商人尚“帝”,周人敬“天”。以郁郁“周文”传承者自期的孔子,“天”在其思想体系中至关重要,起而踵之的孟子与荀子亦复如是。中国近现代思想转型就其本质而言是库恩(Thomas S. Kuhn)所谓的“范式”的转型。但是,近代以来学界在对孔、孟、荀“天”论内涵与性质的研究上,评价不一。随着近几年郭店楚简与“上博简”考古材料的问世,实有必要对先秦儒家“天”论作一次新的探讨。

1.自然之天

根据先秦各种文献推断,自然之天早在《尚书·盘庚》中就已出现,并非首创于孔子。《论语·阳货》云:“天何言哉?四时行焉,百物生焉,天何言哉?”人通过后天道德践履,扩充人之内涵、提升人之境界,最终有望达到哲学意义上的人、天合一。冯友兰认为天“能言而不言”,因此天是“主宰之天”。这一论点有失于偏颇,“天何言哉”只是表明天“不言”这一客观事实,并不隐含天“能言而不言”之意。马王堆汉墓帛书《要》有助于我们进一步讨论这一问题。子贡对“夫子何以老而好”《易》颇感困惑,孔子解释道:“……故《易》有天道焉,而不可以日月星辰尽称也,故为之以阴阳;有地道焉,不可以水火金土木尽称也,故律之以柔刚;有人道焉,不可以父子、君臣、夫妇先后尽称也,故为之以上下;有四时之变焉,不可以万物尽称也,故为之以八卦。”[1]这是一段有关人与自然关系的论述,《易》涵括天道、地道、人道,以及四季的变化规律。天、地、人相对,天是物质之天,是“是其所是”的科学对象。本杰明·史华兹对此评论说:“我们已经注意到,依据他对天与四季之间关系的认识,和他对宇宙的生生不息过程的通见,孔子宁愿保持沉默。在这里,他似乎展望着这样的人类秩序:与无思无虑而又天真自发的自然秩序相伴运行。”[2]在孟子天论中,也有自然之天的含义:“天之高也,星辰之远也,苟求其故,千岁之日至,可坐而致也。”[3]孟子这段话本质上是谈论人性,强调应当顺从人性的本然。在顺从人性基础上,再对人性加以引导。人们厌恶所谓的智者,是因为他们穿凿附会、违背自然之理。如果智者都像禹疏导洪水一样,人们也就不会厌恶他们的聪明了。禹疏导洪水,不过是因势利导。如果智者的行为也是因势利导、顺其自然,那么也就会更加聪明。天如此之高、星辰如此遥远,如果推

〔1〕邓球柏:《帛书周易校释》,湖南出版社,1987年,第484页。

〔2〕本杰明·史华兹:《古代中国的思想世界》,江苏人民出版社,2004年,第197页。

〔3〕《孟子·离娄章句下》,朱熹《孟子集注》本,中华书局,1983年,下同。

求它们的本原，那么千年以后的夏至、冬至也可以坐在家里推算出来。在其他章节中，孟子所说的天，也蕴涵自然之天的色彩。譬如："天时不如地利，地利不如人和。"[1]

《荀子·天论》中的"天"范畴内涵繁复，自然之天是其中义项之一："天行有常，不为尧存，不为桀亡。应之以治则吉，应之以乱则凶……故明于天人之分，则可谓至人矣。""天"之内涵是"列星随旋，日月递照，四时代御，阴阳大化，风雨博施"，天与人相对，天职与人职相对。[2]天地自然变化有其内在之规律，与人的意志无涉。"天有常道矣，地有常数矣，君子有常体矣。"[3]前段文字最易引起歧义的是"明于天人之分"，有些学者据此认为荀子已提出"天人相分"思想："荀况把天人之分提到哲学高度。他把'天'和'人'的界限严格地划分开来。这样划分的一个主要的涵义，就是承认自然、物质和客观世界是第一位的，社会、精神和主观世界是第二位的。荀况的'明于天人之分'这句话就把唯物主义哲学的一个最主要的命题明确地树立起来。"[4]引发争议的原因在于对"分"概念的理解。"分"指"职分"、"名分"，而非"区别"、"区分"。郑玄注《礼记·礼运》："分，犹职也。"先秦时期文献多有这方面的例证：《管子·七臣七主》云："法者，所以兴功惧暴也；律者，所以定分止争也；令者，所以令人知事也。"《商君书·定分》篇云："名分已定，贫盗不取"，《慎子·内篇》亦云："一兔走，百人追之；积兔于市，过而不顾。非不欲兔，分定不可争也。"《尹文子·大道上》："雉兔在野，众人逐之，分未定也。鸡豕满市，莫有志者，分定故也。"《孟子·尽心上》云："广土众民，君子欲之，所乐不存焉。中天下而立，定四海之民，君子乐之，所性不存焉。君子所性，虽大行不加焉，虽穷居不损焉，分定故也。"《荀子·富国》也讲"明分"，正好可引以为旁证："兼足天下之道在明分：掩地表亩，刺中殖谷，多粪肥田，是农夫众庶之事也。守时力民，进事长功，和齐百姓，使人不偷，是将率之事也。"农夫众庶、将率、天与圣君贤相各有职分，明分方能"兼足天下"。

---

〔1〕《孟子·公孙丑章句下》。

〔2〕除了《荀子·天论》之外，在《荀子》之《君道》、《礼论》、《乐论》、《解蔽》、《荣辱》和《儒效》等篇章中，也包含"自然之天"的内容。

〔3〕《荀子·天论》，《诸子集成》本，上海书店，1986年，下同。

〔4〕冯友兰：《中国哲学史新编》第二册，人民出版社，1984年，第369页。

2.主宰之天

“天”字在商代甲骨文中已经出现，甲骨文“天”作“[illegible]”或“[illegible]”，突出人之头颅。《说文》：“天，颠也。”在甲骨文中，“天”与“上”或“大”字通借，在当时尚无主宰之天或自然之天含义。[1]陈梦家指出：“卜辞的‘天’没有作“上天”之义的，‘天’之观念是周人提出来的。”[2]商人至上神是“帝”或“上帝”，而非“天”。因此，作为宗教哲学范畴的“天”形成于殷周之际，源出于殷人的帝、上帝的观念，是周人改造殷人宗教思想的产物。“天”范畴与“人”范畴发生关系，在金文中已出现：《大盂鼎》：“佳九月，王才(在)宗周令(命)盂。王若曰：‘盂，不(丕)显文王，有天有大令(命)。’”[3]《师□□》：“王若曰：‘师□，不显文、武，孚(敷)受天令(命)，亦(奕)□殷民。’”[4]在《尚书·周书·大诰》等文献中也有所反映：“予不敢闭于天降威，用宁王遗我大宝龟，绍天明。即命曰：‘有大艰于西土，西土人亦不静。’”又：“天亦惟休于前人。”“天”是指人格化的至上神，“人”是指西周的统治者，天人关系即指至上神与人间君王之间的关系，即神人关系。周人之“天”与殷人之“帝”的最大区别在于：周人之“天”与“德”相牵扯[5]，周人首次直接以德论天，将天与德相联系，因而与殷人的宗教观念形成了原则之区别。正如有的学者所论：“商周世界观的根本区别，是商人对‘帝’或‘上帝’的信仰中并无伦理的内容在其中，总体上还不能达到伦理宗教的水平。而周人的理解中，‘天’与‘天命’已经有了确定的道德内涵，这种道德内涵是以‘敬德’和‘保民’为主要特征的。”[6]

孔子之“天”，在某种程度上是对“周文”的继承。冯友兰认为：“孔子所言之天为主宰之天；孟子所言之天，有时为主宰之天，有时为运命之天，有时为

〔1〕参见于省吾主编：《甲骨文字诂林》第一册，中华书局，1996年，第210页。

〔2〕陈梦家：《殷墟卜辞综述》，科学出版社，1956年，第58页。

〔3〕郭沫若：《两周金文辞大系考释》，上海书店出版社，1999年，第34页。

〔4〕郭沫若：《两周金文辞大系考释》，上海书店出版社，1999年，第139页。

〔5〕《尚书·康诰》：“惟乃丕显考文王，克明德慎罚，不敢侮鳏寡，庸庸，祗祗，威威，显民，用肇造我区夏，越我一二邦，以修我西土。惟时怙冒闻于上帝，帝休，天乃大命文王殪戎殷，诞受厥命，越厥邦厥民惟时叙。”又，《尚书·召诰》：“我不可不监于有夏，亦不可不监于有殷，我不敢知曰，有夏服天命，惟有历年。我不敢知曰，不其延。惟不敬厥德，乃早坠厥命。”

〔6〕陈来：《古代宗教与伦理——儒家思想的根源》，三联书店，1996年，第168页。

义理之天;荀子所言之天,则为自然之天,此盖亦由于老、庄之影响也。"[1]在《论语》文本中,"主宰之天"的含义十分明显:"文王既没,文不在兹乎?天之将丧斯文也,后死者不得与于斯文也;天之未丧斯文也,匡人其如予何!"[2]前有文王,后有孔子,孔子以"礼乐文明"的担当者自许,这种担当使命来自上天,是上天以孔子为"木铎"。在孔子看来,天公正无私,无偏无袒。在基督教文明中,有"选民"之说,选民也就意味着上帝并非公正无私,这与孔子儒家"天"的观念迥然不同。孔子认为天公平无私,所以"不怨天,不尤人",通过"下学"以求"上达"。天具有惩戒功能,尊天而行者顺,逆天而行者亡,因此孔子感慨"获罪于天,无所祷也"。[3]

史华兹认为"在作为'自然秩序'的天和作为宇宙意识的天之间的刚性对立,却从来也没有牢固地确立起来"[4]。这一观点显然有失于偏颇。孟子侧重于站在民本主义立场上论"天",宇宙万物由天所生,人是"天民",应"畏天之威",否则"必有天殃"。[5]与孔子相比,孟子更多的是从政治文化的角度论证天之神圣性。天是社会制度的最终设计者、君王位置更迭的决定者,"天与贤,则与贤;天与子,则与子"[6]。"天不言",天"以行与事示之而已矣"[7]。"天视"的本质是"民视","天听"的本质是"民听"。在孟子思想逻辑体系中,预设天这一至高无上的人格神极其重要。正因为至上之天的存在,孟子民本主义思想的诸多观点才获得了其存在的正当性。

《荀子·天论》虽说"治乱非天也",人类社会或治或乱与自然之天无涉,却与主宰之天有关。"礼有三本:天地者,生之本也;先祖者,类之本也;君师者,治之本也。无天地,恶生?无先祖,恶出?无君师,恶治?三者偏亡,焉无安人。故礼,上事天,下事地,尊先祖,而隆君师。是礼之三本也。"[8]天是生之

〔1〕冯友兰:《中国哲学史》第一篇《子学时代》第十二章《荀子及儒家中之荀学》,第355页。

〔2〕《论语·子罕》,《诸子集成》本,上海书店,1986年,下同。

〔3〕《论语·八佾》。

〔4〕本杰明·史华兹:《古代中国的思想世界》,江苏人民出版社,2004年,第123页。

〔5〕《孟子·梁惠王章句下》。

〔6〕《孟子·离娄章句下》。

〔7〕《孟子·离娄章句下》。

〔8〕《荀子·礼论》。

本始，“夫天生蒸民，有所以取之”[1]。郭店楚墓竹简《语丛一》有类似记载：“夫<天>生百勿(物)，人为贵。”[2]荀子这一观点与孟子民本论十分相似，和孟子一样，他也为天设计了“惩戒”功能：“为善者天报之以福，为不善者天报之以祸。”[3]此外，天同样具备公正无私之品德。“天非私曾骞孝已而外众人也，然而曾骞孝已独厚于孝之实，而全于孝之名者，何也？以綦于礼义故也。天非私齐鲁之民而外秦人也，然而于父子之义，夫妇之别，不如齐鲁之孝具敬文者，何也？以秦人之从情性，安恣孳，慢于礼义故也，岂其性异矣哉！”[4]正因为天公正无私，又具主宰之义，所以必须尊天、敬天与祭天。“故王者天太祖，诸侯不敢坏，大夫士有常宗，所以别贵始；贵始得之本也。郊止乎天子，而社止于诸侯，道及士大夫，所以别尊者事尊，卑者事卑，宜大者巨，宜小者小也。故有天下者事七世，有一国者事五世，有五乘之地者事三世，有三乘之地者事二世，持手而食者不得立宗庙，所以别积厚，积厚者流泽广，积薄者流泽狭也。”[5]郊祭天神，社祭土神，天神与土神相对，郊祭天神成为统治者“上事天”的表现之一。“古者天子之礼，莫重于郊。郊常以正月上辛者，所以先百神而最居前。礼，三年丧，不祭其先而不敢废郊。郊重于宗庙，天尊于人也。”[6]周礼中“郊祭”专门祭祀天神，列于各种祭祀的首位。三年之丧中，其他祭祀都可暂停，但却不可废郊祭。因为天下之政出于天子，而天子又出于天，郊祭是天与人相沟通的纽带：“天子号天之子也，奈何受为天子之号，而无天子之礼？天子不可不祭天也，无异人之不可以不食父。为人子而不事父者，天下莫能以为可。今为天之子而不事天，何以异是？”[7]“天子”是天之子，“行子道”、“行子礼”就成为天子对天应有之态度，天子必须始终对天存有敬畏之心。除此而外，“上事天”还意味着如何通过“行与事”去揣摩天之意愿，进而修正人

---

〔1〕《荀子·荣辱》。

〔2〕郭店楚墓竹简《语丛一》“夫<天>生百勿(物)，人为贵”的记载，与《大戴礼记·曾子大孝》“天之所生，地之所贵，人为大矣”非常接近。

〔3〕《荀子·宥坐》。

〔4〕《荀子·性恶》。

〔5〕《荀子·礼论》。

〔6〕董仲舒：《春秋繁露·郊事对》。苏舆撰、钟哲点校，《春秋繁露义证》，中华书局，1992年，下同。

〔7〕《春秋繁露·郊祭》。

事,以达到“通于神明”的效果。[1]于此又使人联想起郭店楚墓竹简《五行》的“礼视而知之”:“目而知之谓之进之。喻而知之,谓之进之。譬而知之,谓之进之。礼而知之,天也。‘上帝临汝,毋贰尔心’,此之谓也。”马王堆帛书《五行》对此有进一步解释:“‘礼而知之,天也。’礼也者,赍数也。唯有天德者,然后礼而知之。”“几”与“礼”通假,根据征兆而知天,唯有“天德者”能之。

既然有主宰之天,自然也就存在着“天命”。陈梦家认为,“天命”是西周武王灭纣后才出现的概念:“商人称‘帝命’,无作天命者,天命乃周人的说法。”[2]唐君毅也持同样的观点:“兹就文籍足征者而言,周人之言天命者亦最多。吾人无妨假定:中国宗教思想中之天命观之具体形成在周初。吾人今论中国后世言命之思想之本源,亦溯自周初而已足。”[3]细而论之,中国思想史上的“天命”观念实际上存在着两重含义:

其一,“天命”是超自然的神学目的论。《尚书·汤誓》:“有夏多罪,天命殛之。”《诗经·商颂·玄鸟》:“天命玄鸟,降而生商。”毫无疑问,此处所罗列的商朝时代的“天命”,皆指至上神的意志。殷周革命,周人“天命”取代商人“帝命”,周朝伦理政治取代商朝的神权政治,在意识形态上强调敬天修德、以德治政。“周监于二代,郁郁乎文哉,吾从周。”[4]孔子向往周代礼乐文明,并以周代礼乐文明的传承者自居, 周代礼乐文明中的敬畏天命思想在孔子思想中也有所体现:“道之将行也与,命也;道之将废也与,命也。”[5]“尧曰:‘咨!尔舜!天之历数在尔躬,允执其中。四海困穷,天禄永终。’舜亦以命禹。”[6]“君子有三畏:畏天命,畏大人,畏圣人之言。”[7]上博楚简《孔子诗论》也有孔子“畏天命”的记载:“‘怀尔明德’,曷?诚谓之也。‘有命自天,命此文王’,诚命

---

〔1〕高晨阳也认为荀子所说的“天”也带有意志性的特征,并指出“这是荀子哲学体系的一个内在矛盾”。参阅高晨阳:《孟荀天人关系思想异同比较》,载于《孔孟荀比较研究》,山东大学出版社,1989年。

〔2〕陈梦家:《尚书通论》,中华书局,1985年,第207页。

〔3〕唐君毅:《原命上:先秦天命思想之发展》,《中国哲学原论·导论篇》第十六章,中国社会科学出版社,2005年,第324页。

〔4〕《论语·八佾》。

〔5〕《论语·宪问》。

〔6〕《论语·尧曰》。

〔7〕《论语·季氏》。

之也，信矣。孔子曰：‘此命也夫。文王虽裕也，得乎？此命也。’”[1]这种感兴式的诗歌评论充分显现了孔子对“天命”的态度。孟子也信“天命”：“有王者起，必来取法，是为王者师也。《诗》云：‘周虽旧邦，其命维新’，文王之谓也。”[2]孟子与墨家一样推崇禅让，郭店楚墓竹简《唐虞之道》也有翔实的“禅而不传”思想：“唐虞之道，禅而不传。尧舜之王，利天下而弗利也。禅而不传，圣之盛也；利天下而弗利也，仁之至也。”[3]“禅而不传”思想与孟子禅让说存在内在逻辑关联，其旨在说明君王须是大贤、大德、大圣之人，“宜民宜人，受禄于天”[4]。有德者方有天下，有德者之“德性”上达于天，天“以行与事示之”，授之以命，“作之君，作之师”。

其二，“天命”是“非人之所能为”的一种神秘的外在力量。宇宙间不存在一个所谓的至高无上的主宰之神，但是，自然大化流行又确实彰显出某种无目的之目的。墨家“非命”，并且对儒家的“运命之天”进行了批判：“儒者以命为有，寿夭、贫富、治乱、安危有极矣，不可损益也。”[5]证诸史实，其言不虚，相信“运命之天”确实是儒家一贯之传统。孔子“五十而知天命”，并且认为“知命”是人有可能成为君子的必要条件，“不知命，无以为君子也”[6]。知命并非使人无可奈何而消极沉沦，而是在“逝者如斯”的前提下“知其不可而为之”。《孟子》文本多次出现运命之天：“行，或使之，止，或尼之，行止非人所能也。吾之不遇鲁侯，天也。臧氏之子，焉能使予不遇哉！”[7]“舜、禹、益相去久远，其子之贤不肖，皆天也，非人之所能为也。”[8]“君子创业垂统，为可继也。若夫成功，则天也。”[9]运命之天是一种神秘的外在力量，是“非人之所能为也”。荀子之“天”，有时也指命运、时遇。“人之命在天，国之命在礼”，“节遇谓之命”。[10]

[1] 马承源主编：《上海博物馆藏战国楚竹书》(一)，上海古籍出版社，2001年。
[2]《论语·季氏》。
[3] 刘钊：《郭店楚简校释·唐虞之道》，福建人民出版社，2005年。
[4] 朱熹：《四书章句集注·中庸章句》，中华书局，1983年。
[5]《墨子·公孟》。
[6]《论语·尧曰》。
[7]《孟子·梁惠王章句下》。
[8]《孟子·万章章句上》。
[9]《孟子·梁惠王章句下》。
[10]《荀子·天论》。

"自知者不怨人,知命者不怨天;怨人者穷,怨天者无志。失之己,反之人,岂不迂乎哉!"[1]尤其值得注意的是《天论》中一段话:"楚王后车千乘,非知也;君子啜菽饮水,非愚也;是节然也。若夫志意修,德行厚,知虑明,生于今而志乎古,则是其在我者也。故君子敬其在己者,而不慕其在天者;小人错其在己者,而慕其在天者。君子敬其在己者,而不慕其在天者,是以日进也;小人错其在己者,而慕其在天者,是以日退也。故君子之所以日进,与小人之所以日退,一也。君子小人之所以相县者,在此耳。"君子与小人的区别之一在于君子知命而日进,小人知命而日退。有的学者据此评论说:"在《荀子》书中,不是所有的'天'字都可以理解为'自然'。此处的'天'便是指'命运'、'时遇'。"[2]

3.义理之天

从宇宙本体(本根)高度推论伦理道德之起源,是中国古代哲学一大特点。在古代气学中,作为宇宙本始的"气"具有先在性的伦理特征,而正因为宇宙本根这一逻辑性悬设的存在,仁、义、礼、智等具体德目的存在才具有合法性。在中国古代天论中,其运思路向与古代气论如出一辙。牟宗三尝言:荀子之天"乃自然的,亦即科学中'是其所是'之天",而孔孟之天是"形而上的天,德化的天"[3]。其实"德化之天"、"义理之天"是儒家天论中一以贯之的传统,无论孔子、孟子,抑或荀子、董仲舒,概莫能外。唐君毅对此曾有一段精辟的论述:"故孔子立而后中国之人道乃立,孔子之立人道,亦即立人人皆以'天子之仁心'存心之人道。天子之仁心,即承天心而来。故孔子之立人道,亦即承天道。近人谓孔子之学非宗教,且不信古代相传之天神之存在,此实无可征。可征者,唯是孔子不重信天之本身,而重信天之所以为天之仁道。孔子信天道,中国人之自觉论天道,亦自孔子始,则信而有征者。故孔子以前有人有文化,而人与文化之道未真被自觉,人之道未立,自孔子自觉之而后立。孔子以前亦有天,人亦知信天,而敬天学天之仁等;然自觉天之所以为天之道,

---

〔1〕《荀子·荣辱》。

〔2〕向世陵、冯禹:《儒家的天论》,齐鲁书社,1991年,第59页。

〔3〕牟宗三:《历史哲学》,台湾学生书局,1988年,第113页。

即是此仁,而唯以仁道言天者,则自孔子始。"[1]孔子以仁重新建构"天道",使天重新获得了活泼泼的生命。继而孔子立人道以承天道,使人道之存在获得了形而上的合理性。"天生德于予,桓魋其如予何!"[2]德源于天,神圣不可侮。孟子进而提出了"天爵"、"人爵"范畴,"仁义忠信,乐善不倦,此天爵也;公卿大夫,此人爵也"[3]。天爵是人之所以成为人之"几微"之处,也就是人安身立命之"安宅"。根据孟子"尽心—知性—知天"的逻辑思维模式,"修其天爵"是为了证明人心源于天心,人性源于天性,"恻隐之心,人皆有之;羞恶之心,人皆有之;恭敬之心,人皆有之;是非之心,人皆有之。恻隐之心,仁也;羞恶之心,义也;恭敬之心,礼也;是非之心,智也。仁义礼智,非由外铄我也,我固有之也,弗思耳矣。故曰:'求则得之,舍则失之。'或相倍蓰而无算者,不能尽其才者也。诗曰:'天生蒸民,有物有则。民之秉夷,好是懿德。'孔子曰:'为此诗者,其知道乎!故有物必有则,民之秉夷也,故好是懿德。'"[4]在孔子思想体系中,孔子侧重于强调"仁如何行"而非"仁是什么"。前者是实践理性,后者则涉及儒家思想存在正当性如何可能这一问题。孟子在儒学史上的最大贡献就在于他开始对儒家思想存在正当性如何可能进行自觉地论证。天道既超越又内在。天道高高在上,天道超越;另一方面天道又是内在的,天道彰显于人心时,又内在于人而为人性。因此在天论基础上,儒家思想与儒家伦理范畴的存在正当性如何可能已有了初步的论证。令人鼓舞的是,郭店楚墓竹简多篇文章涉及儒家伦理存在正当性这一话题:"凡物由亡生。有生乎名。有命有度有名,而后有伦。有迠有形有尽,而后有厚。有生有知而后好恶生。有物有繇有缐,而后教生。其生也亡为乎其型。知礼然后知型。型非胑也。有天有命,有迠有形,有物有容,有家有名。有物有容,有尽有厚,有美有善。有仁有智,有义有礼有圣有善。亡物不物,皆至焉,而亡非己取之者。"[5]"伦"当为伦理道德,郭店楚墓竹简其他文章又称为"民伦"、"人伦"。孔颖达《中庸》疏:

〔1〕唐君毅:《中国文化之精神价值》第三章《中国哲学之原始精神》,广西师范大学出版社,2005年,第37—38页。

〔2〕《论语·述而》。

〔3〕《孟子·告子章句上》。

〔4〕《孟子·告子章句上》。

〔5〕刘钊:《郭店楚简校释·语丛一》,福建人民出版社,2005年,第180页。

“伦,道也,言人所行之行皆同道理。”“人伦”降自于天,是天道或天命的人间化表现。“性自命出,命自天降”一句话,非常深刻地概括了人伦道德与天之关系:“凡人,虽有性,心亡定志,待物而后作,待悦而后行,待习而后定。喜怒哀悲之气,性也。及其见于外,则物取之也。性自命出,命自天降。道始于情,情生于性。始者近情,终者近义。知情者能出之,知义者能入之。好恶,性也。所好所恶,物也。善不善,义也。所善所不善,势也。凡性为主,物取之也。”[1]“性自命出”之“性”,并不仅仅指谓“喜怒哀悲”等情感,其实还包含“好恶”等价值判断和“善不善”等伦理价值观。因此,“性自命出”之“性”是一内涵丰富的概念,近似于孟子所说的“大体”与“小体”之别。如果进一步追问:以仁为核心的儒家伦理范畴源出于天如何可能?孟子的回答是天本身就是具有道德属性的精神实体,天赋有至高无上的伦理品德——诚,或者说天就是“诚”之化身。“是故诚者,天之道也;思诚者,人之道也。至诚而不动者,未之有也;不诚,未有能动者也。”[2]后于《孟子》文本的《中庸》进而说:“自诚明,谓之性;自明诚,谓之教。诚则明矣,明则诚矣。”《孟子》与《中庸》论“诚”的最大区别在于孟子强调“思”,“思”就是“诚之”,也就是后天修养功夫。而“诚之”的修养功夫的终极目标,则是由“诚之”功夫以求恢复天所赋予自己的“诚”之本性,上达于天德,成为圣人。

儒家德化之天的思想传统凸显出中国古代自然观与西方自然观之区别。西方论自然往往不涉及价值与德性,天是“是其所是”之天。中国儒家的自然观往往与德性、价值相涉。唐君毅称之为“中国式之道德精神”,并且分析说:“中国人之以自然有德性、有价值,其根据则在中国人之道德精神之不私其仁与其德,故能客观化其仁德于宇宙间。中国此种思想,文化史上之渊源,则在中国古代相传之上帝与天皆不超越而外在,而上帝无常处,天道贯入地中,天道内在于万物之宗教哲学思想。此种思想之精神,正通于西方理想主义唯心论之精神。故能不止于人生中言理想价值,于人上言心;而于自然万物,亦言其具人心之德性,神之德性也。”[3]

〔1〕刘钊:《郭店楚简校释·性自命出》,福建人民出版社,2005年,第88页。

〔2〕《孟子·离娄章句上》。

〔3〕唐君毅:《中国文化之精神价值》第三章《中国哲学之原始精神》,广西师范大学出版社,2005年,第82—85页。

“自然之天”、“宗教之天”与“义理之天”是孔子、孟子和荀子“天”论中三种基本义项。先秦儒家哲学中的“天”并不存在一个像某些学者所说的由“宗教之天”向“哲学之天”过渡的哲学进程。广而论之，就先秦两汉儒家哲学而言，“宗教之天”与“哲学之天”不仅自始至终都是裹挟在一起的，而且“宗教之天”还有逐步强化的趋势。西汉董仲舒为了迎合时代之需求，广泛吸收阴阳五行、神仙方术和墨家学说，在“天人感应”基础上重铸儒家思想，儒家从此成为一个具有强烈神秘主义色彩的理论体系。一种学术思想演变为国家意识形态，意味着这种学术思想的法典化与绝对化，而要论证与维护这种学术思想的法典化与绝对化，其最直接的手段就是获得宇宙论的支持。董仲舒“法天而行”口号背后隐伏着的，恰恰是儒家思想在一个新的时代力图获得形而上学支撑的时代诉求。法典化与绝对化的儒家学说合乎逻辑性发展的必然趋势是西汉末年形成的谶纬之学。儒家经典在阴阳五行、天人感应、灾异祥瑞理论基础上被重新诠释，《诗》、《书》、《易》、《礼》、《春秋》及《论语》等儒家经典成为纬书，纬书是反映天心、天经的作品，《易》成了“气之节，含五精，宣律历，上经象天，下经计历，《文言》立符，《象》出其节，《彖》言变化，《系》设类迹”[1]的神秘著作，《书》就成了“上天垂文象，布节度”[2]的上天象征与警示人间的著作，《礼》则“与天地同气，与四时合信，阴阳为符，日月为明”[3]，《诗》则是“天地之心，君祖之德，百福之宗，万物之户”[4]，《春秋》则更是“以天之端，正王者之政”[5]的大书。儒家经典摇身一变成为天之言、神之言，而非人之言。东汉《白虎通》的出现是汉代经学走向统一的标志，也是儒家学说作为国家意识形态的合理性建构的最终完成。换言之，又可看成是儒家学说神化的最终完成，儒家思想与天的关系真正达到了一个水乳交融、浑然一体的境界。随着儒家思想与天的“婚媾”，“思想一致的时代”(葛兆光语)翩然而至。

---

〔1〕(日)安居香山、中村璋八:《纬书集成·春秋纬·说题辞》，河北人民出版社，1994年。

〔2〕(日)安居香山、中村璋八:《纬书集成·尚书纬·璇玑钤》，河北人民出版社，1994年。

〔3〕(日)安居香山、中村璋八:《纬书集成·礼纬·稽命征》，河北人民出版社，1994年。

〔4〕(日)安居香山、中村璋八:《纬书集成·诗纬·含神雾》，河北人民出版社，1994年。

〔5〕(日)安居香山、中村璋八:《纬书集成·春秋纬·元命包》，河北人民出版社，1994年。

二、人性论:“孟子遇人便道性善”

学界普遍认为,在人性论上,孟子的基本观点可抽绎为“人性善”或“性善”。[1]《荀子·性恶》就说:“孟子曰:‘人之学者,其性善。’”董仲舒认为:“孟子下质于禽兽之所为,故曰性已善。”[2]程颐认为:“孟子有大功于世,以其言性善也。”[3]杨时认为:“孟子遇人便道性善。”[4]现代学者韦政通认为:“孟子是就人心之善来印证人性之善的。”[5]任继愈认为:“在春秋战国时代,孟子第一个提出了系统的人性善的理论。”[6]但是也有一些学者对此提出质疑与反驳,焦循曾经指出,孟子只说“人无有不善”,并未说“性无有不善”。[7]冯友兰指出,孟子“认为人性内有种种善的成分。他的确承认,也还有些其他成分,本身无所谓善恶,若不适当控制,就会通向恶”[8]。相比之下,张岱年的质疑更加直截了当:“然而性中不过有仁义礼智之端而已,性有善端,岂得即谓性善?而且性固有善端,未必无恶端。今不否证性有恶端,仅言性有善端,何故竟断为性善?”[9]遗憾的是,目前学界与社会大众对冯友兰与张岱年先生早期的观点多有疏略甚至遗忘。近年梁涛教授结合出土文献,对孟子人性思想多有考索,新识迭现。他认为:“孟子‘道性善’也应表述为:人皆有善性;人应当以此善性为性;人的价值、意义即在于其充分扩充、实现自己的性。”[10]孟子人性论

---

〔1〕《孟子·滕文公章句上》,朱熹:《孟子集注》卷五,《四书章句集注》,中华书局,1983年,第251页。以下引此书,只标注书名、篇章名与页码。

〔2〕《春秋繁露·深察名号》,曾振宇、傅永聚注:《春秋繁露新注》,商务印书馆,2010年,第216页。以下引此书,只标注书名、篇章名与页码。

〔3〕朱熹:《孟子集注·序说》,第199页。

〔4〕朱熹:《孟子集注·序说》,第199页。

〔5〕韦政通:《中国思想史》第八章,上海书店出版社,2003年,第184页。

〔6〕任继愈主编:《中国哲学发展史》(先秦),人民出版社,1983年,第326页。

〔7〕《孟子正义·告子章句上》。

〔8〕冯友兰:《中国哲学简史》第七章《儒家的理想主义派:孟子》,北京大学出版社,1985年,第81页。

〔9〕张岱年:《中国哲学大纲》第二部分《人生论》,中国社会科学出版社,1982年,第184页。

〔10〕梁涛:《郭店竹简与思孟学派》第六章,中国人民大学出版社,2008年,第362页。

究竟应如何界定呢？看来非常有必要对已成为"国民常识"[1]的观点作进一步的质疑与考辨。

陈来教授指出，中国古代的人文思想"从西周开始萌芽"[2]，礼乐文化取代了祭祀文化。与这一革命性的社会人文思潮出现相呼应，对人与人性之思考逐渐取代对神与神性之关注。如果说《商书·西伯勘黎》中的"不虞天性"尚是对神性之描述，那么《诗经》出现对人之欲求与人之本质的思考当是合乎逻辑之演进："天生蒸民，有物有则。民之秉彝，好是懿德。"[3]人之懿德，源自于天，孟子曾引这一首诗论证其人性思想。韦政通先生认为："孟子的性善论，曾受到这类言论的启发。"[4]《诗经·大雅·卷阿》又云："岂弟君子，俾尔弥尔性，百神尔主矣。"[5]性与生通假，反复出现的"弥尔性"表明，对人之普遍生理与生命欲求之关注已成为这一时代探讨的文化话题。迨至春秋时代，讨论性与人性已蔚然成风。公元前575年，单襄公云："夫人性，陵上者也，不可盖也。"[6]"人性"一词，或首现于此。人性"陵上"，此处之"人性"已是对人普遍本质之概括。《左传》襄公十四年载："天生民而立之君，使司牧之，勿使失性……天之爱民甚矣，岂其使一人肆于民上，以从其淫，而弃天地之性？必不然矣。"[7]何谓"天地之性"？徐复观释之为"爱民"[8]，也可成一解。徐复观先生旨在说明：孟子思想并非空穴来风，在孟子性善说之前，当有一"性善"思想的早期发展历程。缘此，让我们回到孟子思想本身，以孟释孟。"孟子道性善，言必称尧舜。"[9]《孟子》文本论性善，始见于此。朱子以"言"释"道"，"道性善"也就是倡言性善。

---

〔1〕罗根泽：《孟子传论》，东方出版社，2011年，第95页。

〔2〕陈来：《古代思想文化的世界》，三联书店，2009年，第12页。

〔3〕《诗经·大雅·卷阿》，高亨：《诗经今译》，上海古籍出版社，1980年，第454页。

〔4〕韦政通：《中国思想史》，上海书店出版社，2003年，第186页。

〔5〕高亨：《诗经今译》，上海古籍出版社，1980年，第419页。

〔6〕薛安勤、王连生注译：《国语·周语》，吉林文史出版社，1991年，第91—92页。以下引此书只标注书名、篇名与页码。

〔7〕杜预集解：《春秋经传集解》，上海古籍出版社，1988年，第916页。

〔8〕徐复观：《中国人性论史》，华东师范大学出版社，2005年，第37页。

〔9〕《孟子·滕文公章句上》。

孟子反复阐明的一个观点为:“性”或“人性”有善端。仁义礼智“四端”源自天,存诸心。人性之善是与善恶相对而言之善,“善”是涵摄具体内涵之善,善不是绝对之善。行笔至此,我们需进一步探讨两个关键问题:其一,孟子是否认为人性也有恶端?其二,如果人性有“恶”,恶源自何处?这是非常重要的两个问题,直接关系到对孟子人性学说的整体评价。学界因对《孟子》一些文句理解有分歧,导致在孟子人性评价上众说纷纭。因此,让我们先回到孟子的一个著名命题——“人所以异于禽兽者几希”。这一命题中两个概念的内涵首先有必要厘清:何谓“人”?侯外庐先生认为,此处“人”当指“君子。”[1]何谓“几希”?朱熹训为“少”[2]。王夫之的训释基本上与朱子相似,“言几于无也”[3]。在“人所以异于禽兽者几希”这一命题中,实际上隐含着另外一个命题:“人同于禽兽者众多。”人若无“夜气”,“违禽兽不远矣”[4];人如果逸居而无教,也“近于禽兽”[5]。恰如《汉书·匈奴传》所言:“元元万民,下及鱼鳖,上及飞鸟,跂行喙息蠕动之类,莫不就安利,辟危殆。”[6]趋利避害、食色安息,人与禽兽相同。“口之于味也,目之于色也,耳之于声也,鼻之于臭也,四肢之于安佚也,性也,有命焉,君子不谓性也。仁之于父子也,义之于君臣也,礼之于宾主也,智之于贤者也,圣人之于天道也,命也,有性焉,君子不谓命也。”“味”、“色”、“声”、“臭”与仁义礼智皆是“性”范畴中义项,只是君子不把“味”、“色”、“声”、“臭”称之为性。“君子所性”是从超越之性的层面立论。因为在儒家人格学说中,“君子”已是实现了生命内在超越的理想人格境界。但是,芸芸众生之性,仍然蕴涵了“味”、“色”、“声”、“臭”等生命本能欲求,与动物之性别无二致。于此,二程朱子的观点值得一提。程颐认为:“五者之欲,性也。然有分,不能皆如其愿,则是命也。不可谓‘我性之所有’而求必得之也。”[7]“味”、“色”、“声”、“臭”、“安佚”皆是性,能否顺遂其愿,则在于“命”。朱子的观点基

---

〔1〕参见侯外庐等著:《中国思想通史》第一卷,人民出版社,1957年,第385—386页。
〔2〕朱熹:《孟子集注》卷八,第293页。
〔3〕王夫之:《四书笺解》卷八,《船山全书》,岳麓书社,1996年,第323页。
〔4〕《孟子·告子章句上》,第331页。
〔5〕《孟子·滕文公章句上》,第259页。
〔6〕班固:《汉书》卷九十四上《匈奴传》,中华书局,1962年,第3763页。
〔7〕朱熹:《孟子集注》卷十四,第369页。

本与程颐吻合:“‘不能皆如其愿’,不止为贫贱。盖虽富贵之极,亦有品节限制,则是亦有命也。”[1]“形色,天性也;惟圣人然后可以践形。”[2]“形”指“体貌”,“色”指“妇人妖丽之容”[3]。合而言之,“形色”指谓人之生命体和自然欲求。“形色”固然也是“天性”,“形色”善恶兼具,在这一基本观点上,孟子根本没有否定,反而言之凿凿申明“性也,有命焉”。冯友兰评论说,孟子所谓“性”,既有“逻辑和道德的意义”,“但也不完全排斥生物学的意义”。[4]孟子说“仁也者人也”[5],“人”既涵摄圣人、君子,也包括普通大众。既然“人”范畴蕴涵普通众生,“人”之“天性”自然不能完全排斥生物学意义上的基本规定。普通大众与圣人、君子之别在于:前者不能“践形”,后者则能以“正道”规范其自然欲求,使言行举止以“正道履居”[6]。《孟子·告子》篇云:“故天将降大任于是人也,必先苦其心志,劳其筋骨,饿其体肤,空乏其身,行拂乱其所为,所以动心忍性,曾益其所不能。”这段话中的“动心忍性”四字值得仔细品味。何谓“忍”?《广雅·释言》云:“忍,耐也。”[7]《荀子·非十二子》有“忍性情”,杨倞注:“忍,谓违矫其性也。”朱熹注云:“动心忍性,为竦动其心,坚忍其性也。然所谓性,亦指气禀食色而言耳。”[8]朱子以理气论性,故有“天命之性”与“气质之性”之分。朱子认为孟子“动心忍性”之性只指涉“气性”,“气性”有善有恶,故需“坚忍其性”。崔东壁对朱子所作的辩护有所不满,因此进一步质疑道:“性果纯乎理义,又何忍焉?孟子之于性,何尝不兼气质而言之乎?盖孟子所谓性善,特统言之。若析言之,则善之中,亦有深浅醇漓之分焉,非兼气质而言,遂不得为善也。”[9]正因为性并非“纯乎理义”,所以需“忍”。“诐辞知其所蔽,淫

---

〔1〕朱熹:《孟子集注》卷十四,第369页。

〔2〕《孟子·尽心章句上》,第360页。

〔3〕焦循:《孟子正义·尽心章句上》赵岐“注”,《诸子集成》本,中华书局,2006年,第552页。

〔4〕冯友兰:《中国哲学史新编》第二册,人民出版社,1964年,第78页。

〔5〕《孟子·尽心章句下》,第367页。

〔6〕焦循:《孟子正义·尽心章句上》赵岐“注”,《诸子集成》本,中华书局,2006年,第552页。

〔7〕王念孙:《广雅疏证》,中华书局,2004年,第148页。

〔8〕朱熹:《孟子集注》卷十二,第348页。

〔9〕崔述:《孟子事实录》卷下,《崔东壁先生遗书》中,北京图书馆出版社,2007年,第30页。

辞知其所陷，邪辞知其所离，遁辞知其所穷。"[1]人之言，皆"生于其心"，朱熹称之为"皆本于心"[2]。人心正，则言语平正通达；人心不正，言语邪僻偏颇。孟子的"知言"，恰好证明崔东壁所论性与善有"深浅醇漓之分"。在孟子思想中，另外一对值得注意的概念为"大体"与"小体"："体有贵贱，有小大。无以小害大，无以贱害贵。养其小者为小人，养其大者为大人。"[3]"大体"指"心志"，"小体"指"口腹"等自然欲求。[4]"大体"与"小体"同存在于人之身心，犹如人兼具四肢与五脏六腑。在《万章篇》中，孟子对何谓"小体"有一非常具体之阐述："天下之士悦之，人之所欲也，而不足以解忧；好色，人之所欲，妻帝之二女，而不足以解忧；富，人之所欲，富有天下，而不足以解忧；贵，人之所欲，贵为天子，而不足以解忧。人悦之、好色、富、贵，无足以解忧者，惟顺于父母，可以解忧。"[5]富贵、利禄与食色，皆"人之所欲"。此"欲"具备普遍性，凡是"人"皆"悦之"。既然如此，君子与小人的区别何在？孟子回答说，两者区别在于"从"，"从其大体为大人，从其小体为小人"[6]。"从"与不"从"的精微之别在于"思"，"思"在《孟子》文本中出现27次，出现频率比较高。"思"有两层含义：其一，"思"是对自身天生禀赋之肯定，"心之官则思，思则得之，不思则不得也"[7]。"思"人心有"善端"，并扩而充之，"立乎其大者"，则为君子。其二，"思"意味着对自身天生禀赋之否定。王夫之评论说："故谌天命者，不畏天命者也。禽兽终其身以用天而自无功，人则有人之道矣。禽兽终其身以用其初命，人则有日新之命矣。"[8]禽兽终其一生，只是一自在的存在，只能"用其初命"，无法实现自我否定；人则不同，人是"是其所不是"的自为存在，人有"日新之命"，可以实现内在之否定，这一否定也就是生命的内在超越。但是，如

[1]《孟子·公孙丑章句上》，第232—233页。
[2] 朱熹：《孟子集注》卷三，第233页。
[3]《孟子·告子章句上》，第334页。
[4] 朱熹：《孟子集注》卷十一，第334—335页。
[5]《孟子·万章章句上》，第303页。
[6]《孟子·告子章句上》，第335页。
[7]《孟子·告子章句上》，第335页。
[8] 王夫之：《诗广传》卷四，《船山全书》，岳麓书社，1996年，第464页。

果人心"蔽于物","心为形役,乃兽乃禽"[1]。缘此,需明确的一个观点为:人性兼具"大体"与"小体"。"大体"贵,"小体"贱;"大体"善,"小体"恶。明乎此,方能理解清代陈澧何以会说"孟子所谓性善者,谓人人之性皆有善也,非谓人人之性,皆纯乎善也"[2]。人性皆有善端,并不意味着人性已"纯乎善"。人之性除了"皆有善"之外,实际上也有恶端。关键在于是"立乎其大",还是立其"小者"。[3]杨泽波教授认为,"在孟子,恶并没有独立的来源"[4],他认为恶的产生有两方面原因:一是环境影响,二是利欲的影响。"良心本心存得住,就没有恶;良心本心存不住,就产生恶。"[5]对此我们不禁要问:如果人性"纯乎善",如何能受环境与利欲的诱导?换言之,人性中正因为有恶之基质,才能与社会环境之恶、利欲之恶产生"共振"。既然孺子入井能触动人内在的恻隐之心善端,富贵名利何尝就不会诱发人心内在的恶端?孟子尝言:"可欲之谓善。"[6]高诱注:"善,好也。"[7]焦循认为,"可欲即可好","好善"即"善善"。[8]"可欲"当与"可求"互训,"求则得之,舍则失之"。"求"强调"思","欲"注重人之情志。"可欲"实际上就是以人心之四端为善为好。"可欲"与"非可欲"相对而言,"善善"之"善"是真理,是一存在性事实,而非理论悬设。"非可欲"中隐含恶之基质,所以孟子一再倡言"寡欲":"养心莫善于寡欲。其为人也寡欲,虽有不存焉者,寡矣;其为人也多欲,虽有存焉者,寡矣。"[9]"欲"生于心,欲与心同生死,有心自然有欲。欲有善有恶,所以赵岐、焦循皆认为"养心"实即"治心"。[10]"人之有道也,饱食、煖衣、逸居而无教,则近于禽兽。圣人有忧之,使契为司徒,教以人伦:父子有亲,君臣有义,夫妇有别,长幼有叙,朋友有

---

〔1〕朱熹:《孟子集注》卷十一引范浚《心箴》语,第334—335页。
〔2〕陈澧:《东塾读书记》卷三,《陈澧集》第二册,上海古籍出版社,2008年,第43页。
〔3〕《孟子·告子章句上》,第335页。
〔4〕杨泽波:《孟子评传》第七章,南京大学出版社,1998年,第315页。
〔5〕杨泽波:《孟子评传》第七章,南京大学出版社,1998年,第314—315页。
〔6〕《孟子·尽心章句下》,第370页。
〔7〕焦循:《孟子正义·尽心章句下》,《诸子集成》本,中华书局,2006年,第585页。
〔8〕焦循:《孟子正义·尽心章句下》,《诸子集成》本,中华书局,2006年,第585页。
〔9〕《孟子·尽心章句下》,第374页。
〔10〕焦循:《孟子正义·尽心章句下》,《诸子集成》本,中华书局,2006年,第598页。

信。"[1]人若"无教",则近于"禽兽"。人在后天人文教化缺位前提下,与禽兽存在着诸多类同之处。《孟子》文本经常出现"禽兽"一词,在很多场合指伦理学与社会文化意义上之"禽兽",而非单纯指谓生物种类层面上之禽兽。犹如《荀子·非十二子》所言"禽兽行",也专指文化意义上的恶言恶行。朱子指出:"圣人设官而教以人伦,亦因其固有者而道之耳。"[2]"教以人伦"建基于人性"固有者"基石之上,如果人性中没有仁义善端,人伦教化只能是对牛弹琴、鸡对鸭讲。与此同理,人性中若无"恶"之基质,"教以人伦"势必失去存在之逻辑前提,所以"恶"自然也是人性"固有者"。"鸡鸣而起,孳孳为善者,舜之徒也。鸡鸣而起,孳孳为利者,跖之徒也。欲知舜与跖之分,无他,利与善之间也。"[3]舜与跖代表善与恶两种不同的人格形象,"尧舜,性之也"[4]。尧舜天性浑全,生来就善;跖生来就恶。"利与善"之分,实际上就是恶与善之别。善是与恶相对之善,恶是与善相对之恶。善是人性中"固有者",恶也是人性中"固有者"。跖只不过是扩充了人性中恶之端,舜扩充了人性中善之端。

综上所论,需梳理的一个观点为:孟子并未否定性有恶端,也未否定"恶"源自心性。"恶"是与"善"相对之恶,恶不是一抽象的、绝对的存有,也并非仅仅具有形式义。"恶"是心性中一客观存在之事实,人性有恶端是真理,恶具有实质义。在孟学史上,关于"恶"之起源,一直是一个争论不休的话题,其中汉学和宋学尤其值得重视。陆贾思想既受荀子熏陶,也深深打上了孟子思想烙印。陆贾主张"调心",人之所以有恶言恶行,在于"情欲放溢,而人不能胜其志也"[5]。陆贾将性与情分隔为二,性善而情恶。董仲舒将人性学说建立在阴阳理论基础上,天有阴阳,人有性情。阳中有阴,阴中有阳。"性情相与为一瞑,情亦性也,谓性已善,乃其情何?"[6]阳善阴恶,性善情恶。"天两有阴

〔1〕《孟子·滕文公章句上》,第259页。
〔2〕朱熹:《孟子集注》卷五,第259—260页。
〔3〕《孟子·尽心章句上》,第356页。
〔4〕《孟子·尽心章句上》,第358页。
〔5〕陆贾:《新语·资质》,王利器《新语校注》本,中华书局,1986年,第114页。
〔6〕《春秋繁露·深察名号》,第214页。

阳之施,身亦两有贪仁之性。"[1]在董仲舒思想体系中,性即情,因此可以说性兼具善恶之端。学者大多认为董仲舒开后世性三品说之先河,这不能不说是一误读误解。董仲舒明确指出,"圣人之性"和"斗筲之性"皆不可以"名性"[2],唯独"中人之性"方可"名性","中人之性"的特点就在于"仁贪之气,两在于身"。[3]董仲舒虽然时常批评孟子,但在其人性学说本质上,与孟子思想基本上相同,皆主张心性兼具善恶之端。所不同之处在于:董仲舒批评孟子立"善"标准过低,"孟子下质于禽兽之所为,故曰性已善;吾上质于圣人之所为,故谓性未善"[4]。董仲舒认为,善当指"圣人之善",而不应过于降低标准,将善定位于与禽兽之行的比较上。东汉高诱在为《淮南子》作注时,反复以儒释道,以孟释道更是其注一大特色。《淮南子·俶真训》:"是故圣人之学也,欲以返性于初,而游心于虚也。"高诱注云:"人受天地之中以生,《孟子》曰'性无不善',而情欲害之。故圣人能返性于其初也。游心于虚,言无欲也。"[5]道家之性指"静漠恬淡"之性,与孟子所言"性"在内涵与性质上出入较大。高诱显然忽略了这一区别,援孟入道,将"返性于其初"诠释为复归本初之善性,性善而情恶。《淮南子·本经训》:"神明定于天下,而心反其初。心反其初,而民性善",高诱注云:"初者,始也,未有情也。未有情欲,故性善也。"[6]性先天自足圆满,情欲害性,恶源出于情,恶与性无涉。唐代李翱自述撰写《复性书》目的在于"开诚明之源",告诫世人儒家自《中庸》、《孟子》以降已有"穷性命之道"传统,性命之学并非源自佛教。但是,李翱的心性之学已糅杂了佛道思想,尤其是禅宗"明心见性"和道教的"灭情反性"观念对其影响至深:"曰:'为不善者非性邪?'曰:'非也,乃情所为也。情有善有不善,而性无不善焉。孟子曰:'人无有不善,水无有不下。夫水搏而跃之,可使过颡,激而行之,可使在山。是岂水之性哉?其所以导引之者然也。人之性皆善,其不善亦犹是

[1]《春秋繁露·深察名号》,第212页。
[2]《春秋繁露·深察名号》,第214页。
[3]《春秋繁露·深察名号》,第212页。
[4]《春秋繁露·深察名号》,第216页。
[5]《淮南子·俶真训》高诱注,《诸子集成》本,中华书局,2006年,第29页。
[6]《淮南子·俶真训》高诱注,《诸子集成》本,中华书局,2006年,第116页。

也。’”[1]李翱认为，人之所以能成尧舜，在于孟子所言人性本善。恶言恶行源自“情”，“人之所以为圣人者，性也；人之所以惑其性者，情也”[2]。缘此，只要“复性”——返归人之本然善性，就能臻至圣人境界。无论是汉代学者，抑或唐代李翱，都自以为在“照着讲”。但是，除了董仲舒之外，大多汉唐学者曲解了孟子思想中性与情的关系。性与情自然有区别，性是静，情是动。前者是潜能，后者是实现。“恻隐之心，仁也；羞恶之心，义也；恭敬之心，礼也；是非之心，智也。”从这一表述可看出，在孟子思想体系中，性是“未发”，情是性之“动”，性之“动”也就是“扩充”，两者在本质上有相同之处。[3]孟子的性情论与楚简《性自命出》“喜怒哀悲之气，性也”[4]有相吻合之处，但与《中庸》有所不同，“喜怒哀乐之未发，谓之中；发而皆中节，谓之和。中也者，天下之大本也；和也者，天下之达道也。致中和，天地位焉，万物育焉”[5]。《中庸》作者认为喜怒哀乐是“情”，情非性，“未发”喜怒哀乐之“中”才是性，性是天所命之性，性与情截然有别。

宋代学者超越汉唐学者“情—性”思维定式，另辟蹊径，在天理学说基础上，以“气禀”论证“恶”之来源，令人耳目一新：“凡人说性只是说‘继之者善’也，孟子言人性善是也。夫所谓‘继之者善’也者，犹水流而就下也。皆水也，有流而至海，终无所污，此何烦人力之为也？有流而未远，固已渐浊；有出而甚远，方有所浊。有浊之多者，有浊之少者。清浊虽不同，然不可以浊者不为水也……水之清，则性善之谓。故不是善与恶在性中为两物相对，各自出来。此理，天命也。顺而循之，则道也。循此而修之，各得其分，则教也。自天命以至于教，我无加损焉。此舜有天下而不与焉者也。”[6]性即理，天命之性纯然不杂，性之本体没有善恶“两物相对”。二程认为，孟子所言人性善，属于“继之者善”层面上立论。性之本体中没有与善相对之恶，性之本体全然为善。天命

---

〔1〕李翱：《复性书中》，《李文公集》卷二，上海古籍出版社，1993年，第10页。

〔2〕李翱：《复性书上》，《李文公集》卷二，上海古籍出版社，1993年，第6页。

〔3〕蒙培元认为，孟子“性与情在本质上是相同的，情就是性”。参见蒙培元著：《蒙培元讲孟子》第六讲，北京大学出版社，2006年，第146页。

〔4〕刘钊：《郭店楚简校释·性自命出》，福建人民出版社，2005年，第92页。

〔5〕朱熹：《中庸章句》，《四书章句集注》，中华书局，1983年，第18页。

〔6〕程颢、程颐：《二程集》，《河南程氏遗书》卷一，中华书局，1981年，第10—11页。

之性通过气质“安顿”于人心,“气禀”有厚有薄、有昏有明、有清有浊,气“蔽锢此理”[1],所以现实中人性有善有恶。人性如水,水之本源清澈透明,是乃水之本体,水在源泉上没有清浊之分。清浊只与水之流有关,清水被污染就产生了浊水,浊水已非“元初水”。以水喻性,就性之本体而言,性只是善,善是性之本然状态,“何烦人力之为”?天命之性如果能如其自身逻辑顺利而完全地展现,则为善;天命之性因受“气禀”及其他因素阻隔不能因循其本然趋势完全实现,则为恶。“善固性也,然恶亦不可不谓之性也。”[2]善恶均谓之性是从这一意义上立论。气质之性意义上的善与恶,对性本体之善不加不损。犹如水源本来清澈,根本无需依赖外力。二程朱子旨在说明:善是先在性的,恶是后天性的。善与恶位格不同,不是同一层次的范畴。换言之,“善”有形而上之来源,“恶”没有形而上之来源。在宋代孟学史上,有一个人物容易被人忽略,此人就是胡宏。胡宏对孟子人性学说的思考,可谓奇峰突起:“宏闻之先君子曰:‘孟子所以独出诸儒之表者,以其知性也。’宏请曰:‘何谓也?’先君子曰:‘孟子道性善云者,叹美之辞也,不与恶对。’”[3]胡宏认为,孟子性善的含义并非指谓“人性善”或“性是善的”,“善”只是一形容词,赞叹“性无限美好”,“善”已不能对“性”作任何限定,也非与“恶”相对之“善”。“或问性,曰:‘性也者,天地之所以立也。’曰:‘然则孟轲氏、荀卿氏、扬雄氏之以善恶言性也,非欤?’曰:‘性也者,天地鬼神之奥也,善不足以言之,况恶乎?’”[4]“性”作为形而上本体,“善”不足以概括、描述性之特质,“恶”更无从表征与形容之。本体之性已超越善恶,因为善恶只能评判后天的“已发”,发而中节则为善,发而不中节则为恶。但本然之性属于“未发”层面,远远超出了善恶能够评判的畛域。无论是二程朱子的“气性”说,抑或胡宏的善恶“不足以言”性论,表面上是阐发孟子人性思想,但在“照着讲”的背后,却已是在“自己讲”,哲学

---

〔1〕黎靖德编:《朱子语类》卷四,第66页。另参见梁涛:《郭店竹简与思孟学派》,中国人民大学出版社,2008年。

〔2〕程颢、程颐:《二程集》,《河南程氏遗书》卷一,中华书局,1981年,第10页。

〔3〕胡宏:《胡宏集》附录一《宋朱熹胡子知言疑义》,吴仁华点校,中华书局,1987年,第333页。

〔4〕胡宏:《胡宏集》附录一《宋朱熹胡子知言疑义》,吴仁华点校,中华书局,1987年,第333页。

思辨水平已远远超越孟子。

研究孟子人性学说，在方法论上应当遵循“以孟释孟”原则，在文本释读与思想诠释上，应当区别“君子所性”[1]与“人之性”两个概念。在“君子所性”层面，孟子刻意强调君子与禽兽的“几希”之别，论证人性有“善端”，仁义礼智四端“根于心”。“四端”是“在我者”，而非“在外者”。因此，君子在应然意义上当以此“四端”为性。但是，在“人之性”层面，孟子并没有否定“性”或“人性”有恶端，“大体”与“小体”同在于人心。“味”、“色”、“声”、“臭”也是“天性”，尽管君子不将“味”、“色”、“声”、“臭”称之为性，但芸芸众生之“天性”还是蕴涵了“形色”基质。犹如《墨经》“杀盗非杀人”命题一样，君子不从生物学意义上界定“人”，只从伦理学层面论证人之所以为人。在孟子看来，如果排除后天教化成分，人人近于“禽兽”。“恶”是与“善”相对之恶，“恶”并非仅具形式义，“恶”也具有实质义。善与恶皆有来源，善是人性中“固有者”，恶也是人性中“固有者”。秦汉以降，历代学人之所以对孟子人性学说理解不一、莫衷一是，大多在于未厘清“君子所性”与“人之性”两个概念的区别。

孟子之所以“道性善”，蕴涵深切的现实人文关怀。对此，陆九渊一语揭明孟子性善说的社会诉求：“孟子曰：‘言人之不善，当如后患何？’今人多失其旨。盖孟子道性善，故言人无有不善。今若言人之不善，彼将甘为不善，而以不善向汝，汝将何以待之？”[2]孟子之意，在于宣明人人自有“善心”、“善端”，当向内“思”与“求”，以全其天命。因此，孟子人性学说“鼓舞激厉”[3]之社会教化意义，远远超过纯粹的形而上理论建构。“《孟子》一书，只是要正人心。”[4]明乎此，方能体悟孟子“立命”之旨趣。

---

〔1〕《孟子·尽心章句上》，第355页。

〔2〕陆九渊：《陆九渊集》卷三十四《语录上》，钟哲点校，中华书局，1980年，第410页。

〔3〕康有为：《孟子微》，姜义华、张荣华编校：《康有为全集》第五集，中国人民大学出版社，2007年，第418页。

〔4〕朱熹：《孟子序说》，《四书章句集注》，中华书局，1983年，第199页。

三、仁义论："恻隐之心，仁之端也；羞恶之心，义之端也"

孔子的仁学思想体系存在着一个内在的逻辑方法论：其一，家国并举。家庭伦理放大为政治伦理。"临之以庄，则敬；孝慈，则忠；举善而教不能，则劝。"[1]"君子笃于亲，则民兴于仁；故旧不遗，则民不偷。"[2]"迩之事父，远之事君；多识于鸟兽草木之名。"[3]"出则事公卿，入则事父兄，丧事不敢不勉，不为酒困，何有于我哉？"[4]"孝乎惟孝，友于兄弟；施于有政，是亦为政。"[5]郭店楚简《六德》亦云："男女不别，父子不亲；父子不亲，君臣无义。"[6]其二，推已及人。孔子仁学强调尊重他人、爱护他人，爱他人就是爱自己。"己所不欲，勿施于人。"[7]"己欲立而立人，己欲达而达人。"[8]郭店楚简《六德》也有类似的记载："孝，本也。下修其本，可以断讪。"[9]从这一逻辑思维模式出发，家庭伦理自然放大成为社会伦理，对父母亲的孝心自然就扩充为对全社会的博爱之心。换言之，一个人如果连自己的父母亲都不爱，那么这个人不可能爱社会、爱他人。

因此，要读懂孔子之仁，贵在辨析孔子"仁爱"与墨家"兼爱"。"兼爱"说是墨子思想之核心，是墨家学派区别于先秦其他学说之标识。学界普遍认为，墨家之"兼爱"是超越宗法等级制度的"爱无等差"之爱。恰如《荀子·非十二子》所论："上功用，大俭约，而僈差等，曾不足以容辨异。"但是，一提及孔子的"仁爱"，则众说纷纭、莫衷一是。"仁"是孔子哲学体系中的核心范畴，但

---

〔1〕《论语·为政》。
〔2〕《论语·泰伯》。
〔3〕《论语·阳货》。
〔4〕《论语·子罕》。
〔5〕《论语·为政》。
〔6〕刘钊：《郭店楚简校释》，福建人民出版社，2005年，第119页。
〔7〕《论语·颜渊》。
〔8〕《论语·雍也》。
〔9〕刘钊：《郭店楚简校释》，福建人民出版社，2005年，第119页。

“仁”范畴并非源于孔子。甲骨文中是否已出现“仁”字，学界意见不一。[1]但是，金文中已发现“仁”字，却是毋庸置疑之事实。20世纪70年代于河北省平山县出土的战国“中山王鼎”(下葬时间约在公元前310年左右)，其中一段铭文为：“天降休命于朕邦，有阙忠臣，克顺克卑，亡不率仁，敬顺天德，以左右寡人，使知社稷之任。”[2]如果再加上近年郭店楚墓发现的“仁”字，郭沫若先生当年的断言已显然有误。[3]从《左传》的多处记载来看，在孔子之前，“仁”已经演变为一道德范畴，晋国韩穆子还将“仁”定义为：“恤民为德，正直为正，正曲为直，参合为仁。”[4]兼备德、正、直三种品格方可称为“仁”。但是，把“仁”提升为哲学最高概念，却是孔子的发明。《论语》全书512段话，缺乏“形式上的系统”(冯友兰语)。但是，在不同的时间，面对不同的提问者，孔子本人一再申明，他的知识与思想存在着一个“一以贯之”的根本原则，“吾道一以贯之”[5]，“予一以贯之”[6]。我们不难发现，孔子思想中“一以贯之”的真髓就是“仁”。孔子的所有思想，都是围绕着这一思想核心而阐发。孔子当年虽然没有自觉地对“仁”范畴作出统一的逻辑定义，但是我们从孔子答复学生的众多答案中，完全有把握归纳出仁论的根本精神——“爱人”。孔子弟子三千，才质各异。面对学生提出的同一个问题：“仁是什么？”孔子的回答尽管千姿百态，但实际上都是对“爱人”这一根本精神作不同层次、不同语境意义上的阐述：“己所不欲，勿施于人。”[7]“夫仁者，己欲立而立人，己欲达而达人。”[8]“居处恭，执

---

〔1〕参见刘文英：《“仁”之观念的历史探源》，载《天府新论》1990年第6期。[韩]赵骏河：《对中国传统伦理的现代理解》，载《国际儒学研究》第2辑，中国社会科学出版社，1996年。孟世凯：《甲骨文中“礼”、“德”、“仁”字的问题》，载《齐鲁学刊》1987年第1期。白奚：《“仁”字古文考辨》，载《中国哲学史》2000年第3期。

〔2〕河北省文物管理处：《河北省平山县战国时期中山国墓葬发掘简报》，载《文物》1979年第1期。

〔3〕郭沫若在20世纪40年代的《十批判书》中认为：“‘仁’字是春秋时代的新名词，我们在春秋以前的真正古书里面找不出这个字，在金文和甲骨文里也找不出这个字。”见《郭沫若全集》历史编第二卷，人民出版社，1982年，第87页。

〔4〕《左传》襄公七年。

〔5〕《论语·里仁》。

〔6〕《论语·卫灵公》。

〔7〕《论语·颜渊》。

〔8〕《论语·雍也》。

事敬,与人忠。”[1]“志士仁人,无求生以害人,有杀身以成仁。”[2]“君子无终食之间违仁,造次必于是,颠沛必于是。”[3]“能行五者于天下,为仁矣”,这五个方面分别指“恭、宽、信、敏、惠”,这五点无一不贯穿着真诚爱人的精神。[4]在哲学性质上,孔子的“仁爱”是一种超越宗法关系与社会等级的人类普泛之爱。用先秦时代固有的范畴来表述,可表述为“爱无差等”。关于这一问题,历代有不少哲人对此作过阐发:孟子说“仁者爱人”[5],称“仁”为先在性的人类“恻隐之心”,一种悲天悯人的终极关怀。《墨子·兼爱下》云:“兼即仁矣,义矣。”《经上》又云:“仁,体爱也。”荀子说“仁,爱也”[6],“凡生乎天地之间者,有血气之属必有知,有知之属,莫不爱其类”[7]。可谓直指要害,言简意赅。《吕氏春秋·开春论·爱类》云:“仁于他物,不仁于人,不得为仁。不仁于他物,独仁于人,犹若为仁。仁也者,仁乎其类者也。”仁者所爱的范围是普天下之万物,而非仅“仁于”人“类”,或者仅仅“仁于”“他物”。董仲舒《春秋繁露·必仁且智》云:“故仁者爱人类也,智者所以除其害也。”“人类”相对于“物类”而言,仁者应当超越宗法血缘关系,泛爱天下之人,“仁之法在爱人,不在爱我;义之法在正我,不在正人……人不被其爱,虽厚自爱,不予为仁”[8]。《淮南子·主术训》云:“遍爱群生而不爱人类,不可谓仁。仁者爱其类也,智者不可惑也。”唐朝韩愈在《原道》一文中也说:“博爱之谓仁。”程颐云:“仁之道,要之只消道一公字。公只是仁之理,不可将公便唤做仁。公而以人体之,故为仁。只为公,则物我兼照,故仁,所以能恕,所以能爱,恕则仁之施,爱则仁之用也。”[9]朱熹进而将“仁”界定为“心之德,爱之理”。他将伦理道德情感论证为绝对理性,并且内化为“自然如此”的自觉性的意识活动,“‘以仁为爱体,爱为仁

[1]《论语·子路》。
[2]《论语·卫灵公》。
[3]《论语·里仁》。
[4]《论语·阳货》。
[5]《孟子·离娄章句下》。
[6]《荀子·子道》。
[7]《荀子·礼论》。
[8]《春秋繁露·仁义法》。
[9]《河南程氏遗书》卷十五,《二程集》第153页,中华书局,1981年。

用’，则于其血脉之所系，未尝不使之相为流通也”[1]。在《训蒙绝句》中又进一步阐发：“心无私滓与天同，物我乾坤一本中。随分而施无不爱，方知仁体盖言公。”[2]朱熹之“公”是对程颐之“公”的阐发，“公”之义为“公平”，泛爱人物，无所偏心。王夫之在诠释张载“仁通极其性，故能致养而静以安”时言：“仁者，生理之函于心者也；感于物而发，而不待感而始有，性之藏也。人能心依于仁，则不为物欲所迁以致养于性，静存不失。”[3]仁乃人性中先验之固有，是“性之藏”。不仅如此，仁也是天地万物普遍存在之“生理”，“仁者，己与万物所同得之生理”[4]。孔子儒家的“仁爱”思想与18世纪法国人文主义思潮中诞生的“博爱”思想在根本精神上有相通之处，都蕴涵对生命的尊重和关怀之意旨。广而论之，中华文明中的“仁爱”思想、佛教文明中的“慈悲”情怀和西方文明中的“博爱”思想，是不同民族、不同文化在不同地域、不同历史背景下产生的具有共同人文内涵与价值指向的文化资源，而且这也将是“普世伦理”的最终产生何以可能的人类道德基础与历史文化资源。

但是，必须辨明的一点是，学术界有人并不同意将孔子儒家的“仁爱”思想定位为“爱无差等”，而是将其界定为维护宗法血缘关系、重视社会等级的“亲亲之爱”、“爱有差等”。譬如，胡适认为：“孔门说仁虽是爱人，却和后来墨家说的‘兼爱’不相同。墨家的爱，是‘无差等’的爱，孔门的爱，是‘有差等’的爱。故说：‘亲亲之杀。’看儒家丧服的制度，从三年之丧，一级一级地降到亲尽无服，这便是‘亲亲之杀’。这都由于两家的根本观念不同。墨家重在‘兼而爱之’的兼字，儒家重在‘推恩足以保四海’的推字，故同说爱人，而性质截然不同。”[5]有的学者也认为：“孔子的‘爱人’与墨子的‘兼爱’不同。墨子的‘兼爱’反映小生产者的平均主义理想，所谓‘爱无差等’。孔子所谓‘爱人’，则是以严格维护宗法血缘关系为内容的，所谓‘亲亲而仁民’。”[6]实际上，这种观

---

〔1〕朱熹：《论语或问》卷四，《朱子全书》，上海古籍出版社、安徽教育出版社，2002年，第683页。

〔2〕《朱熹外集》卷一，《朱熹集》，四川教育出版社，1996年，第5733页。

〔3〕《张子正蒙注·至当篇》，古籍出版社，1956年。

〔4〕《张子正蒙注·至当篇》，古籍出版社，1956年。

〔5〕胡适：《中国哲学史大纲》，东方出版社，1996年，第98页。

〔6〕任继愈主编：《中国哲学发展史》（先秦卷），人民出版社，1983年，第184页。

点在20世纪的学术界占据主导地位，扮演着权力话语的角色。这种观点的形成，其实并非胡适等人的发明，如果顺藤摸瓜追根溯源，我们发现墨家学派才是始作俑者。《墨子·非儒下》载："儒者曰：'亲亲有术，尊贤有等。'言亲疏尊卑之异也。其礼曰：丧，父母三年；妻、后子三年；伯父、叔父、弟兄、庶子其；戚族人五月。若以亲疏为岁月之数，则亲者多而疏者少矣，是妻、后子与父同也。若以尊卑为岁月数，则是尊其妻、子与父母同，而亲伯父、宗兄而卑子也，逆孰大焉？""亲亲有术"即"亲亲之杀"，"术"与"杀"声近而字通。值得注意的是：其一，墨家于此只不过是说"儒者曰"，并没有说"孔子曰"；其二，《非儒下》篇中所载的诸多讽刺与非难儒家的事例，早已被学界证明为虚妄不实之词。譬如，该篇认为孔子参与了"白公之乱"。白公胜在楚作乱发生于公元前479年，但孔子在这年的夏四月死于鲁国，根本不可能南去楚国助白公胜作乱。晏子死于公元前500年，齐景公死于公元前490年，更不可能见"白公之乱"。令人费解的是，《非儒下》篇作者认为孔子"仁爱"属于"爱有差等"的论断竟然在两千多年的历史长河中代代相续不断。研究与分析孔子思想，应以《论语》文本为立论基础。但是，翻遍《论语》，根本无法找到支持"爱有差等"论点的材料。与此相反，却可以翻检出许多证明孔子"仁爱"为人类普泛之爱的证据："道千乘之国，敬事而信，节用而爱人，使民以时。"[1]以德治国，博爱大众，不违农时。"弟子入则孝，出则悌，谨而信，泛爱众，而亲仁。"[2]"出则悌，谨而信"是对全社会作出的道德许诺，"泛爱众"已超出了狭隘的爱亲范围。"厩焚，子退朝。曰：'伤人乎？'不问马。"[3]孔子所关心的马夫，显然不会是他的亲族。

在《宪问》篇中，子路与子贡向孔子提出了同一个问题：齐桓公杀公子纠，召忽为公子纠而自杀，管仲不仅不以身殉难，反而辅相齐桓公，那管仲是不是"仁人"？孔子回答说："桓公九合诸侯，不以兵车，管仲之力也。如其仁，如其仁。"这里牵涉到一个"大仁"与"小仁"的区别问题。在子路与子贡看来，管仲不忠，所以不仁。但是，从公共道义的高度评价，孔子认为子路与子贡所

〔1〕《论语·学而》。

〔2〕《论语·学而》。

〔3〕《论语·乡党》。

说的仅仅只不过是“小仁”，而非“大仁”。真正的仁者能顺应时代潮流，泛爱民众，造福全社会，这才是“仁人”的根本精神。像召忽那样为公子纠殉死，是小忠小仁；管仲辅佐齐桓公九合诸侯，一匡天下，抵御了夷狄的侵犯，保障了华夏文明的延续与发展。华夷之辨，其实质并不在于地缘政治，而在于先进文化与落后文化之别。管仲之“仁”是“大仁”，因为他在文化史上的意义远远大于社会政治。于此，我们看到孔子的“仁爱”思想存在着一种辩证精神[1]，而这种辩证精神的出现，又与其立足于公共道义的立场直接相关。

孔子儒家“仁爱”思想的出现，与当时风起云涌的人文主义思潮存在着密不可分的关系。在西方，人文主义思潮的诞生是作为对以基督教神学为中心的中世纪封建文化的否定而出现的。文艺复兴时代的人文主义肯定人与人性，强调个性解放与自由平等，反对蒙昧主义，推崇人的经验与理性。古代中国没有出现过西方意义上的中世纪神学时代，但是，在西周中期以前，存在着一个以信仰祖先神、至上神为中心的原始宗教时代。西周中晚期人们开始对传统的“天命”观进行反思、批判与否定，人文主义思潮应运而生。民本思想是在人文主义思潮中诞生的哲学成果，孔子思想在哲学性质上就是一种民本思想。方其如此，才能够真正理解其“仁爱”思想的底蕴，才能够把《论语》文本看似散乱的512段话融会贯通。

在儒学发展史上，孟子的贡献表现于：从哲学形而上学高度为儒家仁义思想存在正当性进行论证与辩护。在《孟子》文本中，为仁义思想存在正当性进行论证的立论方式至少有三种：

1.证诸人类普遍情感经验

孟子的论证方式是直接就当下流露在具体生活中的恻隐、羞恶的德性

〔1〕孔子的“仁爱”与墨子的“兼爱”在哲学性质上同大于异，彰显的都是共时性文化背景下天下一同、泛爱万物的终极关怀。实际上，孔子“仁爱”与墨子“兼爱”的共通性，《韩非子·五蠹篇》早就一语点破：“今儒墨皆称先王，兼爱天下，则视民如父母。”《庄子·天道篇》又云：“老聃曰：‘请问何谓仁义？’孔子曰：‘中心物恺，兼爱无私，此仁义之情也。’”当然，“仁爱”与“兼爱”还是有些区别的。后期墨家的著作《大取》说：“圣人有爱而无利，儒者之言也；天下无爱不利，子墨子之言也。”孔子“仁爱”建立在人性论基础上，后来孟子进而将“不忍人之心”论证为“仁爱”思想的哲学根基；墨子“兼爱”以“利”为爱之基础，“兼相爱”就是“交相利”。利与义是一致的，利天下就是最大的义。

的表现，来印证仁义普遍价值的存在。这种“具体的普遍”的例子比较多，我们主要分析其中的三个事例：

例一，孺子入井。“人皆有不忍人之心。先王有不忍人之心，斯有不忍人之政矣。以不忍人之心，行不忍人之政，治天下可运之掌上。所以谓人皆有不忍人之心者，今人乍见孺子将入于井，皆有怵惕恻隐之心。非所以内交于孺子之父母也，非所以要誉于乡党朋友也，非恶其声而然也。由是观之，无恻隐之心，非人也；无羞恶之心，非人也；无辞让之心，非人也；无是非之心，非人也。恻隐之心，仁之端也；羞恶之心，义之端也；辞让之心，礼之端也；是非之心，智之端也。人之有是四端也，犹其有四体也。”[1]既然“乍见孺子将入于井”，皆会“诱发”“怵惕恻隐之心”，证明仁义等“四心”、“四德”如同人之“四体”，皆是先验的存有，与后天人文教化无涉，甚至与知识论也无关。这种形式逻辑上的枚举推理，其结论真实可靠吗？王夫之对此提出疑问：“且如乍见孺子将入于井，便有怵惕恻隐之心，及到少间，闻知此孺子之父母却与我有不共戴天之仇，则救之为逆，不救为顺，即此岂不须商量？”[2]王夫之的这一反驳失之偏颇。如果因不共戴天之仇而弃孺子入井于不顾，这已经是由后天的伦理价值观支配其行为。但是，孟子力图要证明的是：人之“四心”、“四德”，超越后天人文教化与知识。不是“乍见孺子将入于井”会滋生出我的恻隐之心，而是恻隐之心本来就存在于我心，孺子入井只不过是触动、引发了我内在的恻隐之心而已。“稍涉安排商量，便非本心。”[3]杨时曾就孟子思想与人论辩，杨时问对方：“乍见孺子将入于井”，心中为何会产生恻隐之情？对方答：“自然如此。”杨时不满意对方这一回答，他认为应当一直追问下去。譬如，人有恻隐之心何以可能？穷根究底到尽头，就会发现源头活水乃是天理。“盖自本原而已然，非旋安排教如此也。”[4]相比之下，韦政通的质疑直指要害：“如

〔1〕《孟子·公孙丑章句上》。

〔2〕王夫之：《读四书大全说》卷八《孟子》，《船山全书》，岳麓书社，1996年，第943页。

〔3〕王夫之：《读四书大全说》卷八《孟子》，《船山全书》，岳麓书社，1996年，第943页。

〔4〕黎靖德编：《朱子语类》卷十七，中华书局，1994年，第383页。以下引此书，只标注书名、卷数与页码。

果我们从知识的观点,质问孟子:假如人不具有‘人掉下井就要死亡’的知识,是否还有‘怵惕恻隐之心’的表现呢?”[1]韦政通认为怵惕恻隐之心只能是知识论意义上的命题,怵惕恻隐之心是后天知识。换言之,在韦政通看来,孟子的怵惕恻隐之心缺乏普遍性证明。关于这一点, 章太炎先生其实早已揭明:“然四端中独辞让之心为孩提之童所不具,野蛮人也无之。”[2]如果儿童与野蛮人皆不具辞让之心,如何能证实“人皆有不忍人之心”?杨国荣教授继而指出,孟子这一论证方式与观点“似是而非”:“事实上,孟子所说的恻隐之心,已非纯粹的自然本性,作为一种渗透了道德意识的情感,恻隐之心乃是在长期的社会教化影响下形成的,这种影响在沉淀、内化之后,便习惯成自然,亦即取得了某种‘自然’的形式,如果离开了后天的社会作用过程,这种情感显然不可能形成。孟子将恻隐之心(同情之心)视为先天的道德意识,似乎忽视了这一点。”[3]怵惕恻隐之心建立在知识论的基石之上,缺乏知识论与人文教化的支撑,“四心”、“四德”至少在逻辑上势必丧失其存在的充足理由。

例二,心之所同然。“口之于味,有同耆也。易牙先得我口之所耆者也。如使口之于味也,其性与人殊,若犬马之与我不同类也,则天下何耆皆从易牙之于味也?至于味,天下期于易牙,是天下之口相似也。惟耳亦然。至于声,天下期于师旷,是天下之耳相似也。惟目亦然。至于子都,天下莫不知其姣也。不知子都之姣者,无目者也。故曰:口之于味也,有同耆焉;耳之于声也,有同听焉;目之于色也,有同美焉。至于心,独无所同然乎?心之所同然者何也?谓理也,义也。圣人先得我心之所同然耳。故理义之悦我心,犹刍豢之悦我口。”[4]从口、耳、目之“同耆”、“同听”、“同美”,推导出心有理义悦心之“同然”,这一类比推理过程与结论存在诸多逻辑漏洞。类比推理是从特殊到特殊,前提与结论之间没有蕴涵关系,结论是或然性的。口、耳、目是生理层面上的感觉器官,心却是德性之心,而非生理学意义上范畴,非同类之间缺乏可比性;此外,类比对象之间应存在共同的本质属性,并且与推出的结论之间有内在关联,口、耳、目之“同耆”、“同听”、“同美”,与要得出的“理义之悦

---

〔1〕韦政通:《中国思想史》,上海书店出版社,2003年,第186页。
〔2〕章太炎:《国学讲演录·诸子略说》,华东师范大学出版社,1995年,第178页。
〔3〕杨国荣:《孟子的哲学思想》,华东师范大学出版社,2009年,第118—119页。
〔4〕《孟子·告子章句上》。

我心”的结论之间,缺乏逻辑意义上的内在联系。牟宗三先生评论说:“尝觉、视觉、听觉是人之感性大体如此,其同嗜、同听、同美之‘同’亦不是严格的普遍性。但心之所同然(即理与义)之普遍性是严格的普遍性。”[1]“心之所同然”何以就是“严格的普遍性”? 牟宗三在此没有详加说明,与孟子一样存在循环论证之嫌疑。实际上,“刍豢之悦我口”与“超越的义理之心”相类比,在逻辑上只是一种典型的机械类比,其结论的非真性不言而喻。

例三,牛山之木。“牛山之木尝美矣,以其郊于大国也,斧斤伐之,可以为美乎?是其日夜之所息,雨露之所润,非无萌蘖之生焉,牛羊又从而牧之,是以若彼濯濯也。人见其濯濯也,以为未尝有材焉,此岂山之性也哉? 虽存乎人者,岂无仁义之心哉? 其所以放其良心者,亦犹斧斤之于木也,旦旦而伐之,可以为美乎? 其日夜之所息,平旦之气,其好恶与人相近也者几希,则其旦昼之所为,有梏亡之矣。梏之反复,则其夜气不足以存;夜气不足以存,则其违禽兽不远矣。人见其禽兽也,而以为未尝有才焉者,是岂人之情也哉?”[2]孟子以“牛山”喻“人”,以“萌蘖”喻“本心”,以木之“美”喻性之“善”,以“牛山之木尝美矣”证明仁义是先验的存有。人的一生,所谓“人人皆可为尧舜”,究其实质是自我内在本性不断完善与实现的过程。牟宗三评论说:“现实的人不是神圣的,而此实体性的心却必须是神圣的。惟在如何能培养而操存之而使之不放失而呈现耳。”[3]儒家这一理念与《圣经》所言人性普遍恶截然不同,根据《圣经》所载,生命的理想人格的实现,是自我本性不断否定的过程。但是,在逻辑与知识论层面,孟子这一论证过程仍然存在着机械类比的错误,因为人们完全可以在经验生活中列举出山既有良木也有莠草、既有瑞兽也有恶禽的事实,来轻而易举地反驳孟子的观点。

2.形式逻辑证明

第一证,反驳“生之谓性”。告子开宗明义,表明自己的观点:“生之谓性。”[4]“生”与“性”古音相同,告子对“性”范畴之界定与荀子、董仲舒和王充

---

〔1〕牟宗三:《圆善论》第一章,吉林出版集团有限责任公司,2010年,第24页。

〔2〕《孟子·告子章句上》。

〔3〕牟宗三:《圆善论》第一章,吉林出版集团有限责任公司,2010年,第28页。

〔4〕《孟子·告子章句上》。

相近,[1]"性"指"生之所以然者",与后天教化无涉。按说孟子理应赞同告子这一观点,因为孟子把仁义礼智"四端"预设为先验的存有,仁义礼智"四端"即是"生"。但是告子所说的"生"是指"食色",不涵摄伦理因子,也不蕴涵善恶判断。因此二人对何谓"生"之理解差距较大,或许正是在这一意义上,孟子明确否定告子的提法。孟子巧妙运用形式逻辑上的归谬法进行反驳:"'生之谓性也,犹白之谓白与?'曰:'然。''白羽之白也,犹白雪之白;白雪之白,犹白玉之白与?'曰:'然。''然则犬之性,犹牛之性;牛之性,犹人之性与?'"[2]孟子在运用归谬法进行反驳的过程中,一再偷换概念,把共白与别白相混淆、共相与殊相相混淆。白与白玉、白羽、白雪之白何以能混而为一?性与犬之性、牛之性、人之性又何以能等同为一?实际上,告子认同的只是共名意义上的"白"和"性",可惜他没有察觉出孟子埋设的逻辑陷阱,一步一步深陷其中而无法自拔。

第二证,杞柳与桮棬之辨。"告子曰:'性,犹杞柳也;义,犹桮棬也。以人性为仁义,犹以杞柳为桮棬。'孟子曰:'子能顺杞柳之性而以为桮棬乎?将戕贼杞柳而后以为桮棬也?如将戕贼杞柳而以为桮棬,则亦将戕贼人以为仁义与?率天下之人而祸仁义者,必子之言夫!'"[3]在这一场辩论中,孟子至少犯了两大逻辑错误。其一,偷换辩论论题。告子认为,仁义等善端源自后天教化,属于荀子哲学意义上之"伪"。告子并未讨论以杞柳加工成桮棬是否戕贼人性,孟子巧妙地把辩论的主题转换为因顺抑或戕贼杞柳之性而为桮棬。在事实层面上,因循杞柳之性而为,只能是杞柳,而非桮棬。在逻辑意义上,顺杞柳之性而为桮棬,恰恰证明告子仁义后出观点是正确的。实际上,孟子理应从类比推理角度,指明告子以杞柳、桮棬论证人性与仁义犯了"异类不比"的逻辑错误。其二,虚设论敌。告子并未主张戕贼杞柳之性才能编织桮棬、戕贼人性而成仁义。从前后辩论语境分析,告子的观点当是顺杞柳之性而为桮棬。但是孟子虚设论敌[4],认为告子倡言戕贼杞柳之性而为桮棬,批评告子所言将祸害天下。

---

〔1〕《荀子·正名》:"生之所以然者谓之性。"《春秋繁露·深察名号》:"如其生之自然之资谓之性。"《论衡·初禀》:"性,生而然者也。"

〔2〕《孟子·告子章句上》,第326页。

〔3〕《孟子·告子章句上》,第325页。

〔4〕参见杨泽波:《孟子评传》第八章,南京大学出版社,1998年,第399页。

朱熹曾经一针见血地揭明孟子的内心想法："言如此，则天下之人皆以仁义为害性而不肯为，是因子之言而为仁义之祸也。"[1]孟子担忧告子之言一出，天下人势必以为仁义本非人性所有、因循仁义有违于人性，芸芸众生因而弃仁义于不顾，恣意妄为。正因为如此，孟子罔顾逻辑与事实之偏差，猛烈抨击告子之说。[2]

第三证，"性犹湍水"。"性犹湍水也，决诸东方则东流，决诸西方则西流。人性之无分于善不善也，犹水之无分于东西也。"[3]告子认为，人性不可以善恶界说，不存在普遍性、先验性的人性，这一思想或许与萨特人性论有几分遥相契合之处。孟子悄悄把告子所言水性无分东西偷换为水性向下，"水信无分于东西。无分于上下乎？人性之善也，犹水之就下也。人无有不善，水无有不下。今夫水，搏而跃之，可使过颡；激而行之，可使在山。是岂水之性哉？其势则然也。人之可使为不善，其性亦犹是也"[4]。以水之性论证人之性，告子和孟子犯了同样的逻辑错误。任继愈指出，孟子在此"以真证假"[5]。受地球引力影响，水性向下是一符合客观事实的知识，实际上水往东或往西流，也是水性向下的表现形式。但是，由水之特性推导出人"无有不善"，在逻辑上无法成立，前提的虚假，只会导致结论的荒谬。

从以上所列举的三种逻辑论辩可以看出，孟子仁义学说立论方式在形式逻辑层面上漏洞百出。有的学者进而指出，孟子论仁义并不是通过形式逻辑来证明，"而主要是通过生命体验启发人们对于自己良心本心的体悟，只要体悟到了自己有良心本心，就会相信良心本心是人所固有的"[6]。与其说仁

---

〔1〕朱熹：《孟子集注》卷十一，第325页。

〔2〕宋代张九成对孟子的忧虑也深有感悟："或以为性可以为善，可以为不善……或以有性善，有性不善……如或者前说行，则其罪一归于君上，而不知自责；如或者后说行，则善不善皆归于天，而无与于人事。伤名败教莫此为甚。"(张九成：《孟子传》卷二十六，文渊阁四库全书本，第484页下)如果否认存在普遍性、先验性的人性，认为性是后天环境熏陶而成，就会导致人将自身的善恶归结为后天教化与环境的影响，从而放弃自身的努力；如果认为出生时就有善恶之别，就会导致人将自身的善恶归结为天命，也将放弃自身的德性践履。缘此，张九成高倡人性善，使德性生命始终存有昂扬向上的奋斗目标。

〔3〕《孟子·告子章句上》，第325页。

〔4〕《孟子·告子章句上》，第325页。

〔5〕任继愈主编：《中国哲学发展史》(先秦)，人民出版社，1983年，第328页。

〔6〕杨泽波：《孟子与中国文化》第四部分，贵州人民出版社，2000年，第199—200页。

义论是一种生命体验,毋宁可以说仁义论是一种精神信仰。这一精神信仰作为一种人类常识,无法也无需通过逻辑手段加以证明,因为这是不证自明的真理。这使人非常容易地想到格劳秀斯的自然法,自然法的证明有两种途径,其中之一就是证诸人之普遍本性。一个普遍的结果往往需要一个普遍的原因,这种原因往往代表了人类的常识。孟子论证仁义正当性尽管在形式逻辑上不完善,但在人类常识意义上却无法否认。

3.从“即心言性”层面论证仁义正当性

唐君毅认为,孟子学的本质是心学。牟宗三进而认为,中国学术思想可大约称之为“心性之学”,此“心”代表“道德的主体性(Moral subjectivity)”。[1]孟子“即心言性”目的之一,在于从哲学与伦理学意义上探寻仁义诸善端的缘起与正当性。“尽其心者,知其性也。知其性,则知天矣。”[2]此处之“心”不是认知之心,而是德性之心,“是价值意识的创发者”[3]。“心”有其具体内涵:“恻隐之心,人皆有之;羞恶之心,人皆有之;恭敬之心,人皆有之;是非之心,人皆有之。恻隐之心,仁也;羞恶之心,义也;恭敬之心,礼也;是非之心,智也。仁义礼智,非由外铄我也,我固有之也,弗思耳矣。”[4]仁义礼智作为心之具体内涵,是先验的存有,是生命的内在本然属性,所以孟子一再强调“仁义礼智根于心”[5]。既然仁义礼智“根于心”,也就证明仁义礼智是“在我者”,而非“在外者”[6]。沿着孟子人性论这一运思路向,我们可以真正读懂何谓“万物皆备于我”[7]。《经籍纂诂》释“备”为“丰足”[8]。《荀子·礼论》云:“故虽备家,必踰日然后能殡,三日成服。”“万物皆备于我”并不是知识论意义上的命题,而是境界论与形而上学意义上的命题。“万物皆备于我”之“我”,近似于庄子“吾丧我”之“吾”,“吾”是“以道观之”的“大我”,而非拘泥于主客体认识框架

---

〔1〕牟宗三:《中国哲学的特质》,上海古籍出版社,1997年,第69页。
〔2〕《孟子·尽心章句上》,第349页。
〔3〕黄俊杰:《中国孟学诠释史论》第三章,社会科学文献出版社,2004年,第109页。
〔4〕《孟子·告子章句上》,第328页。
〔5〕《孟子·尽心章句上》,第355页。
〔6〕《孟子·尽心章句上》,第351页。
〔7〕《孟子·尽心章句上》,第350页。
〔8〕阮元等撰集:《经籍纂诂》卷六十三,中华书局,1982年,第1378页。

的“小我”。[1]陆象山把“万物皆备于我”解释为万物皆备于“吾之本心”[2]，是作心学向度的发挥[3]；梁启超把“万物皆备于我”诠释为万物“备于我心”[4]，则是以佛释孟。实际上，孟子“万物皆备于我”一段话旨在表明：君子“所性”源自心，“自我立法”[5]，无需外假。尤其值得注意的是，仁义之善不仅仅是一道德精神，而且是人生之幸福与快乐，“反身而诚，乐莫大焉”。章太炎评论道：“反观身心，觉万物确然皆备于我，故为可乐。”[6]善是乐，善是幸福。这一思想与康德哲学深相契合。康德实践理性中的“善”蕴涵幸福，善不仅仅是道德律，有幸福才是至善。

孟子并没有停留在以心性论证仁义思维阶段，而是百尺竿头更进一步，以“天”论仁义，这恰恰正是孟子思想卓然高标之处。冯友兰指出：“孟子因人皆有仁、义、礼、智之四端而言性善。人之所以有此四端，性之所以善，正因性乃‘天之所与我者’，人之所得于天者。此性善说之形而上的根据也。”[7]孟子以“天”论仁义的实质，在于从形上学高度为人性中仁义诸善端存在正当性进行辩护。在“尽心—知性—知天”逻辑框架中，天无疑是位格最高的哲学本体。在孟子思想体系中，“天”范畴的含义比较繁复，既有自然之天的表述，也有主宰之天、运命之天和义理之天的成分，但分量最重的还是义理之天。牟

---

〔1〕参见何中华：《孟子“万物皆备于我”章臆解》，载《孔子研究》2003年第5期。

〔2〕陆九渊著，钟哲点校：《陆九渊集》卷一《书》，中华书局，1980年，第5页。

〔3〕陆象山的注解在很大程度上影响了后代学者对“万物皆备于我”的理解，也有越来越多的学者开始认识到陆象山注疏的不足之处。徐梵澄指出：“‘万物皆备于我矣’之说，是纯粹唯心论，即万事备具于吾心。”（徐梵澄：《陆王学述：一系精神哲学》，上海远东出版社，1994年，第96页。）任继愈也主张：“万物皆备于我是个主观唯心主义命题，反身而诚和强恕而行是主观唯心主义解决物我关系的原则。”（任继愈主编：《中国哲学发展史》，人民出版社，1983年，第318页。）张岱年指出，若将“万物皆备于我”理解为“万物皆备于我心”，“这个‘心’是论者强加于孟子的。这称之为‘增字解经’，乖离了孟子原意”（张岱年主编：《中国唯物论史》，郑州：河南人民出版社，1994年，第112页）。

〔4〕梁启超：《梁启超论孟子遗稿》，王兴业编：《孟子研究论文集》，山东大学出版社，1984年，第489页。

〔5〕黄俊杰：《中国孟学诠释史论》第三章，社会科学文献出版社，2004年，第109页。

〔6〕章太炎：《国学讲演录·诸子略说》，华东师范大学出版社，1995年，第175页。

〔7〕冯友兰：《中国哲学史》第六章，华东师范大学出版社，2000年，第101页。

宗三认为，荀子之天“乃自然的，亦即科学中‘是其所是’之天”，而孔孟之天是“形而上的天，德化的天”[1]。章太炎先生尝言“孟子不言天”[2]，这或许不是一公允之论。“有天爵者，有人爵者。仁义忠信，乐善不倦，此天爵也；公卿大夫，此人爵也。”[3]仁义忠信是“天爵”，源自天，“天爵以德，人爵以禄”[4]。既然仁义忠信出乎天，孟子进而认为“人人有贵于己者”[5]。“贵”有“良贵”与“非良贵”之别，公卿大夫是“非良贵”，仁义忠信是“良贵”，“良者，本然之善也”。[6]本然之善的仁义忠信，人人皆备，所以孟子说“饱乎仁义”[7]。

既然仁义忠信是“天爵”，性中先天具备。那么至少从逻辑意义上是否可推定禽兽昆虫之性也具备仁义忠信之德？从《孟子·告子》篇前后文分析，孟子所言“天爵”只限于人性，并不涵盖禽兽昆虫之性。从理学立场出发，朱熹自以为孟子思想体系存在缺陷，因此画蛇添足地从逻辑层面加以“缝合”。二程朱子皆主张“性即理”，“性者，浑然天理而已”。[8]在朱熹哲学逻辑结构中，性有“天命之性”和“气质之性”之分，“天命之性”先验蕴涵“健顺五常之德”。既然“天下无性外之物”[9]，既然天地万物都先在性禀具仁义礼智信“五常”之德，至少在逻辑上承认禽兽也禀受了“五常”成为无法回避之推论。对于这一问题，朱熹作了如下回答：“问：‘性具仁义礼智？’曰：‘此犹是说“成之者性”。上面更有“一阴一阳”，“继之者善”。只一阴一阳之道，未知做人做物，已具是四者。虽寻常昆虫之类皆有之，只偏而不全，浊气间隔。’”[10]既然“人物之性一源，”当然禽兽也具“五常”之德。人兽之别仅仅在于：人能禀受“五常”之全

---

〔1〕牟宗三：《历史哲学》，台湾学生书局，1988年，第113页。

〔2〕章太炎：《国学讲演录·诸子略说》，华东师范大学出版社，1995年，第175页。

〔3〕《孟子·告子章句上》，第336页。

〔4〕焦循：《孟子正义·告子章句上》赵岐“注”，《诸子集成》本，中华书局，2006年，第469页。

〔5〕《孟子·告子章句上》，第337页。

〔6〕朱熹：《孟子集注》卷十一，第336页。

〔7〕《孟子·告子章句上》，第336页。

〔8〕《朱子语类》卷九十五，第2427页。

〔9〕《朱子语类》卷四，第56页。

〔10〕《朱子语类》卷四，第56页。

体,禽兽由于气禀有别,只能得“五常”之偏:“气相近,如知寒暖,识饥饱,好生恶死,趋利避害,人与物都一般。理不同。如蜂蚁之君臣,只是他义上有一点子明。虎狼之父子,只是仁上有一点子明,其它更推不去。恰似镜子,其它处都暗了,中间只有一两点子光。”[1]朱熹将“性”比喻为日光,人性得“性”之全和形气之“正”,受日光大;物性得“性”之偏,受日光小,因而只“有一点子明”。“性如日光,人物所受之不同,如隙窍之受光有大小也。”[2]虎狼有“仁”,蜂蚁有“义”,尽管只“有一点子明”,但毕竟“有一两点子光”。程朱理学之性既涵摄人性,也涵盖物性。既然“人物之性一源”,而且“理无不善”[3],必然会得出人类和动物同样皆具“五常”之德的结论。遗憾的是,朱子误读了孟子思想的一个基本出发点:君子应当在人兽之别(几希)的立论层面谈论人性,不能体认仁义礼智为天之所命的人,只是“小人”,或者根本不能被称之为“人”。

因此,谈及天,自然涉及“命”,二者在孟子思想中密不可分。[4]“莫之为而为者,天也;莫之致而致者,命也。”[5]徐复观认为,此“命”是“法则性质的天命”,有别于“人格神性质的天命”[6]。儒家自孔子“为仁由己”开始,已将命与性相牵扯,“不知命,无以为君子也”[7]。继而演进至楚简《性自命出》和《中庸》“天命之谓性”等哲学命题的出现,其间已经历几代人的哲学思考与努力,孟子性命观正处于孔子与《性自命出》、《中庸》之间的位置。如果仔细揣摩,我们发现《孟子·万章》之“命”表面上是“人格神性质的天命”,但孟子要阐释的一个核心思想为“天与之,人与之”。在“天视”、“天听”背后,隐藏的是人心。因此,孟子之“命”实际上是“法则性质的天命”。不仅如此,还需揭明的一点在于:徐复观的论断可能也不尽完善,如果把孟子之“命”单纯界定为“法则性质

〔1〕《朱子语类》卷四,第57页。

〔2〕《朱子语类》卷四,第58页。

〔3〕《朱子语类》卷四,第68页。

〔4〕据陈梦家先生考证,“天命”是西周武王灭纣后才出现的概念:“商人称‘帝命’,无作天命者,天命乃周人的说法。”(参见陈梦家《尚书通论》,北京:中华书局,1985年,第207页。)

〔5〕《孟子·万章章句上》。

〔6〕徐复观:《中国人性论史》,上海华东师范大学出版社,2005年,第98—100页。

〔7〕《论语·尧曰》。

的天命”，那么仁义善端只是外在的“命”。实际上，孟子的“命”与“心”相结合，哲学意涵已经出现了新气象。“存其心，养其性，所以事天也。夭寿不贰，修身以俟之，所以立命也。”[1]“事”之含义为“奉承而不违”[2]，“立命”指“全其天之所付，不以人为害之”[3]。存诸心之性是天之所命，当因循而不违。全性而生，顺命而行，方是“立命”。命已不能简单理解为“法则性质的天命”，命已内化为生命内在诉求。命是内在的生命本然，而非外在的强制规范。正因如此，在孟子思想中，有“行仁义”与“由仁义行”之区别。韩婴对孟子人性学说的理解，可谓入木三分：“子曰：‘不知命，无以为君子。’言天之所生，皆有仁义礼智顺善之心。不知天之所以命生，则无仁义礼智顺善之心。无仁义礼智顺善之心，谓之小人。”[4]这段话中出现了天、命、心、性四个概念，仁义礼智是天之所命，存诸心而显现为性。不知命则不识心，命与心相印证，恰恰正是孟子人性学说精髓之所在。领悟了命与心性的内在关系，才能理解孟子“人皆可以为尧舜”的命题。曹君之弟曹交，身高“九尺四寸以长”，与周文王、商汤和孔子身高相近，但只是饱食终日，无才无德。平庸如曹交之辈是否也可像尧舜一样成为圣人？孟子的回答非常肯定，关键在于愿不愿“为”[5]。何以人“为”则可以成为尧舜？赵岐作了很好的诠释：“言人皆有仁义之心，尧舜行仁义而已。”[6]“人皆可以为尧舜”的道德与逻辑基础在于人皆有此“心”，顺心而“为”，犹如“掘井”。半途而废，“犹为弃井”。[7]持之以恒，方可见涌泉。具体就孟子本人而言，“四十不动心”[8]。“不动心”方能“养浩然之气”，作为生命理想境界的“浩然之气”，“配义与道”于心，方能彰显这一生命气象。仁义内在于人心而成命，仁义不是外在的强制规范。郭店楚简《五行》有“义形于内谓之德之行，不形于内谓之

---

〔1〕《孟子·尽心章句上》。
〔2〕朱熹：《孟子集注》卷十三，第349页。
〔3〕朱熹：《孟子集注》卷十三，第349页。
〔4〕韩婴撰，许维遹校释：《韩诗外传》卷六，中华书局，1980年，第219页。
〔5〕《孟子·告子章句下》。
〔6〕焦循：《孟子正义·告子章句下》，《诸子集成》本，中华书局，2006年，第477页。
〔7〕《孟子·尽心章句上》。
〔8〕《孟子·公孙丑章句上》。

行”记载,正与孟子“仁义内在”相印证。[1]朱熹认为,“浩然之气”之生命气象就是“诚”之理想境界,“中与诚与浩然之气,固是一事”[2]。诚之境界,当然就是天人合一之境界。

四、孝论:“父子不责善”

在家庭伦理层面上,孔子孝论注重父子自然亲情,倡导子女人格平等,父义则从,父不义则谏。孔子、曾子“以正致谏”原则后来被孟子完全地移植到社会政治伦理中,泛伦理化的倾向有增无减。孟子“君臣相责以善”的“善”之内涵当为仁义,即以仁义这一最高价值理性衡评君臣之间关系。“君臣相责以善”施行的前提是将君臣关系重新论证为以德相交的“友”,而非传统意义上的以势利相交,“返祖”化现象背后隐伏的是其民本主义政治立场。孔子、曾子与子思在家庭伦理语境中提倡的父子“相责以善”,衍变为社会政治伦理领域中“君臣相责以善”。从“相责以善”到“父子不责善”,这是儒家孝论在春秋战国时代出现的逻辑变化。

先秦儒家普遍认为,道德观念源出于天,天是伦理道德存在正当性之终极依据。从孔子的“天生德于予”,到《中庸》的“天命之谓性”,再到孟子的“良知”、“良能”,其间的逻辑性线索非常清晰。“人之所不学而能者,其良能也;所不虑而知者,其良知也。孩提之童,无不知爱其亲者,及其长也,无不知敬其兄也。亲亲,仁也;敬长,义也。无他,达之天下也。”[3]“爱其亲”是先验性之“定在”,“亲亲”自然扩充而为“仁”。因此,人的一生是向内用功的生命体验,是不断护守、弘扬先在性伦理观念的道德化过程。孔子、曾子儒家孝论演变至孟子,发生了一些转折。这主要表现在两个方面:其一,“父子之间不责善”,其二,君臣之间“相责以善”。我们在此分别加以评述。

---

〔1〕刘钊:《郭店楚简校释·五行》,福建人民出版社,2005年,第69页。与此观点相左的记载,可参阅《管子·戒》“仁从中出,义从外作”。

〔2〕《朱子语类》卷六,第104页。

〔3〕《孟子·尽心章句上》。

1."父子之间不责善"

在《孟子》文本中，经常出现"事亲"一词[1]，这是孔子与曾子所未曾提及的一个新概念。"仁之实，事亲是也；义之实，从兄是也；智之实，知斯二者弗去是也。"[2]"事孰为大？事亲为大；守孰为大？守身为大。"[3]在孟子看来，事亲的原则就是"顺亲"："不得乎亲，不可以为人；不顺乎亲，不可以为子。"[4]"人悦之、好色、富贵，无足以解忧者，惟顺于父母可以解忧。"[5]孟子曾经比较了曾子事亲与曾元事亲之区别："曾子养曾晳，必有酒肉。将彻，必请所与。问：'有余？'必曰：'有。'曾晳死，曾元养曾子，必有酒肉。将彻，不请所与。问：'有余？'曰：'亡矣。'将以复进也。此所谓养口体者也，若曾子，则可谓养志也。事亲若曾子者，可也。"[6]曾子事亲是承顺其心意，曾元事亲是以饮食奉养其口欲。前者是"养志"之孝，后者是"养口体"之孝。《孟子·万章上》又载，弟子万章问孟子：舜为何对天哭诉？难道他抱怨父母吗？孟子说："我竭力耕田，共为子职而已矣。父母之不爱我，于我何哉？帝使其子九男二女，百官牛羊仓廪备，以事舜于畎亩之中，天下之士多就之者，帝将胥天下而迁之焉。为不顺于父母，如穷人无所归。天下之士悦之，人之所欲也，而不足以解忧；好色，人之所欲，妻帝之二女，而不足以解忧；富，人之所欲，富有天下，而不足以解忧；贵，人之所欲，贵为天子，而不足以解忧。人悦之、好色、富贵，无足以解忧者，惟顺于父母可以解忧。人少，则慕父母；知好色，则慕少艾；有妻子，则慕妻子；仕则慕君，不得于君则热中。大孝终身慕父母。五十而慕者，予于大舜见之矣。"这段话包含两层内涵：其一，子女对父母亲的爱是单向度的，而非双向度；其二，人生最高价值之实现不在于富有天下、贵为天子，而在于"顺于父母"。朱熹曾经对"得乎亲"与"顺乎亲"进行过梳理。关于"得乎亲"，朱熹诠释说："不问事之是非，但能曲为承顺，则可以得其亲之悦。苟父母有做得不

---

〔1〕《唐律疏议》界定说："善事父母曰孝。既有违犯，是名'不孝'。"侍奉父母、遵从其意志为孝；违反父母意志、侵犯父母之尊严则为不孝。隋唐时代"孝"范畴的所指与能指与孔子儒家相比，已发生了重大变化。此间的孝范畴已实现忠孝合一、家庭伦理与政治伦理合流，孝与不孝的标准主要显现为是否在意志与行动上绝对无条件地顺从父母尊长的意志。

〔2〕《孟子·离娄章句上》。

〔3〕《孟子·离娄章句上》。

〔4〕《孟子·离娄章句上》。

〔5〕《孟子·万章章句上》。

〔6〕《孟子·离娄章句上》。

是处，我且从之，苟有孝心者皆可然也。"[1]何谓"顺乎亲"？朱熹回答说："'顺乎亲'，则和那道理也顺了，非特得亲之悦，又使之不陷于非义，此所以为尤难也。"[2]"不得乎亲"，是立足于"心"(自然本性)这一层面上立论，"不顺乎亲"是基于"道"(社会理性)而言。显而易见，朱熹是倾向于"顺乎亲"而否定"得乎亲"的："不得乎亲之心，固有人承亲顺色，看父母做甚么事，不问是非，一向不逆其志。这也是得亲之心，然犹是浅事。惟顺乎亲，则亲之心皆顺乎理，必如此而后可以为子。所以又说'烝烝乂，不格奸'；'瞽瞍厎豫而天下化；瞽瞍厎豫而天下之为父子者定'。"[3]"得乎亲"是不问是非曲直，无条件地服从父母意志。朱熹认为，"得乎亲"是低层次的孝，是"浅事"。而"顺乎亲"是"父子责善"，喻父母于"道"与"理"，是高层次的孝。由此可以看出，朱熹的孝论与孟子已有所不同，但与孔子、曾子思想比较趋近。

正因为孟子过于强调"顺"，所以才会提出"父子之间不责善"这一伦理命题。《孟子·离娄上》载，公孙丑问孟子："君子之不教子，何也？"孟子回答："势不行也。教者必以正，以正不行，继之以怒。继之以怒，则反夷矣。'夫子教我以正，夫子未出于正也。'则是父子相夷也。父子相夷，则恶矣。古者易子而教之，父子之间不责善。责善则离，离则不祥莫大焉。"朱熹评论说："教子者，本为爱其子也，继之以怒，则反伤其子矣。父既伤其子，子之心又责其父曰：'夫子教我以正道，而夫子之身未必自行正道。'则是子又伤其父也。"[4]"父子之间不责善"是孟子标新立异的命题，其逻辑为：一旦父子相互责善，就会伤害人伦亲情；伤害人伦亲情，则是天地间最大的"不祥"。匡章是"通国皆称不孝"的人物，但是，孟子不仅"与之游"，而且还"从而礼貌之"。孟子为匡章辩护说："世俗所谓不孝者五：惰其四支，不顾父母之养，一不孝也；博弈好饮酒，不顾父母之养，二不孝也；好货财，私妻子，不顾父母之养，三不孝也；从耳目之欲，以为父母戮，四不孝也；好勇斗很，以危父母，五不孝也。章子有一于是乎？夫章子，子父责善而不相遇也。"[5]《战国策·齐策一》对此事也

〔1〕《朱子语类》卷五十六《孟子·离娄上》。
〔2〕《朱子语类》卷五十六《孟子·离娄上》。
〔3〕《朱子语类》卷五十六《孟子·离娄上》。
〔4〕朱熹：《四书章句集注·孟子集注》卷七。
〔5〕《孟子·离娄章句下》。

有注录:“章子之母启得罪其父,其父杀之而埋马栈之下。”匡章可能为此事向其父抗争,结果被其父逐出家门,父子从此形同陌路。匡章一生为与其父抗争之事懊悔不已,并且通过“出妻屏子,终身不养”来惩罚自己。孟子其实是出于同情才与匡章交游,因为在孟子看来,“责善,朋友之道;父子责善,贼恩之大者”[1]。父子人伦亲情高于一切,当社会法律与父子人伦亲情发生矛盾冲突时,孟子偏向于首先维护父子人伦亲情。

此外,《孟子》文本中还有两则事例涉及“父子之间不责善”:例一,象是不仁不义之人,但是,舜不仅不以法典惩处他,反而“封之有庳”。弟子万章对此提出疑义:“有庳之人奚罪焉?仁人固如是乎:在他人则诛之,在弟则封之?”孟子对舜的行为表示支持:“仁人之于其弟也,不藏怒焉,不宿怨焉,亲爱之而已矣。亲之,欲其贵也;爱之,欲其富也。封之有庳,富贵之也。身为天子,弟为匹夫,可谓亲爱之乎?”[2]舜贵为天子,其弟就应该富贵,否则就有违于人伦原则,至于这种富之贵之是否有违于社会法律与公平正义原则,那是无须顾及的小事。例二,“桃应问曰:‘舜为天子,皋陶为士,瞽瞍杀人,则如之何?’孟子曰:‘执之而已矣。’‘然则舜不禁与?’曰:‘夫舜恶得而禁之?夫有所受之也。’‘然则舜如之何?’曰:‘舜视弃天下犹弃敝蹝也。窃负而逃,遵海滨而处,终身䜣然,乐而忘天下。’”[3]作为天子,舜应当将其父“执之”,但作为人之子,舜正确的做法应当是“窃负而逃”。在人伦亲情与社会法律之间,前者是至高无上的行为准则,后者则是“敝蹝”。

孟子“父子之间不责善”的思想与郭店楚简《六德》已有一些区别:“人有六德,三亲不断。门内之治恩掩义,门外之治义斩恩。”[4]《六德》作者主张在家庭伦理中,恩情重于道义;但在社会政治与法律关系中,应当用道义切断恩情。孔子尝言“父为子隐,子为父隐,直在其中矣”[5],朱熹进而诠释说:“父子相隐,天理人情之至也。故不求为直,而直在其中。”[6]但是,"亲亲相隐”是从

---

〔1〕《孟子·离娄章句下》。

〔2〕《孟子·万章章句上》。

〔3〕《孟子·尽心章句上》。

〔4〕刘钊:《郭店楚简校释》,福建人民出版社,2005年,第117页。

〔5〕《论语·子路》。

〔6〕朱熹:《四书章句集注·论语集注》卷七。

法律文化层面阐发的,"亲亲相隐"或"亲属容隐"是古代东西方法律制度中普遍存在的法律原则,中国古代早在秦律中就已出现容隐原则:"子告父母,臣妾告主,非公室告,勿听。而行告,告者罪。"[1]在唐律中,关于"亲亲相隐"或"亲属容隐"形成了一个完备的规范系统。[2]但是,在家庭伦理层面,孔子极力强调在人格平等前提下孝敬双亲,父母亲如果有过错,子女应奋起劝谏。后来曾子进而提出了以义辅亲、"以正致谏"、"谏而不逆"、"微谏不倦" 等 "谏亲"原则,毫无原则地顺从父母,不仅不合乎孝道,反而是陷父于不义。但是,孔子、曾子的这些孝论精华,在孟子思想中已很难发现,代之而起的是诸如"父子责善,贼恩之大"之类表述。

2.君臣之间"相责以善"

在儒家孝论的演变历程中,一个值得注意的倾向是:孔子、曾子当年在家庭伦理语境中论证的"以正致谏"等"谏亲"原则,却被孟子完全移植到了社会政治伦理领域。孟子在反对父子之间"相责以善"的同时,却大张旗鼓地强调君臣之间"相责以善":"责善,朋友之道也;父子责善,贼恩之大者。"朱熹注云:"朋友当相责以善。父子行之,则害天性之恩也。"[3]"相责以善"之"善",其内涵当为"仁义",以仁义这一最高价值理性处理朋友之间、君臣之间关系。君臣之间"相责以善"思想并非孟子的发明,孔子当年就说过"勿欺也,而犯之"[4]。孔子这一思想在子思哲学中得到发扬光大:"鲁穆公问于子思曰:'何如而可谓忠臣?'子思曰:'恒称其君之恶者,可谓忠臣矣。'"[5]由此可以看出,君臣"相责以善"可谓儒家之所以为儒家之标识性观点之一。孟子继而认为,"相责以善"是臣子应尽之职责。齐宣王曾向孟子请教过"贵戚之卿"与"异姓之卿"的区别,孟子答:贵戚之卿的职责是"君有大过则谏;反复之而不听,则易位"。异姓之卿的职责为"君有过则谏,反复之而不听,则去"[6]。彼

〔1〕《睡虎地云梦秦简·法律答问》,文物出版社,1978年,第196页。

〔2〕从法律文化角度剖析"亲亲相隐",可参阅范忠信:《中西法律传统中的"亲亲相隐"》,载《中国社会科学》1997年第3期。

〔3〕朱熹:《四书章句集注·孟子集注》卷八。

〔4〕《论语·宪问》。

〔5〕刘钊:《郭店楚简校释》,福建人民出版社,2005年,第177页。

〔6〕《孟子·万章章句下》。

此之间的区别仅在于变异君位或弃官而去，相同点则是“君有过则谏”，绝不能为了名利而牺牲“善”之最高信仰。与此相关，能否做到谏行言听、从善如流，是判断君王是否贤明的客观标准。“子路，人告之以有过则喜；禹闻善言则拜。大舜有大焉，善与人同，舍己从人，乐取于人以为善。自耕稼、陶、渔以至为帝，无非取于人者。取诸人以为善，是与人为善者也。故君子莫大乎与人为善。”[1]舜、禹等等历史上的圣人之所以为圣人，其中一个原因在于能闻过则喜、与人为善。即使颠沛流离、艰难困顿，“及其闻一善言，见一善行，若决江河，沛然莫之能御也”[2]。齐宣王曾经与孟子讨论臣下在何种情况下应该为旧日的君王穿丧服之礼仪，孟子说：“谏行言听，膏泽下于民；有故而去，则君使人导之出疆，又先于其所往；去三年不返，然后收其田里。此之谓三有礼焉。如此，则为之服矣。今也为臣，谏则不行，言则不听；膏泽不下于民；有故而去，则君搏执之，又极之于其所往；去之日，遂收其田里，此之谓寇仇。寇仇，何服之有？”[3]在“三有礼”中，“谏行言听，膏泽下于民”最重要。在孟子看来，“谏行言听”是君王应行之职责。如果“膏泽下于民”，则为其服孝；如果“谏则不行，言则不听”，“膏泽不下于民”，则君臣之间已成“寇仇”。由此可见，问题的关键在于君王是否“谏行言听”。

此外，社会政治领域“相责以善”的另一层内涵是禅让。禅让学说本是墨家的主张，却在口口声声骂墨家是“禽兽”的孟子哲学中得到了发扬光大。先秦诸子在相互攻讦的背后，又隐伏着历时性哲学与文化的相通与相融。在社会政治制度层面上，禅让是一种与宗法制度相对立的政权转移制度。要想冲破宗法制度与宗法关系之牢笼，在现存的政治制度之外构建新的政治体制，就必须对这种新的制度的正当性与合法性作辩护。冯友兰先生对孟子思想中的“禅让”概念作过归纳：“一个在天子职位的‘圣人’，在他年老的时候，选一个年少的‘圣人’，先叫他担任宰相的职务，作为学习和考验。如果成绩很好，就把他推荐给‘天’，使他替代自己的职务。但是‘天’不能直接表示是否接受这个推荐；这就要看老百姓是不是拥护他，归顺他。如果老百姓拥护他，

---

〔1〕《孟子·公孙丑章句上》。
〔2〕《孟子·尽心章句上》。
〔3〕《孟子·离娄章句下》。

这就意味着'天'接受了这个推荐。'天与'是以'人归'决定的。这实际上就是以'人归'代替了'天与',以民意代替了天意。"[1]《孟子·梁惠王下》云:"《书》曰:'天降下民,作之君,作之师,惟曰其助上帝宠之。四方有罪无罪惟我在,天下曷敢有越厥志?'一人衡行于天下,武王耻之。"这种有别于汉代"君权神授"的理论认为,"天"是社会的最高立法者与最高主宰,地上王权的合法性源于上天之意志。冯友兰先生认为:"'天子'并不是'天下'的政治上、经济上的最高所有者,而只是社会中的一个职位。'天'选一个人作'天子',并不是给他对于'天下'的政治上、经济上的所有权,而只是给他一个职位。"[2]孟子认为,禅让制度不仅存在着理论上的合法性,而且有深厚的历史文化资源作为其存在合理性的历史根据。譬如,尧舜禅让就是一颇具代表性的事件。《孟子·万章上》载弟子万章问:尧将天下予舜,是否信史?孟子答:天子无权把天下给予他人。万章问:舜得天下,谁予之?孟子答:"天与之。"万章接着问:天是通过何种方式将天下给予舜的呢?孟子答:天不言,天借助于行为与事实表达其意志。"天子能荐人于天,不能使天与之天下;诸侯能荐人于天子,不能使天子与之诸侯;大夫能荐人于诸侯,不能使诸侯与之大夫。昔者,尧荐舜于天,而天受之;暴之于民,而民受之;故曰,天不言,以行与事示之而已矣。"万章问:何以验证呢?孟子说:"使之主祭,而百神享之,是天受之;使之主事,而事治,百姓安之,是民受之也。天与之,人与之,故曰,天子不能以天下与人。舜相尧二十有八载,非人之所能为也,天也。尧崩,三年之丧毕,舜避尧之子于南河之南,天下诸侯朝觐者,不之尧之子而之舜;讼狱者,不之尧之子而之舜;讴歌者,不讴歌尧之子而讴歌舜,故曰,天也。夫然后之中国,践天子位焉。"师生之间的这段对话包含了四层含义:其一,天是最高立法者,地上王权是天上神权的投射。其二,天子应当是道德高尚、万民敬慕的圣人。"孟轲认为'天'所选的'天子'必定都是最有'德'的人,即所谓'圣人'。"[3]其三,天意即民意,天心即民心,"天视自我民视,天听自我民听"[4]。孟子在论证天是最高立法者的背后,实际上是在隐证人民才是真正的最高立法者。禅让的本质是人民认可最高统治者,而非其他。其四,从上述逻辑思维路向出发,自然

〔1〕冯友兰:《中国哲学史新编》第二册,人民出版社,1984年,第65页。

〔2〕冯友兰:《中国哲学史新编》第二册,人民出版社,1984年,第65页。

〔3〕冯友兰:《中国哲学史新编》第二册,人民出版社,1984年,第65页。

〔4〕《孟子·万章章句上》。

又可推导出以下结论：既然“得乎丘民为天子”，那么，失乎丘民自然可以被废黜。“公孙丑曰：‘伊尹曰：“予不狎于不顺。”放太甲于桐，民大悦。太甲贤，又反之，民大悦。贤者之为人臣也，其君不贤，则固可放与？’孟子曰：‘有伊尹之志，则可；无伊尹之志，则篡也。’”[1]对于商汤放桀、伊尹放太甲和武王伐纣等义举，孟子都是大力肯定与宣扬的。即使是“继世以有天下”之君，只要已失去民心，也应该坚定不移地废黜。

在社会政治伦理关系中推行“相责以善”，有赖于一个前提性条件的成立——重新论证君臣之间的政治关系，将君臣之间的关系定位为“友”。在西周时代，“友”和“朋友”的含义基本一致。童书业先生考证说：“‘朋’字在古书中有比也、类也、党也等义，‘善兄弟为友’，则‘朋友’古义为族人也。庄二十二年传：陈公子完奔齐，桓公使为卿，辞曰：‘诗云，翘翘车乘，招我以弓。岂不欲往，畏我友朋。’此‘友朋’亦族人之义，指陈国之同族而言。《毛公鼎铭》‘以乃族干吾王身’，《师訇毁铭》作‘以乃友干吾王身’，二器同时，可证‘朋友’古义为族人。”[2]“友”范畴在西周时代有两层含义：其一，指谓亲缘关系；其二，表明对同族所承担的责任与义务。后一层含义已经表明，“友”范畴实际上还是一个伦理学意义上的德目。《尔雅·释诂》：“友，亲也。”“友”作为一种伦理观念，是兄弟之间的一种道德观念，其原初意义上的适用范围仅限于同族兄弟之间。《仪礼·士冠礼》：“始加元服，兄弟具来。孝友时格，永乃保之。”郑玄注：“善父母为孝，善兄弟为友。”贾谊也说：“兄敬爱弟谓之友，反友为虐。”[3]需注意的一点是，在西周时代，“孝”和“友”两个概念往往是连称，甚至于合二为一。[4]孝是属概念，友是种概念，孝统摄友概念。友于朋友，也就是孝于朋友。《周礼·春官·大司乐》云：“以乐德教国子：中、和、祇、庸、孝、友。”此外，在西周时代，臣下效忠于君长，恪守其职，勤勉于政事，也可称之为孝。邢侯簋：“……拜稽首，鲁天子‘(宥)(酬)厥濒福，克奔走上下，帝无终命于有周。’追考(孝)，对不敢坠，邵朕福盟，朕臣天子。用册王命，作周公彝。”[5]邢侯作器铸铭以称赞天子美德，表示要对天子“追考(孝)”，孝的具体内涵就是“克奔走上下”。关

[1]《孟子·尽心章句上》。

[2] 童书业：《春秋左传研究》，上海人民出版社，1980年，第122页。

[3] 贾谊：《新书·道术》，王洲明、徐超校注：《贾谊集校注》，人民文学出版社，1996年。

[4] 参见王慎行：《试论西周孝道观的形成及其特点》，载《社会科学战线》1989年第1期。

[5]《三代吉金文存》6·54·2，中华书局，1983年。

于这一点，文献资料也足资旁证。《尚书·酒诰》是周公对康叔的告诫之词，“奔走事厥考厥长”与“用孝养厥父母”性质相同。“长”应该是指君长或上级，“奔走事厥考厥长”就是指臣下尽心尽力、恪守其职，“兹乃允惟王正事之臣，兹亦惟天若元德，永不忘在王家”。办理具体事务的各级僚属应该各司其职，竭诚服务，这既是孝，也是友。正因为如此，《尚书·康诰》将“不孝不友”视为“元恶大憝”。从这一逻辑出发，西周初期发生的管蔡叛乱就是典型的“不孝不友”事件。“不友”就是“不孝”，“不友不孝”就是“不族”(叛族)，因此对“三监”当然要“刑兹无赦”，对未卷入其中的人，可以“父子兄弟，罪不相及”[1]。此外，也有金文可作证明：

杜伯(盨)：“用享孝于皇申(神)、祖、考，于好朋友。”[2]

历鼎：“历肇对元德，考(孝)友隹井(型)。”[3]

由此可见，“友”范畴存在着一个在内涵与外延上由小到大、向外膨胀的逻辑演变过程。《大戴礼记·曾子制言》：“父母之仇，不与同生；兄弟之仇，不与聚国；朋友之仇，不与聚乡；族人之仇，不与聚邻。”朋友这一概念至迟在春秋中晚期已经从“族人”中分化、独立出来，王聘珍注：“同门曰朋，同志曰友。”由此可见，凡志同道合者皆为友。孟子社会政治思想中的“友”应当是“同志”之友，而非“友，亲也”之友，煞费苦心地将君臣关系论证为以德相交的“友”，表面上看似乎与西周时代的“孝友合一”趋近，因而出现了“返祖”现象。但是，孟子的真实目的是为其民本主义政治学说立论。胡适认为：“因为他把个人的人格，看得如此之重，因为他以为人性都是善的，所以他有一种平等主义。”并且评论说：“孟子的政治学说很带有民权的意味。”[4]梁启超也将孟子定位为民权主义者，主张统治者应以民意为进退，以顺从民心为标准。[5]缘此，我们不妨将孟子思想置于民本主义语境中作一评估。中国古代社会存在着一种源远流长的社会思潮——民本主义。这种颇具人民性的社会思潮胎息于《尚书》、《左传》，发生于孔子，集成于孟子，中经董仲舒、阮籍、鲍

〔1〕《尚书·大诰》。

〔2〕《三代吉金文存》10·40·3，中华书局，1983年。

〔3〕《三代吉金文存》3·45·1，中华书局，1983年。

〔4〕胡适：《中国哲学史大纲》，东方出版社，1996年，第262—263页。

〔5〕梁启超：《先秦政治思想史》，东方出版社，1996年，第26页。

敬言等人赓续，而后又在黄宗羲、顾炎武、康有为等人思想中发扬光大，并成为“近代中国人接受西方近代民主思想的基础和衔接点”[1]。何谓民本主义或民本思想？梁启超将历史上的重民思想界定为“民本思想”[2]，韦政通认为古代民本思想包含六个层面的含义：民为邦本、民意即天意、安民爱民、重视民意、民贵君轻、革命思想。[3]实际上，民本思想就是近代民主思想在古代社会的表现形式，随着近代以自由贸易、工业生产为代表的生产方式的出现，民本思想自然而然将过渡到民主思想。金耀基认为：“盖中国之政治，自秦汉以降，虽是一个君主专制的局面，但总因有浓厚的民本思想之影响，遂使君主专制的政治弊害得以减轻和纾解。”[4]冯天瑜评价说：“到了近代……一些以施行民主政治为己任的先进中国人站在近代民主主义的高度，重新审度传统的民本学说，将其批判专制君王的言论阐扬为反君权思想；将其重视民力、民心、同情民众疾苦的言论阐扬为民权思想……在这一意义上，民本学说可以看做中国传统文化与民主主义的结合点。”[5]

综上所述，孟子关于君臣“相责以善”的观念实际上是孔子、子思“谏君”思想合乎逻辑的推进，所不同的仅在于：孔子、子思将君臣关系定位于“道义”，孟子则将君臣关系论证为以德相交的“友”，泛伦理化的倾向有增无减。尤其值得一提的是，在家庭伦理层面上，儒家孝论演变至孟子出现了一些新的变化。孔子在法律文化层面上虽然也评议过“亲亲相隐”，但在家庭伦理层面上，孔子、曾子注重父子自然亲情，倡导子女人格平等，父义则从，父不义则谏，主张以义辅亲、“以正致谏”、“微谏不倦”，反对毫无原则地顺从父母尊长的意志。荀子继而提出“从道不从君，从义不从父”，子女不可牺牲道义去无原则地迎合父母意志。虽然孟子一再申明：“乃所愿，则学孔子也。”但是，“父子之间不责善”这一命题由于转向于社会政治伦理原则，孟子孝论与孔子、曾子相比，显然已经有了一些新的变化。

---

〔1〕陈胜粦：《林则徐与鸦片战争论稿》，中山大学出版社，1990年，第594页。

〔2〕梁启超：《先秦政治思想史》，东方出版社，1996年，第2页。

〔3〕韦政通：《中国的智慧》，中国和平出版社，1988年，第31—32页。

〔4〕金耀基：《中国民本思想史》，台湾商务印书馆，1993年，第7页。

〔5〕冯天瑜：《中华元典精神》，上海人民出版社，1994年，第499页。

例　言

一、本书以宋代朱熹《孟子集注》(中华书局1983年版)为底本,对《孟子》进行校勘和注释。

二、本书校勘所用主要版本是:

1.《孟子》十四卷,上海涵芬楼借清内府藏宋刊本景印《四部丛刊经部》。

2.《孟子注疏解经》十四卷,汉赵岐注,孙奭疏,1980年中华书局影印清阮元校刻《十三经注疏附校勘记》。

3.《孟子正义》三十卷,清焦循撰,1986年中华书局重印《诸子集成》本。

4.《孟子微》八卷,康有为撰,国家清史编撰委员会《文献丛刊》,中国人民大学出版社2000年版。

三、东汉赵岐考证"外书"四篇文章为《性善辨》、《文说》、《孝经》、《为政》。留存于今的"外书"四篇乃明代人伪撰,因此本书弃而不用。

四、历代为《孟子》作注的学者比较多,清代以前大约就有75家。对原文的校勘,反复比照,择善而从。凡对宋代朱熹《孟子集注》本有所改易者,尽量在注释中一一说明。

五、宋代朱熹《孟子集注》是宋学代表性成果,校勘、训诂较为精审,影响深远。为兼顾社会各阶层人士阅读之需要,本书的注释侧重于难解字词、历史人物与事件、典章制度、历史地名等内容。对个别难读之句子加以窜讲,并通释全句。

六、注释力求深入浅出、通俗易懂,凡训诂等方面涉及各家意见分歧之处,或择善而从或出于己识。

七、对生僻字词,加注汉语拼音。

八、本书“孟子生平与思想”部分的《孟子》引文直接采用笔者校勘后的文字。

九、本编《孟子》原文之断句、标点,与前人亦有异同,不仍旧贯。

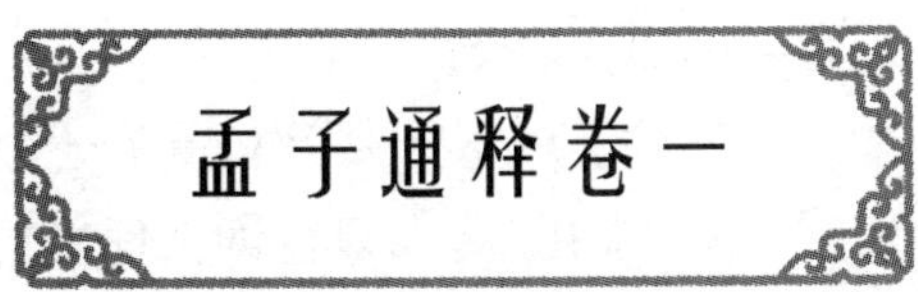

孟子通释卷一

梁惠王章句上(凡七章)

【概说】本篇为《孟子》首篇,共七章。《孟子》首篇开宗明义,明辨义利,主张“王何必曰利?亦有仁义而已矣”。孟子的义利观是对孔子义利观的继承和发展,孔子强调“义以为上”、“见利思义”,把“义”作为行为的最高标准,并不反对人们对正当利益的追求。君王要关心平民百姓之利,“因民之所利而利之”。孟子对此作了进一步发挥,强调“惟义所在”,抨击“辟草莱、任土地”等不顾平民百姓死活的私利。孟子对“义”的强调与当时的社会环境密不可分,他生活在社会大变革时期,狼烟四起、礼崩乐坏,统治者却只求近利、私欲,远离大义、公利,所以《孟子》一书把义利之辨放在第一章,目的在于通过明仁义、去私利,以正君心。

1.1　孟子见梁惠王〔1〕。王曰:“叟不远千里而来〔2〕,亦将有以利吾国乎〔3〕?”孟子对曰:“王何必曰利?亦有仁义而已矣〔4〕。王曰:‘何以利吾国?’大夫曰:‘何以利吾家?’士庶人曰:‘何以利吾身?’上下交征利而国危矣〔5〕。万乘之国弑其君者〔6〕,必千乘之家;千乘之国,弑其君者,必百乘之家。万取千焉,千取百焉,不为不多矣。苟为后义而先利,不夺不餍〔7〕。未有仁而遗其亲者也,未有义而后其君者

也[8]。王亦曰仁义而已矣,何必曰利?”

【注释】

〔1〕梁惠王:即魏惠王,僭称王,谥曰惠。公元前370年即位,战国七雄之一。

〔2〕叟:古代对老人的称呼。

〔3〕利:朱熹《集注》云:“王所谓利,盖富国强兵之类。”

〔4〕义:《中庸》云:“义者,宜也。”“义”是《孟子》中出现频率极高的一个词,多达百次以上,内涵极其丰富。“义”在《孟子》中还是一复合词:“理义”、“礼义”、“仁义”,含义有所区别。

〔5〕征:敛取。

〔6〕万乘(shèng)之国:一车四马为乘。根据周礼,天子拥有万乘,诸侯千乘、百乘不等。

〔7〕餍(yàn):满足。

〔8〕后:怠慢、薄待。

【解读】孟子进见梁惠王。惠王说:“老先生不远千里而来到魏国,一定带来了有利于我国的高见吧?”

孟子回答说:“大王,何必一开口就说利呢?只要讲仁义就行了。大王说:‘怎样有利于我的国家?’大夫说:‘怎样有利于我的家族?’士人和老百姓则说:‘怎样有利于我自己?’结果上上下下相互敛取利益,国家就危险了!在一个拥有一万辆兵车的国家里,杀害它的国君的一定是拥有一千辆兵车的大夫;在一个拥有一千辆兵车的国家里,杀害它的国君的一定是拥有一百辆兵车的大夫。(依照成法,)在万乘中取得千乘,在千乘中取得百乘,这样不能不算多了。可是,如果大夫们重利轻义,那不夺取全部的兵车就永远不会满足。从来没有讲仁的人却抛弃父母的,也从来没有讲义的人怠慢君王的。所以,大王只说仁义就行了,何必说利呢?”

1.2 孟子见梁惠王。王立于沼上[1],顾鸿雁麋鹿[2],曰:“贤者亦

乐此乎？"孟子对曰："贤者而后乐此。不贤者虽有此，不乐也。《诗》云[3]：'经始灵台[4]，经之营之[5]。庶民攻之[6]，不日成之。经始勿亟[7]，庶民子来[8]。王在灵囿[9]，麀鹿攸伏[10]。麀鹿濯濯[11]，白鸟鹤鹤[12]。王在灵沼，於牣鱼跃[13]。'文王以民力为台为沼，而民欢乐之，谓其台曰灵台，谓其沼曰灵沼，乐其有麋鹿鱼鳖。古之人与民偕乐，故能乐也。《汤誓》曰[14]：'时日害丧[15]？予及女偕亡[16]！'民欲与之偕亡，虽有台池鸟兽，岂能独乐哉？"

【注释】

〔1〕沼：水池。

〔2〕顾：顾盼。

〔3〕《诗》：《诗经·大雅·灵台》，文句略有不同。

〔4〕经：测量、规划。

〔5〕营：营谋、谋划。

〔6〕攻：建筑。

〔7〕亟：急、速。

〔8〕子来：如同儿子自觉自愿前来帮父亲干活。

〔9〕囿：蓄养禽兽的园林。

〔10〕麀(yōu)：母鹿。攸：处所。伏：静卧。

〔11〕濯濯(zhuó)：肥美润泽。

〔12〕鹤鹤：洁白，《诗经》作"翯翯"。

〔13〕於(wū)：赞叹词。牣(rèn)：充满。

〔14〕《汤誓》：《尚书》篇名。

〔15〕时：是，这个。害(hé)：同"曷"，何时。丧：灭亡。

〔16〕女：通"汝"。历史上对"时日害丧，予及女偕亡"有两种理解：赵岐《注》曰："言是日当大丧亡，我及女俱往亡也。害，大也。"朱熹的诠释与赵岐不同："时，是也。日，指夏桀。害，何也。桀尝自言，吾有天下，如天之有日，日亡吾乃亡耳。民怨其虐，故因其自言而目之曰，此日何时亡乎？若亡则我宁与之俱亡，盖欲其亡之甚也。"两相比较，朱熹之说为是。

【解读】孟子进见梁惠王。梁惠王站在池沼边上，顾盼着鸿雁麋鹿，说："贤者也以此为乐吗？"

孟子回答说："只有贤者才能够以此为乐，不贤的人就算有这些东西，也不会感到快乐。《诗》里说：'文王最初建造灵台的时候，仔细度量营造；天下百姓前来协助，没几天便竣工告成。文王教导百姓不要太性急，可是百姓像子女为父母出力一般踊跃，因此很快就完工。文王来到灵台，只见母鹿很驯善地安卧在草丛之中，长得丰腴壮实，白鸟也生得肥美洁净。文王游览到灵沼旁，满池的鱼儿跳跃相迎。'文王虽然以民力修建高台深池，可是老百姓却非常高兴，把那个台叫做'灵台'，把那个池叫做'灵沼'，并因为那里面有麋鹿鱼鳖而感到快乐。古代的君王与民同乐，所以自己也能享受快乐。而《汤誓》说：'你这太阳啊，什么时候才能毁灭呢？我宁肯与你一起灭亡！'老百姓恨不得与夏桀同归于尽，即使他有高台池沼、珍禽异兽，又怎能独自享乐呢？"

1.3 梁惠王曰："寡人之于国也[1]，尽心焉耳矣[2]。河内凶[3]，则移其民于河东[4]，移其粟于河内。河东凶亦然[5]。察邻国之政，无如寡人之用心者。邻国之民不加少[6]，寡人之民不加多，何也？"孟子对曰："王好战，请以战喻。填然鼓之[7]，兵刃既接[8]，弃甲曳兵而走[9]。或百步而后止，或五十步而后止。以五十步笑百步，则何如？"曰：'不可。直不百步耳[10]，是亦走也。"曰："王如知此，则无望民之多于邻国也。不违农时[11]，谷不可胜食也[12]。数罟不入洿池[13]，鱼鳖不可胜食也。斧斤以时入山林[14]，材木不可胜用也。谷与鱼鳖不可胜食，材木不可胜用，是使民养生丧死无憾也[15]。养生丧死无憾，王道之始也。五亩之宅，树之以桑[16]，五十者可以衣帛矣[17]。鸡豚狗彘之畜[18]，无失其时，七十者可以食肉矣。百亩之田，勿夺其时，数口之家可以无饥矣。谨庠序之教[19]，申之以孝悌之养[20]，颁白者不负戴于道路矣[21]。七十者衣帛食肉，黎民不饥不寒，然而不王者，未之有

也。狗彘食人食而不知检[22]，途有饿莩而不知发[23]；人死，则曰：'非我也，岁也[24]。'是何异于刺人而杀之，曰：'非我也，兵也。'王无罪岁，斯天下之民至焉。"

【注释】

〔1〕寡人：《礼记·曲礼下》说："诸侯见天子，曰'臣某侯某'。其与民言，自称曰'寡人'。"孔颖达《疏》曰："寡人者，言己是寡德之人。"由此可见，"寡人"是古代诸侯的自称，后来成为君主的谦称。

〔2〕焉耳矣：三个皆是语气词，语气词叠用，在于加重语气。

〔3〕河内：魏国黄河北岸地区，在今河南济源县一带。

〔4〕河东：魏国黄河以东地区，在今山西省安邑县一带。

〔5〕凶：朱熹《注》："岁不熟也。"

〔6〕加：更加。

〔7〕填然：击鼓发出的声音。鼓：击鼓，名词动用。朱熹《集注》："兵以鼓进，以金退。"

〔8〕接：接触、交战。

〔9〕曳：拖着。走：奔逃。

〔10〕直：只是。

〔11〕违：妨碍。

〔12〕胜(shēng)：尽。

〔13〕数(cù)：细密。罟：渔网。洿(wū)：低洼之地。

〔14〕斤：大斧。

〔15〕丧死：安葬死者。

〔16〕树：栽种。

〔17〕衣：穿。

〔18〕豚：小猪。彘：猪。王筠《说文释例》云："古人之豕，非大不食，小豕惟以致祭也。"

〔19〕庠序：古代乡学，商朝称之为序，周朝称之为庠。

〔20〕申：反复叮咛。

〔21〕颁：通"斑"。颁白，头发花白。负：背物件。戴：头顶物件。

〔22〕检：制约。赵岐《注》曰：“言人君但养犬彘，使食人食，不知以法度检敛也。”

〔23〕饿莩(piǎo)：饿死之人。发：赈济，朱熹《集注》：“发仓廪以赈贷也。”

〔24〕岁：年岁，指年岁丰歉。

【解读】梁惠王说：“我对于国事，可算是竭尽心力了！河内发生灾荒，就将那里的百姓迁到河东，将河东的米粟运到河内来赈济。河东遇着荒年，我也是这样做。考察邻国的政事，没有哪个国君能像我这样为百姓操心的。但是，邻国的百姓未见减少，我国的百姓也未见增多，这是什么缘故呢？”

孟子答道：“大王向来喜欢战争，现在我就用战争来做比喻。咚咚的鼓声响起，两军的刀剑已经交锋，兵败者丢盔弃甲，曳兵而逃，有的逃了一百步才止住，有的逃了五十步就止住。逃五十步的讥笑那逃一百步的，大王以为如何？”

惠王说：“不可以。他只不过没有逃到一百步罢了，也同样是逃跑啊！”

孟子说：“大王若是明白这个道理，就不必希望(本国的)百姓比邻国多了。不耽误百姓耕种的时节，五谷自然吃不完；细密的网罟不入池沼，鱼鳖自然吃不完；斧子、砍刀按照时令进入山林砍伐，材木自然用不尽。五谷和鱼鳖吃不完，材木用不尽，就会使百姓在养生送死方面都没有缺憾。能使百姓养生送死都没缺憾，这就是王道的开始啊！

“五亩的宅田，周围栽种桑树，五十岁的老人就可以穿上绸帛衣服了；饲养鸡犬狗彘，不错过它们的繁殖时节，七十岁的老人就可以吃上肉了；每家分配百亩的田地，不侵夺农时，数口的人家就不会挨饿了；注重乡校的教育，强调孝敬长辈的道理，须发斑白的人就不至于在道路上背物负重了。七十岁的老人能衣绸食肉，百姓能不受饥寒，做到了这些而不称王天下的还从未有过。

“现在猪狗吃着人的食物还不知道制止，路旁有饿死的人还不知道开仓救济。百姓饿死了，君王却说：‘不是我的罪过，是年岁不好造成的。’这和用刀把人杀死，却说‘不是我杀的，是兵器杀的’有什么不同呢？大王请您不要诿罪于年岁不好，那么，天下的百姓自然都来归顺了。”

1.4 梁惠王曰：“寡人愿安承教〔1〕。”孟子对曰：“杀人以梃与刃〔2〕，有以异乎？”曰：“无以异也。”“以刃与政，有以异乎？”曰：“无以异也。”曰：“庖有肥肉〔3〕，厩有肥马〔4〕，民有饥色，野有饿莩，此率兽而食人也。兽相食，且人恶之〔5〕；为民父母，行政不免于率兽而食人，恶在其为民父母也〔6〕？仲尼曰：‘始作俑者〔7〕，其无后乎？’为其象人而用之也。如之何其使斯民饥而死也！”

【注释】

〔1〕安：乐意。承：接受。

〔2〕梃(tǐng)：棍棒。

〔3〕庖(páo)：厨房。

〔4〕厩(jiù)：牲口棚。

〔5〕恶：厌恶。

〔6〕恶在：恶同“乌”，疑问代词。恶在，义近“何在”。朱熹《集注》：“犹言何在也。”

〔7〕俑：殉葬用的土偶或木偶。朱熹《集注》：“古之葬者，束草为人以为从卫，谓之刍灵，略似人形而已。中古易之以俑，则有面目机发而大似人矣，故孔子恶其不仁，而言其必无后也。”

【解读】梁惠王说：“我很乐意接受您的指教。”

孟子说：“用棍棒杀人和用刀子杀人有什么不同吗？”

梁惠王说：“没有什么不同。”

(孟子又问道：)“用刀子杀人和用政治杀人有什么不同吗？”

梁惠王回答：“没什么不同。”

孟子说："厨房里有肥美的肉，马厩里有健壮的马，可是老百姓面带饥色，野外躺着饿死的人，这如同率领着野兽来吃人啊！野兽自相残杀尚且为人所憎恶，作为老百姓的父母官，推行政事，却不免于率领野兽来吃人，哪里还配做百姓的父母官呢？孔子说：'第一个制作殉葬俑的人，该会断子绝孙吧！'这是因它们像人形而被用来殉葬。(这样尚且不可，)又怎么可以使老百姓饥饿而死呢？"

1.5 梁惠王曰："晋国[1]，天下莫强焉，叟之所知也。及寡人之身，东败于齐，长子死焉[2]；西丧地于秦七百里[3]，南辱于楚[4]。寡人耻之，愿比死者一洒之[5]。如之何则可？"孟子对曰："地方百里而可以王[6]。王如施仁政于民，省刑罚，薄税敛，深耕易耨[7]，壮者以暇日修其孝悌忠信，入以事其父兄，出以事其长上，可使制梃以挞秦楚之坚甲利兵矣[8]。彼夺其民时，使不得耕耨以养其父母，父母冻饿，兄弟妻子离散。彼陷溺其民[9]，王往而征之，夫谁与王敌？故曰：'仁者无敌。'王请勿疑。"

【注释】

〔1〕晋国：魏、韩、赵三个诸侯国都是从晋国分出，所以魏国国君常常自称为晋国。

〔2〕东败于齐，长子死焉：公元前342年，魏伐韩，韩向齐求救。齐国派田忌、孙膑救援。在马陵之战中，魏中孙膑之计而大败，太子申被俘。

〔3〕西丧地于秦七百里：根据《史记·魏世家》记载，魏国屡败于秦，魏惠王被迫割河西之地给秦国求和。

〔4〕南辱于楚：根据《战国策》记载，楚国多次攻打魏国，侵占不少魏国土地。

〔5〕比：替、代。洒：通"洗"，洗雪。朱熹《注》："言欲为死者雪其耻也。"

〔6〕方：方圆。

〔7〕耨(nòu)：锄草。阎若璩《四书释地》说："赵氏注：'易耨，芸苗令简易也。'愚谓即朱虚侯刘章为高后言'田立苗欲疏'之意，与上深耕字相对。"

〔8〕制：焦循认为当读为掣(chè)，提、拿。挞(tà)：用棍子或鞭子打人。

〔9〕陷溺：压迫、坑害。

【解读】梁惠王说："当初晋国曾一度是天下最强的国家，这是老先生您知道的。可是到了寡人身上，东边被齐国打败，连我的大儿子也被打死了；西边丧失了七百里土地给秦国；南边又受到楚国的侮辱。对此我深以为耻，希望替所有的死难者报仇雪恨，要怎样做才行呢？"

孟子回答说："只要有方圆一百里的土地就可以称王天下。大王如果对老百姓施行仁政，减免刑罚，少征赋税，深耕细作，勤于除草；让青壮年在空闲时研习孝悌忠信的道理，在家能侍奉父兄，出外能侍奉长上。这样，就是让他们提着棍棒也可以打败披坚执锐的秦楚军队了。

"那些国家侵夺民众的农时，使他们不能够深耕细作来赡养父母。父母受冻挨饿，兄弟妻子各自离散。敌国迫害百姓，大王去征伐它们，有谁来抵抗您呢？所以说：'施行仁政的人是无敌于天下的。'大王请不要对此有所怀疑！"

1.6 孟子见梁襄王〔1〕。出，语人曰〔2〕："望之不似人君，就之而不见所畏焉。卒然问曰〔3〕：'天下恶乎定？'吾对曰：'定于一〔4〕。''孰能一之？'对曰：'不嗜杀人者能一之〔5〕。''孰能与之〔6〕？'对曰：'天下莫不与也。王知夫苗乎？七、八月之间旱〔7〕，则苗槁矣。天油然作云，沛然下雨，则苗浡然兴之矣〔8〕。其如是，孰能御之〔9〕？今夫天下之人牧〔10〕，未有不嗜杀人者也。如有不嗜杀人者，则天下之民皆引领而望之矣〔11〕！诚如是也，民归之，由水之就下〔12〕，沛然谁能御之？'"

【注释】

〔1〕梁襄王：梁惠王之子。

〔2〕语：告诉。

〔3〕卒然：猝然。

〔4〕一:统一。

〔5〕嗜:喜好。

〔6〕与:归附、归服。

〔7〕七、八月:周朝建子,以夏历十一月为正月,所以周历七、八月,即夏历五、六月。

〔8〕浡(bó)然:蓬勃生长。

〔9〕御:禁止。

〔10〕人牧:统治者,国君。

〔11〕引领:伸着脖子。

〔12〕由:通“犹”,犹如。

【解读】孟子进见梁襄王,出来以后,告诉别人说:“远看不像个国君,接近他也看不出他的威严。他突然问我:‘天下怎样才能安定?’

“我回答说:‘要统一才会安定。’

“(他问:)‘谁能统一天下呢?’

“我答道:‘不喜欢杀人的国君能统一天下。’

“(他又问:)‘有谁愿意归顺这样不嗜杀人的国君呢?’

“我回答道:‘天下的人没有不愿意归顺他的。大王知道禾苗的情况吗?当七八月间天旱的时候,禾苗就干枯了。一旦天上乌云密布,大雨倾盆而下,禾苗便会蓬勃地生长起来。像这样,谁能够阻挡得住呢?如今各国的国君,没有一个不喜欢杀人的。如果有一个不好杀的国君,那么,天下的老百姓都会伸长脖子盼望他了。果真如此的话,老百姓归服他就像水向下奔流一样,其势汹涌澎湃,谁能遏止得住呢?”

1.7　齐宣王问曰:“齐桓、晋文之事[1],可得闻乎?”孟子对曰:“仲尼之徒无道桓、文之事者,是以后世无传焉,臣未之闻也。无以[2],则王乎?”曰:“德何如,则可以王矣?”曰:“保民而王[3],莫之能御也。”曰:“若寡人者,可以保民乎哉?”曰:“可。”曰:“何由知吾可

也？"曰："臣闻之胡龁曰，王坐于堂上，有牵牛而过堂下者，王见之，曰：'牛何之？'对曰：'将以衅钟[4]。'王曰：'舍之！吾不忍其觳觫[5]，若无罪而就死地[6]。'对曰：'然则废衅钟与[7]？'曰：'何可废也？以羊易之。'不识有诸？[8]"曰："有之。"曰："是心足以王矣。百姓皆以王为爱也[9]，臣固知王之不忍也。"王曰："然。诚有百姓者。齐国虽褊小[10]，吾何爱一牛？即不忍其觳觫，若无罪而就死地，故以羊易之也。"曰："王无异于百姓之以王为爱也[11]，以小易大，彼恶知之？王若隐其无罪而就死地[12]，则牛羊何择焉？"王笑曰："是诚何心哉？我非爱其财而易之以羊也，宜乎百姓之谓我爱也。"曰："无伤也[13]。是乃仁术也，见牛未见羊也。君子之于禽兽也，见其生，不忍见其死；闻其声，不忍食其肉。是以君子远庖厨也[14]。"

【注释】

〔1〕齐桓、晋文：齐桓公、晋文公在春秋时期先后称霸，与秦穆公、楚庄王、宋襄公合称为春秋五霸。

〔2〕无以：不得已。以，通"已"。

〔3〕保：安、安抚。

〔4〕衅钟：衅是古代礼仪之一，《说文·爨部》："衅，血祭也。"衅钟，是用牲血涂器物的缝隙以祭器。

〔5〕觳觫(hú sù)：因恐惧而发抖。

〔6〕若：这样。

〔7〕与：通"欤"，疑问语气词。

〔8〕诸：之乎。

〔9〕爱：吝啬。

〔10〕褊(biǎn)：狭小。

〔11〕异：奇怪。

〔12〕隐：哀怜。

〔13〕无伤：不碍事。朱熹《注》："言虽有百姓之言，不为害也。"

〔14〕远：远离，使动用法。朱熹《集注》："其所以必远庖厨者，亦以预养是心，而广为仁之术也。"

【解读】齐宣王问道："齐桓公、晋文公的霸业，可以说给我听听吗？"

孟子说："孔子的学生们没有谈论过齐桓、晋文之事，因此后世没有流传下来，我也从来没有听说过。大王如果一定要我说，那就说一说称王天下的道理吧！"

宣王说："要有怎样的德行，才可以称王天下呢？"

孟子说："安抚百姓自然就能称王天下，任何人都抵挡不住。"

宣王说："像我这样，能够安抚百姓么？"

孟子说："可以。"

宣王说："从哪里知道我可以呢？"

孟子说："我听大臣胡龁说，有一天大王您坐在殿堂上，有个人牵着牛经过堂下。您见了，就问道：'牛牵到什么地方去？'牵牛的答道：'要用它的血来祭钟。'王说：'放掉它吧，我不忍心看它那恐惧发抖的样子，好像没有犯罪就被处死一样。'(牵牛人)问道：'那么就要废弃衅钟的仪式吗？'大王说：'怎么可以废弃呢？用羊掉换它吧。'不知道有这回事吗？"

宣王说："有的。"

孟子说："凭这仁慈之心就足以称王天下了。百姓们都以为大王吝啬，臣早知道大王是不忍心啊。"

宣王说："不错，确实有这样的百姓。齐国土地虽然狭小，我又何至于吝惜一头牛呢？就是不忍看它那种恐惧战栗的样子，好像没有犯罪就把它处死一般，所以用羊换下了它。"

孟子说："大王不必怪百姓认为您太吝啬，用小羊换下大牛，他们怎么会知道您的用心呢？大王若是可怜无罪却被处死的，那么牛和羊又有什么分别呢？"

宣王笑着说："这到底是一种什么心理呢？我不是因为吝啬钱财而用羊去换牛。也难怪百姓说我吝啬了。"

孟子说："没有关系，这是一种仁德的表现，只因大王（当时只）见着牛没有见着羊的缘故。君子对待禽兽，看见它们生，就不忍心去看它们死；听到它们临死的哀鸣，就不忍心去吃它们的肉。因此，君子必定远离厨房。"

王说[1]，曰："《诗》云[2]：'他人有心，予忖度之[3]。'夫子之谓也。夫我乃行之，反而求之，不得吾心。夫子言之，于我心有戚戚焉[4]。此心之所以合于王者，何也？"曰："有复于王者[5]，曰'吾力足以举百钧[6]'，而不足以举一羽；'明足以察秋毫之末'，而不见舆薪[7]。则王许之乎？"曰："否。""今恩足以及禽兽，而功不至于百姓者，独何与？然则一羽之不举，为不用力焉；舆薪之不见，为不用明焉；百姓之不见保，为不用恩焉。故王之不王，不为也，非不能也。"曰："不为者与不能者之形何以异？"曰："挟太山以超北海[8]，语人曰：'我不能。'是诚不能也。为长者折枝[9]，语人曰：'我不能。'是不为也，非不能也。故王之不王，非挟太山以超北海之类也；王之不王，是折枝之类也。老吾老[10]，以及人之老；幼吾幼[11]，以及人之幼。天下可运于掌。《诗》云[12]：'刑于寡妻[13]，至于兄弟，以御于家邦[14]。'言举斯心加诸彼而已。故推恩足以保四海，不推恩无以保妻子。古之人所以大过人者无他焉，善推其所为而已矣。今恩足以及禽兽，而功不至于百姓者，独何与？权[15]，然后知轻重。度[16]，然后知长短。物皆然，心为甚。王请度之！"

【注释】

〔1〕说：通"悦"，高兴。

〔2〕诗句见于《诗经·小雅·巧言》。

〔3〕忖度(cǔn duó)：揣想。

〔4〕戚戚：心动。

〔5〕复：禀白。

〔6〕钧：三十斤。

〔7〕舆薪：装满木柴的车。

〔8〕挟：提挈。太山：泰山。超：跨越。北海：渤海。

〔9〕折枝：对“为长者折枝”的注解，历来存在歧义。东汉赵岐认为“折枝，案摩折手节解罢枝也。”朱熹《孟子集注》说：“为长者折枝，以长者之命，折草木之枝。”焦循《孟子正义》解为：“罄折腰肢，盖犹今拜揖也。”可见，“折枝”古来有三种解释：折取树枝、弯腰行礼和按摩关节。笔者认为，焦循的解释比较正确。

〔10〕老吾老：第一个老字是动词，尊重。第二个老字是名词。

〔11〕幼吾幼：第一个幼字是动词，抚育。第二个幼字是名词。

〔12〕诗句见于《诗经·大雅·思齐》。

〔13〕刑：通“型”，榜样。寡妻：嫡妻。

〔14〕御：治。

〔15〕权：权衡。

〔16〕度：度量。

【解读】宣王高兴地说：“《诗》里说：‘别人有什么心事，我可以揣想出来。’这正是说的老先生啊！我已经做了这件事，可是回想起来，却总是说不出它的道理。老先生一讲，我的心便怦然而动了。这不忍之心能够合于王道的道理是什么呢？”

孟子说：“有个人向王报告：‘我的力气能够举起三千斤的重量，但举不起一根羽毛；我的眼力能见秋毫的末端，却看不见一大车的薪柴。’大王能够赞同他吗？”

宣王说：“不赞同。”

孟子说：“现在大王的恩惠，足以及于禽兽，可是却不能施及百姓，这是什么原因呢？可见，举不起一根羽毛，只因他不肯用力气；看不见一车薪柴，只因他不肯用眼力；百姓得不到保护，只因大王不肯用恩惠啊！所以，大王不能称王天下，只是不肯做，不是没有能力做。”

宣王说：“不肯做和没有能力做的情形，有什么不同？”

孟子说："要把泰山夹在胳膊底下跨越北海，对人说'我不能做到'，这确实是不能；要向老年人拜揖，对人说'我不能'，这是不肯做，不是不能做。所以大王不能称王天下，不是夹着泰山跨越北海之类的事情；大王不能称王天下，是向老年人拜揖这类的事情。

"(大王只要)敬重自己的长辈进而推及到敬重别人的长辈，爱护自己的晚辈进而推及到爱护别人的晚辈，这样平治天下就可以运作于手掌之中了。《诗》里说：'做妻子的楷模，再推及到兄弟宗族，最后统御全国。'这就是说把仁心推及到百姓身上。所以，能够推行恩德，就可保有天下；如果做不到，连妻子也得不到守护。古代圣王之所以能够大大地超过常人，没有别的，只是善于推广他们的恩惠罢了。现在的君王恩惠足以施加到禽兽身上，而好处却不能施及百姓，这是什么原因呢？

"称一称，然后知轻重；量一量，然后知长短。事物都是这样，人心更是如此。请大王仔细地度量一番。"

"抑王兴甲兵[1]、危士臣[2]、构怨于诸侯[3]，然后快于心与？"王曰："否。吾何快于是？将以求吾所大欲也！"曰："王之所大欲可得闻与？"王笑而不言。曰："为肥甘不足于口与？轻暖不足于体与？抑为采色不足视于目与？声音不足听于耳与？便嬖不足使令于前与[4]？王之诸臣，皆足以供之，而王岂为是哉？"曰："否。吾不为是也。"曰："然则王之所大欲可知已。欲辟土地[5]，朝秦、楚[6]，莅中国而抚四夷也[7]。以若所为[8]，求若所欲，犹缘木而求鱼也。"王曰："若是其甚与？"曰："殆有甚焉[9]。缘木求鱼，虽不得鱼，无后灾。以若所为，求若所欲，尽心力而为之，后必有灾。"曰："可得闻与？"曰："邹人与楚人战，则王以为孰胜？"曰："楚人胜。"曰："然则小固不可以敌大，寡固不可以敌众，弱固不可以敌强。海内之地方千里者九，齐集有其一。以一服八，何以异于邹敌楚哉？盖亦反其本矣[10]。今王发政施仁，使天下仕者皆欲立于王之朝，耕者皆欲耕于王之野，商

贾皆欲藏于王之市[11],行旅皆欲出于王之涂,天下之欲疾其君者皆欲赴愬于王[12],其若是,孰能御之?”

【注释】

〔1〕抑:转折连词,相当于现代汉语“难道”。

〔2〕危:使……陷于危险之中,使动用法。

〔3〕构怨:结怨。

〔4〕便嬖(pián bì):君王左右受宠爱之人。

〔5〕辟:开辟。

〔6〕朝:使其朝见。朱熹《集注》:“致其来朝也。”

〔7〕莅:临,统治。中国:中原国家。抚:安抚。

〔8〕若:你。

〔9〕殆:几乎、大概。有:同“又”。

〔10〕盖:同“盍”,何不。

〔11〕商贾:行货曰商,居货曰贾。

〔12〕疾:痛恨。愬:申诉。

【解读】“难道大王还想兴师动众,危害将士,结怨诸侯,然后心里才痛快吗?”

宣王说:“不是,我怎么会以此为快呢?我是想以此来追求一个大愿望!”

孟子说:“王的大愿望,可说给我听听吗?”

宣王笑了笑,却不回答。

孟子说:“大王是因为肥美的食物不够口腹享受呢,还是轻暖的衣裘不够穿?或者是为了华丽的色彩不够观赏,美妙的音乐不够听闻,左右姬妾臣仆不够役使?这些东西,大王的臣仆都能够供办,难道真是为了这些吗?”

宣王说:“不是,我不是为了这些。”

孟子说:“要是这样的话,大王的大愿望就可知道了。您是想开拓疆土,使秦、楚臣服,统治天下,安抚四夷。然而用这样的作为来追求这样的愿望,就像攀上树去捕鱼一样。”

宣王说:“会有这样严重么?”

孟子说:“恐怕要比这更严重些,攀上树去捕鱼,虽得不到鱼,也不会招致灾祸;用这样的作为来追求这样的愿望,费尽心力去做,以后一定会招致祸殃。”

宣王说:“能给我说说原因吗?”

孟子说:“邹国和楚国交战,大王以为哪国会胜?”

宣王说:“楚国能获胜。”

孟子说:“可见小国本来就不敌大国,少数本来就不敌多数,力量弱的本来就不敌力量强的。四海之内方圆千里的土地共有九块,齐国只是其中之一。若用一个来征服八个,这和邹国抵抗楚国有什么区别呢?何不从王道的根本上着手来解决问题?

“现在大王如果发布善政,施行仁德,使天下的士大夫都想在大王的朝廷里任职,种田的人都想耕稼在大王的原野里,商人都想在大王的市场上交易,旅客都想行走在大王的道路上,各国怨恨其国君的人都赶来向大王您申诉他们的痛苦。如果这样,还有谁能阻挡得住您称王天下呢?”

王曰:“吾惛[1],不能进于是矣[2]。愿夫子辅吾志,明以教我。我虽不敏,请尝试之。”曰:“无恒产而有恒心者[3],惟士为能。若民[4],则无恒产,因无恒心。苟无恒心,放辟[5],邪侈[6],无不为已。及陷于罪,然后从而刑之,是罔民也[7]。焉有仁人在位,罔民而可为也?是故明君制民之产,必使仰足以事父母,俯足以畜妻子[8],乐岁终身饱,凶年免于死亡。然后驱而之善[9],故民之从之也轻[10]。今也制民之产[11],仰不足以事父母,俯不足以畜妻子,乐岁终身苦,凶年不免于死亡。此惟救死而恐不赡[12],奚暇治礼义哉[13]?王欲行之,则盍反其本矣[14]。五亩之宅,树之以桑,五十者可以衣帛矣。鸡豚狗彘之畜,

无失其时，七十者可以食肉矣。百亩之田，勿夺其时，八口之家可以无饥矣。谨庠序之教，申之以孝悌之义[15]，颁白者不负戴于道路矣。老者衣帛食肉，黎民不饥不寒，然而不王者，未之有也。”

【注释】

〔1〕惛：通“昏”，昏乱。

〔2〕进：行、施行。

〔3〕恒产：恒常的产业。恒心：人所固有的善心。朱熹《集注》：“恒心，人所常有之善心也。”

〔4〕若：转折连词，至于。

〔5〕放辟：放荡、邪僻。

〔6〕邪侈：胡作非为。

〔7〕罔：名词动用，通“网”，陷害。

〔8〕畜：养育。妻子：妻子儿女。

〔9〕之：往、到。

〔10〕轻：轻松、容易。

〔11〕制：订立制度。

〔12〕赡：足够。

〔13〕奚：何。

〔14〕盍：何不。

〔15〕申：教育、倡导。

【解读】宣王说：“我不明智，不能施行到这种程度，希望老先生助成我的志向，明确地教导我。我虽不聪敏，请让我尝试一下。”

孟子说：“没有恒常的产业却有长久的善心，只有士人才能够做到。百姓们没有恒常的产业，也就没有长久的善心。一旦没有长久的善心，就容易放荡邪僻，胡作非为。等到犯了罪，然后惩治他们，这等于预设罗网陷害百姓。哪里有仁人在位还做陷害百姓的事呢？所以，贤明的君主规定百姓的产业，必使他们上足够侍奉父母，下足够养活妻儿；丰年可以吃饱，荒年也能免于死亡，然后督促他们一心向善，于是百姓很容易听从教化。

“而现在所规定的民众的产业，上不足以侍奉父母，下不足以养活妻儿；丰年尚且挨饿，荒年更是免不了饿死逃亡。这样，他们只求免于一死，还怕力量不够，哪里还有余闲去学习礼义呢？

“大王若真想实行仁政的话，就应该回到王道的根本上去解决问题。使人人有五亩的宅田，周围栽种桑树，五十岁的老人就可以穿上绸帛衣服了；饲养鸡犬狗彘，不错过它们的繁殖时节，七十岁的老人就可以吃上肉了；每家分配百亩的田地，不侵夺农时，八口的家庭就不会挨饿了；注重乡校的教育，倡导孝敬长辈的道理，须发斑白的人就不至于在道路上背物负重了。老年人能衣绸食肉，百姓能不受饥寒，做到了这些而不称王天下的还从未有过。”

孟子通释卷二

梁惠王章句下（凡十六章）

【概说】孟子认为“王天下”的关键在于得民心，“民心悦，则天意得矣”。“独乐乐”不是真正的“乐”，“与民同乐”才是领悟了“乐”的真髓。统治者如果能以天下平民百姓的快乐为自己的快乐、以天下平民百姓的忧愁为自己的忧愁，天下之人也会以统治者的快乐为自己的快乐、以统治者的忧愁为自己的忧愁。和天下大众同甘苦同患难，“王天下”指日可待。通观全章，彰显出浓郁的民本主义色彩。从孔子的“以道事君”，到孟子“民为贵，社稷次之，君为轻”，再到黄宗羲的“不在一姓之兴亡”，儒家民本思想的发展脉络非常清晰。儒家一以贯之的民本学说，对近代的民主启蒙运动，起到了明显的启迪作用。民本论虽不可等同于民主论，但两者之间并非绝缘。民本论与民主论是相通的，或者说后者是前者逻辑性发展趋向。

2.1 庄暴见孟子[1]，曰：“暴见于王，王语暴以好乐[2]，暴未有以对也。”曰：“好乐何如？”孟子曰：“王之好乐甚，则齐国其庶几乎[3]？”他日见于王曰：“王尝语庄子以好乐，有诸？”王变乎色[4]，曰：“寡人非能好先王之乐也，直好世俗之乐耳。”曰：“王之好乐甚，则齐其庶几乎！今之乐犹古之乐也。”曰：“可得闻与？”曰：“独乐乐[5]，与人乐

乐，孰乐？”曰：“不若与人。”曰：“与少乐乐，与众乐乐，孰乐？”曰：“不若与众。”“臣请为王言乐。今王鼓乐于此[6]，百姓闻王钟鼓之声、管籥之音[7]，举疾首蹙頞而相告曰[8]：‘吾王之好鼓乐，夫何使我至于此极也[9]？父子不相见，兄弟妻子离散。’今王田猎于此，百姓闻王车马之音，见羽旄之美[10]，举疾首蹙頞而相告曰：‘吾王之好田猎，夫何使我至于此极也？父子不相见，兄弟妻子离散。’此无他，不与民同乐也。今王鼓乐于此，百姓闻王钟鼓之声、管籥之音，举欣欣然有喜色而相告曰：‘吾王庶几无疾病与？何以能鼓乐也？’今王田猎于此，百姓闻王车马之音，见羽旄之美，举欣欣然有喜色而相告曰：‘吾王庶几无疾病与？何以能田猎也？’此无他，与民同乐也。今王与百姓同乐，则王矣。”

【注释】

〔1〕庄暴：齐国大臣。

〔2〕好乐：喜好音乐。

〔3〕庶几：差不多。朱熹《集注》：“言近于治。”

〔4〕色：脸色。朱熹《集注》：“变色者，惭其好之不正也。”

〔5〕乐乐：第一个乐字读lè，是动词，喜好、欣赏。第二个乐字读yuè，是名词，音乐。

〔6〕鼓乐：奏乐。

〔7〕管籥：笙箫之类乐器。

〔8〕举：皆、都。疾首：头痛。蹙(cù)頞(è)：愁眉苦脸。頞，鼻梁。朱熹《集注》：“人忧戚则蹙其额。”

〔9〕极：穷、穷困。

〔10〕羽旄(máo)：旌旗之属。

【解读】庄暴进见孟子，说：“我去朝见大王，他告诉我他喜好音乐，我不知该如何应答。”庄暴又问：“喜好音乐怎么样？”

孟子说：“大王如果非常喜好音乐，那齐国大概可以平治了吧！”

有一天,孟子见到齐宣王,说:“大王曾告诉庄暴说大王爱好音乐,有这回事吗?”

宣王变了脸色,说:“我并不喜好先王的音乐,只不过喜好世俗的音乐罢了。”

孟子说:“大王如果非常喜好音乐,那齐国大概可以平治了吧!(在这一点上,)现在的音乐与古代的音乐差不多。”

宣王说:“能告诉我是什么道理吗?”

孟子说:“独自一人欣赏音乐与和他人一起欣赏音乐,哪个更快乐?”

宣王说:“和他人一起欣赏音乐更快乐。”

孟子说:“和少数人一起欣赏音乐与和多数人一起欣赏音乐,哪个更快乐?”

宣王说:“和多数人一起欣赏音乐更快乐。”

孟子说:“那就让我来为大王讲讲欣赏音乐的道理。假如大王在奏乐,百姓们听到大王的钟鼓之声和管籥之音,都愁眉苦脸地相互诉苦说:‘我们君王喜好音乐,却为什么使我们这般穷困呢?父子不能相见,兄弟妻子流离失所。’假如大王在围猎,百姓们听到大王车马的声音,见到华丽的旗帜,都愁眉苦脸地相互诉苦说:‘我们大王喜好围猎,却为什么使我们这般穷困呢?父子不能相见,兄弟妻子流离失所。’这没有别的原因,是不和民众一起娱乐的缘故。

“假如大王在奏乐,百姓们听到大王的钟鼓之声和管籥之音,都欣喜地相互告诉说:‘我们大王大概没有疾病吧,要不怎么能奏乐呢?’假如大王在围猎,百姓们听到大王车马的声音,见到华丽的旗帜,都欣喜地相互告诉说:‘我们大王大概没有疾病吧,要不怎么能围猎呢?’这没有别的原因,是大王能与民同乐的缘故。倘若大王与百姓一起娱乐,那么就可以称王天下了!”

2.2 齐宣王问曰："文王之囿方七十里[1]，有诸？"孟子对曰："于传有之[2]。"曰："若是其大乎？"曰："民犹以为小也。"曰："寡人之囿方四十里，民犹以为大，何也？"曰："文王之囿方七十里，刍荛者往焉[3]，雉兔者往焉[4]。与民同之，民以为小，不亦宜乎？臣始至于境，问国之大禁[5]，然后敢入。臣闻郊关之内有囿方四十里[6]，杀其麋鹿者如杀人之罪。则是方四十里为阱于国中[7]，民以为大，不亦宜乎？"

【注释】

〔1〕囿：古代畜养花木禽兽的园林，有围墙的叫"苑"，没有围墙的叫"囿"。

〔2〕传：文献。

〔3〕刍荛(chú ráo)：名词动用，割草打柴者。刍，草。荛，木柴。

〔4〕雉兔：名词动用，泛指打猎者。

〔5〕大禁：国家的禁令。朱熹《集注》："礼：入国而问禁。"

〔6〕郊关：古代近郊五十里，远郊百里，远郊之外还有关塞。

〔7〕阱：陷阱。朱熹《集注》："坎地以陷兽者，言陷民于死也。"

【解读】齐宣王问孟子："听说周文王的苑囿方圆七十里，有这回事吗？"

孟子答道："古书上有这样的记载。"

宣王说："真有这么大吗？"

孟子说："百姓还觉得小呢！"

宣王说："我的苑囿方圆四十里，百姓还觉得大，这是为什么呢？"

孟子说："周文王的苑囿方圆七十里，割草砍柴的人都可以去，捕猎的人也能去，是与民众共同享有的。百姓觉得小，不是很自然的吗？我刚到齐国边境时，首先问明了国家的禁令才敢入境。我听说郊关之内有一个纵横各四十里的苑囿，凡猎杀其中麋鹿的人按杀人的罪名处罚。那么，这方圆四十里的苑囿就是国中设立的陷阱，百姓认为它太大，不也是很自然的吗？”

2.3 齐宣王问曰：“交邻国有道乎？”孟子对曰：“有。惟仁者为能以大事小，是故汤事葛[1]，文王事昆夷[2]。惟智者为能以小事大，故大王事獯鬻[3]，句践事吴。以大事小者，乐天者也。以小事大者，畏天者也[4]。乐天者保天下[5]，畏天者保其国。《诗》云[6]：‘畏天之威，于时保之[7]。’”王曰：“大哉言矣！寡人有疾，寡人好勇。”对曰：“王请无好小勇。夫抚剑疾视[8]，曰：‘彼恶敢当我哉！’此匹夫之勇，敌一人者也。王请大之。《诗》云[9]：‘王赫斯怒[10]，爰整其旅[11]。以遏徂莒[12]，以笃周祜[13]，以对于天下[14]。’此文王之勇也。文王一怒而安天下之民。《书》曰[15]：‘天降下民，作之君，作之师。惟曰其助上帝，宠之四方。有罪无罪，惟我在。天下曷敢有越厥志[16]？’一人衡行于天下[17]，武王耻之。此武王之勇也，而武王亦一怒而安天下之民。今王亦一怒而安天下之民，民惟恐王之不好勇也。”

【注释】

〔1〕汤事葛：汤，商汤。事，侍奉。葛，国名。汤事葛，详见《孟子·滕文公章句下》。

〔2〕昆夷：西周初年的西戎之一。

〔3〕大王：古公亶父。獯鬻(xūn yù)：古代北方狄人之一，周朝时叫猃狁(xiǎn yǔn)，秦朝时期叫匈奴。

〔4〕畏天：敬畏上天的威严。

〔5〕乐天：因循上天意志。朱熹《集注》：“大之字小，小之事大，皆理之当然也。自然合理，故曰乐天。”

〔6〕《诗》：指《诗经·周颂·我将》。

〔7〕于时：于是。

〔8〕疾视：怒目而视。

〔9〕《诗》：指《诗经·大雅·皇矣》。

〔10〕赫：赫然。

〔11〕爰：于是。旅：军队。

〔12〕遏：阻止。徂(cú)：往、去。莒：国名。

〔13〕笃：厚、加。祜(hù)：福佑。

〔14〕对：对答。

〔15〕《书》：指《尚书》，引文出自《尚书》逸篇。对"惟曰其助上帝宠之四方有罪无罪惟我在"有两种断句：一种以朱熹为代表，将之读为："惟曰其助上帝，宠之四方。有罪无罪惟我在。"第二种读法以赵岐为代表："惟曰其助上帝宠之。四方有罪无罪惟我在。"

〔16〕曷敢：何敢。厥：其。

〔17〕衡行：衡通"横"，横行，作乱于天下。

【解读】齐宣王问道："和邻国交往有什么原则吗？"

孟子回答说："有。只有仁者才能够以大国的身份侍奉小国，所以商汤能侍奉葛国，周文王能侍奉昆夷。只有智者才能够以小国的身份侍奉大国，所以周太王能侍奉獯鬻，越王勾践能侍奉吴王夫差。以大国身份侍奉小国的，是因循上天意志的人；以小国身份侍奉大国的，是敬畏上天威严的人。因循上天意志的人能安定天下，敬畏上天威严的人能安定自己的国家。《诗》里说：'敬畏上天威灵，因而常得佑护。'"

宣王说："先生的话可真高深啊！不过，我有个毛病，就是逞强好勇。"

孟子说："希望大王不要爱好小勇。有人以手按剑，瞪着眼睛说：'他怎么敢抵挡我呢？'这其实只是匹夫之勇，只能敌一人而已。希望大王把它扩大！

"《诗》里说：'文王赫然大怒，于是整顿军队，以遏制侵略莒国的敌军，为周人带来厚福，不辜负天下百姓对他的期望。'这是文王之勇，文王一怒便安定了天下的百姓。

"《书》里说：'上天降生了万民，并为他们安排了君主和师长。唯有这些君主和师长才能佑助上帝来绥靖四方，有罪者和无罪者都由我来负责，普天之下，何人敢违背上帝的意志呢？'所以，只要有一人横行霸道，周武王便感到羞耻，这就是武王之勇，武王也是一怒便安定了天下百姓。如今大王如果也能做到一怒而使天下百姓都得到安定，那么，老百姓就会唯恐大王不崇尚勇武呢！"

2.4 齐宣王见孟子于雪宫[1]。王曰："贤者亦有此乐乎？"孟子对曰："有。人不得，则非其上矣[2]。不得而非其上者，非也。为民上而不与民同乐者，亦非也。乐民之乐者[3]，民亦乐其乐。忧民之忧者，民亦忧其忧。乐以天下，忧以天下[4]，然而不王者，未之有也。昔者齐景公问于晏子[5]，曰：'吾欲观于转附、朝儛[6]，遵海而南[7]，放于琅邪[8]，吾何修而可以比于先王观也[9]？'晏子对曰：'善哉问也！天子适诸侯曰巡狩[10]，巡狩者巡所守也。诸侯朝于天子曰述职[11]，述职者述所职也。无非事者。春省耕而补不足[12]，秋省敛而助不给[13]。夏谚曰[14]："吾王不游，吾何以休[15]？吾王不豫，吾何以助？"一游一豫[16]，为诸侯度[17]。今也不然：师行而粮食[18]，饥者弗食，劳者弗息。睊睊胥谗[19]，民乃作慝[20]。方命虐民[21]，饮食若流[22]，流连荒亡，为诸侯忧。从流下而忘反谓之流。从流上而忘反谓之连。从兽无厌谓之荒。乐酒无厌谓之亡。先王无流连之乐、荒亡之行。惟君所行也。'景公说[23]，大戒于国[24]，出舍于郊。于是始兴发补不足[25]，召大师曰[26]：'为我作君臣相说之乐。'盖《徵招》、《角招》是也[27]。其诗曰：'畜君何尤[28]？'畜君者，好君也。"

【注释】

〔1〕雪宫：齐国离宫之一。

〔2〕非：非议。

〔3〕乐民之乐：第一个乐字为"以……为乐"，第二个乐字为"快乐"。

〔4〕以：与。朱熹《集注》："乐民之乐而民乐其乐，则乐以天下矣。忧民之忧而民忧其忧，则忧以天下矣。"

〔5〕晏子：名婴，齐景公时期贤相。

〔6〕转附、朝儛(cháo wǔ):都是山名,杨伯峻考证转附即山东省烟台芝罘岛,朝儛即山东省荣成市召石山。

〔7〕遵:循、沿。

〔8〕放:到。琅邪:山名,位于今山东省东南部,今作琅玡、琅琊。

〔9〕观:游、游观。

〔10〕巡狩:天子视察诸侯所守疆土。狩,本意指冬猎。

〔11〕述:陈述。

〔12〕省:视察。

〔13〕敛:收获。

〔14〕夏谚:夏朝时期的谚语。

〔15〕休:福禄。《左传·襄公二十八年》有“以礼承天之休”记载,“休”的含义即“福禄”。

〔16〕一游一豫:君王春天出游,以救济贫困无依者为“游”;秋天巡狩四疆,以赈济贫困无依者为“豫”。朱熹《注》:“故夏谚以为王者一游一豫,皆有恩惠以及民,而诸侯皆取法焉,不敢无事慢游以病其民也。”

〔17〕度:法度。

〔18〕师:两千五百人为师。粮食:消耗粮食。

〔19〕睊睊(juàn juàn):因愤怒而侧目而视。胥:全、都。谗:谤怨。

〔20〕慝(tè):邪恶。

〔21〕方:逆、违背。命:上天之命。虐:残害。

〔22〕若流:如水流不尽。

〔23〕说:通“悦”。

〔24〕戒:准备。

〔25〕兴发:打开粮仓,赈济贫民。

〔26〕大师:即太师,乐官。

〔27〕《徵(zhǐ)招》、《角招》:徵、角是古代五音(宫、商、角、徵、羽)中的两个音阶。招,通“韶”,舜时代的乐曲名。

〔28〕畜:劝阻。尤:过错。

【解读】齐宣王在雪宫接见孟子。宣王说:“贤德之人也有如此的快乐吗？”

孟子回答说：“有。人们要是得不到这种快乐，就会非议他们的国君。得不到这种快乐就非议国君是不对的；可是，作为老百姓的君主却不与民同乐也是不对的。君主以民众的快乐为自己的快乐，民众也会以君主的快乐为自己的快乐；君主以民众的忧愁为自己的忧愁，民众也会以君主的忧愁为自己的忧愁。以天下人的快乐为快乐，以天下人的忧愁为忧愁，这样做了还不能称王天下，是没有过的。

“从前齐景公问晏子说：‘我想到转附、朝儛两座山去游览，然后沿着海岸向南行，一直到琅琊。我该怎样做才能够和古代圣贤君王的巡游相比呢？’晏子回答说：‘问得好呀！天子前往诸侯国叫做巡狩，巡狩就是巡视各诸侯所守的疆土；诸侯去朝见天子叫做述职，述职就是报告所执掌的公务，没有不和政事有关的。春季巡视耕种情况，对种子不足的贫困农户加以补助；秋季巡视收获情况，对歉收的农户给予补助。夏代的谚语说：“我们大王不巡游，我们怎能有福禄？我们大王不巡视，我们怎能得补助？”大王的巡游和视察，足以作为诸侯的法度。现在不是这样了，国君一出游就兴师动众，索取粮食。饥饿的人得不到粮食补助，劳苦的人得不到休息。大家侧目而视，怨声载道，以至于为非作歹。这种出游违背天意，虐待百姓，吃喝浪费如流水，真是流连荒亡，连诸侯们都为此而忧虑。什么叫流连荒亡呢？乘船顺流而下，乐而忘返，这叫做流；逆水而上，乐而忘返，这叫做连；田猎而不知厌倦叫做荒；嗜酒而不加节制叫做亡。古代圣贤君王既无流连的逸乐，也无荒亡的淫行。至于大王您的行为，只有您自己选择了。’

“齐景公(听了晏子的话后)非常高兴，先在都城内做了充分的准备，然后驻扎在郊外，打开仓库赈济贫苦的人。又召集太师说：‘给我创作一些君臣同乐的乐曲。’这乐曲就是《徵招》、《角招》。其中的歌词说:‘劝阻国君有什么错呢。’劝阻国君,就是敬爱国君。”

2.5 齐宣王问曰:“人皆谓我毁明堂[1],毁诸?已乎[2]?”孟子对曰:“夫明堂者,王者之堂也。王欲行王政,则勿毁之矣。”王曰:“王政可得闻与?”对曰:“昔者文王之治岐也[3],耕者九一[4],仕者世禄[5],关市讥而不征[6],泽梁无禁[7],罪人不孥[8]。老而无妻曰鳏,老而无夫曰寡,老而无子曰独,幼而无父曰孤。此四者,天下之穷民而无告者[9]。文王发政施仁,必先斯四者。《诗》云[10]:‘哿矣富人[11],哀此茕独[12]!’”王曰:“善哉言乎!”曰:“王如善之,则何为不行?”王曰:“寡人有疾,寡人好货[13]。”对曰:“昔者公刘好货[14],《诗》云[15]:‘乃积乃仓[16],乃裹糇粮[17],于橐于囊[18],思戢用光[19]。弓矢斯张[20],干戈戚扬[21],爰方启行[22]。’故居者有积仓,行者有裹粮也[23],然后可以爰方启行。王如好货,与百姓同之,于王何有?”王曰:“寡人有疾,寡人好色。”对曰:“昔者大王好色[24],爱厥妃。《诗》云[25]:‘古公亶父,来朝走马[26]。率西水浒[27],至于岐下[28]。爰及姜女[29],聿来胥宇[30]。’当是时也,内无怨女[31],外无旷夫[32]。王如好色,与百姓同之,于王何有?”

【注释】

〔1〕明堂:古代帝王宣明政教的处所。凡朝会、祭祀、庆赏、选士、养老等大典,都在此举行。这里所提到的明堂,在齐国国境之内,可能是天子东巡接受诸侯朝见的处所。赵岐《注》云:“泰山下明堂,本周天子东巡狩朝诸侯之处也。齐侵地而得有之,人劝宣王,诸侯不用明堂可毁坏,故疑而问于孟子,当毁之乎?”

〔2〕已:止。

〔3〕岐:地名,在今陕西省岐山县一带。周文王为西伯时治岐,后迁往丰。

〔4〕耕者九一:孟子设计的井田制度。朱熹《集注》:“九一者,井田之制也。方一里为一井,其田九百亩。中画井字,界为九区。一区之中,为田百亩。中百亩为公田,外八百亩为私田。八家各受私田百亩,而同养公田,是九分而

税其一也。”

〔5〕仕者世禄:供给大夫以上官职世代享用的俸禄。

〔6〕关:关卡。市:市场。讥:稽查。征:征税。

〔7〕泽梁:筑堤坝蓄水成池叫泽,拦水捕鱼的水堰叫梁。

〔8〕孥(nú):妻子儿女。朱熹《集注》:“恶恶止其身,不及妻子也。”

〔9〕无告:穷苦无依靠。

〔10〕《诗》云:引自《诗经·小雅·正月》。

〔11〕哿(gě 或kě):可。

〔12〕茕(qióng):孤独。

〔13〕货:财物。

〔14〕公刘:后稷之曾孙。

〔15〕《诗》云:引自《诗经·大雅·公刘》。

〔16〕乃:于是。积:积储。仓:名词动用,把粮食储存在粮仓。

〔17〕糇(hóu)粮:干粮。

〔18〕橐:无底的口袋。囊:有底的口袋。

〔19〕戢(jí):安集、安抚,《诗经》作辑。用:以。光:光大。

〔20〕张:张设。

〔21〕干:盾。戚:斧。扬:钺。

〔22〕爰:于是。方:开始。启行:出发。

〔23〕裹粮:《四部丛刊》本、阮元《十三经注疏》本仿宋大字本作“裹囊”。

〔24〕大王:古公亶父,公刘九世孙。

〔25〕《诗》云:引自《诗经·大雅·绵》。

〔26〕走:奔跑。朱熹《集注》:“避狄人之难。”

〔27〕率:沿、循。水浒:水涯,据王引之考证,水指漆水。

〔28〕岐下:岐山之下。

〔29〕爰:语首词,无义。姜女:古公亶父之妃。

〔30〕聿:语首词,无义。胥:视察。宇:屋宇。

〔31〕怨女:没有丈夫的女子。

〔32〕旷夫:没有妻子的男人。

【解读】齐宣王问道："别人都建议我拆毁明堂，是拆毁好呢，还是不拆毁好呢？"

孟子回答说："明堂是施行王政的殿堂。大王如果想施行王政，就请不要拆毁它。"

宣王说："可以把王政讲给我听听吗？"

孟子回答说："从前周文王治理岐山的时候，对农民实行九分之一的税；对于做官的人给予世代承袭的俸禄；在关隘和市场上只稽查而不征税；任何人到山泽湖泊捕猎都不禁止；对罪犯的处罚不牵连其妻子儿女。年老而没有妻子的叫做鳏，年老而没有丈夫的叫做寡，年老而没有子嗣的叫做老，年幼而没有父亲的叫做孤，这四种人是天下穷苦无所依靠的人。文王实行仁政，一定最先考虑到他们。《诗》里说：'有钱人是可以过得去的，可怜那些无依无靠的孤寡吧！'"

宣王说："说得好啊！"

孟子说："大王认为说得好，为什么不去这样做呢？"

宣王说："我有个毛病，我喜爱钱财。"

孟子说："从前公刘也喜爱钱财。《诗》里说：'积蓄粮食装满仓，备好干粮装进囊，和睦团结争荣光。箭上弦，弓开张，金盾铁矛斧钺扬，然后动身向前方。'因此，留在家里的人有积蓄的粮谷，行军打仗的人有备好的行囊，这才率领军队出发。大王如果喜爱钱财，与百姓共同享有，称王天下还有什么困难呢？"

宣王说："我还有个毛病，我喜爱女色。"

孟子回答说："从前周太王也喜爱女色，非常宠爱他的妃子。《诗》里说：'吾王古公亶父啊，清早率众骑快马，沿着邠西渭水岸，一直来到岐山下。带着妻子姜氏女，勘察地址建屋宇。'那时候，既没有不嫁的怨女，也没有不娶的旷夫。大王如果喜爱女色，能与百姓共同享有，称王天下还有什么困难呢？"

2.6 孟子谓齐宣王曰:“王之臣有托其妻子于其友[1],而之楚游者[2]。比其反也[3],则冻馁其妻子[4],则如之何?”王曰:“弃之[5]。”曰:“士师不能治士[6],则如之何?”王曰:“已之[7]。”曰:“四境之内不治,则如之何?”王顾左右而言他。

【注释】

〔1〕友:不是指同宗兄弟,而是指志同道合者。

〔2〕之:往、去。

〔3〕比:及、等到。反:通“返”。

〔4〕馁:饥饿。

〔5〕弃:绝、断绝。

〔6〕士师:古代的司法官。

〔7〕已:罢免。

【解读】孟子对齐宣王说:“如果大王的某个臣属把妻室儿女付托给朋友照顾,自己出游楚国去了。等他回来的时候,他的妻室儿女却在挨饿受冻。应该怎么办呢?”

宣王说:“与此人绝交。”

孟子说:“假如狱官不能管理他的下级,那应该怎么办呢?”

宣王说:“撤掉他!”

孟子说:“假如国家得不到治理,那又该怎么办呢?”

宣王左右张望,把话题扯到别处去了。

2.7 孟子见齐宣王,曰:“所谓故国者,非谓有乔木之谓也,有世臣之谓也[1]。王无亲臣矣,昔者所进,今日不知其亡也[2]。”王曰:“吾何以识其不才而舍之?”曰:“国君进贤,如不得已,将使卑逾尊,疏逾戚,可不慎与?左右皆曰贤,未可也。诸大夫皆曰贤,未可也。国人皆曰贤,然后察之;见贤焉,然后用之。左右皆曰不可,勿听。诸大夫皆曰不可,勿听。国人皆曰不可,然后察之;见不可焉,然后去之。

左右皆曰可杀，勿听。诸大夫皆曰可杀，勿听。国人皆曰可杀，然后察之；见可杀焉，然后杀之。故曰，国人杀之也。如此，然后可以为民父母。”

【注释】

〔1〕世臣：累世勋旧之臣。朱熹《集注》云：“累世勋旧之臣，与国同休戚者也。”

〔2〕亡：去位。关于“亡”，学术史上有三种说法：一说为诛亡，赵岐《注》曰：“言王取臣不详审，往日之所知，今日为恶当诛亡，王无以知也。”一说为离开，朱熹《集注》曰：“昨日所进用之人，今日有亡去而不知者。”一说为撤职、罢免，杨伯峻认为，“亡”有“去位、去国之意”。今采用杨伯峻的训释。

【解读】孟子进见齐宣王，说：“所谓历史悠久的国家，并不是指它有高大的树木，而是指有世代建立功勋的贤臣。大王没有亲信的大臣了，过去所任用的一些人，现在不知道为什么都离去了。”

齐宣王说：“我应该怎样去识别那些缺乏才能的人而不用他们呢？”

孟子回答说：“国君选拔贤能，在不得已的时候，甚至会把原本地位低微者提拔到地位高贵者之上，把原本关系疏远的提拔到关系亲近的人之上，这怎么能不慎重呢？因此，左右亲信都说某人贤能，不可轻信；众位大夫都说某人贤能，还是不可轻信；全国的人都说某人贤能，然后去考查他，发现他是真正的贤才，再任用他。左右亲信都说某人不贤，不可轻信；众位大夫都说某人不贤，还是不可轻信；全国的人都说某人不贤，然后去考查他，发现他真不贤能，再撤换他。左右亲信都说某人该杀，不可轻信；众位大夫都说某人该杀，也不要轻信；全国的人都说某人该杀，然后去考查他，发现他真该杀，再杀掉他。所以说，是全国人民杀掉了他。这样做，才可以做百姓的父母官。”

2.8 齐宣王问曰：“汤放桀〔1〕，武王伐纣，有诸？”孟子对曰：“于

传有之。"曰:"臣弑其君可乎[2]?"曰:"贼仁者谓之贼[3]。贼义者谓之残[4]。残贼之人,谓之一夫[5]。闻诛一夫纣矣,未闻弑君也。"

【注释】

〔1〕放:流放。

〔2〕弑:"诛"与"弑"皆有"杀"之义,但二者褒贬义不同。"弑"指地位卑下者违背礼制杀死尊者,"诛"指正义者诛杀无道者。

〔3〕贼:害、损害。朱熹《集注》:"害仁者,凶暴淫虐,灭绝天理,故谓之贼。"

〔4〕残:伤害。朱熹《集注》:"害义者,颠倒错乱,伤败彝伦,故谓之残。"

〔5〕一夫:众叛亲离的统治者。

【解读】齐宣王问道:"成汤流放夏桀、武王讨伐殷纣,有这回事吗?"

孟子答道:"史籍上有这样的记载。"

宣王说:"做臣子的杀掉他的君主,可以吗?"

孟子说:"毁弃仁的人叫做贼,破坏义的人叫做残,残贼之人叫做独夫。只听说过武王诛杀了独夫殷纣,没听说过他谋害了君主。"

2.9 孟子见齐宣王,曰:"为巨室[1],则必使工师求大木[2]。工师得大木,则王喜,以为能胜其任也。匠人斲而小之[3],则王怒,以为不胜其任矣。夫人幼而学之,壮而欲行之,王曰'姑舍女所学而从我[4]',则何如?今有璞玉于此[5],虽万镒[6],必使玉人雕琢之。至于治国家,则曰'姑舍女所学而从我',则何以异于教玉人雕琢玉哉?"

【注释】

〔1〕巨室:宏大的宫殿。

〔2〕工师:匠人之长。

〔3〕斲(zhuó):砍、削。

〔4〕姑:暂且。女:通"汝"。

〔5〕璞玉:尚未雕琢的玉。

〔6〕镒:一镒二十两。

【解读】孟子进见齐宣王,说:“要建造宏大的宫殿,那一定要派工师去寻求大木。工师找到了大木,大王就会高兴,认为他能够履行自己的职责。如果工师把它砍削小了,大王就会发怒,认为他不称职。有人从小学习治国的道理,到了壮年入仕,就想实现他的所学,大王却说‘姑且舍弃你所学的而听从我的命令’,那怎么行呢?倘若有一块未经雕琢的玉石,虽然价值万金,也一定得让玉匠去雕琢它。而一旦涉及治理国家,大王却说‘姑且舍弃你所学的而听从我的命令’,这与你令玉匠雕琢璞玉有什么不同呢?”

2.10 齐人伐燕[1],胜之。宣王问曰:“或谓寡人勿取,或谓寡人取之。以万乘之国伐万乘之国,五旬而举之[2],人力不至于此。不取,必有天殃。取之何如?”孟子对曰:“取之而燕民悦,则取之。古之人有行之者,武王是也。取之而燕民不悦,则勿取。古之人有行之者,文王是也。以万乘之国伐万乘之国,箪食壶浆[3],以迎王师,岂有他哉?避水火也。如水益深,如火益热,亦运而已矣[4]。”

【注释】

〔1〕齐宣王时,燕王哙(kuài)让国位于其相子之,国人不服,燕国大乱。齐宣王趁机出兵伐燕,并迅速取得了胜利。

〔2〕举:攻占。

〔3〕箪:古代盛饭的竹器。

〔4〕运:逃奔。朱熹《集注》:“言齐若更为暴虐,则民将转而望救于他人矣。”

【解读】齐国人攻打燕国,取得了胜利。齐宣王问孟子说:“有人劝我不要占领燕国,有人劝我占领燕国。我觉得,以一个拥有万辆兵车的大国去攻打一个同样拥有万辆兵车的大国,只用了五十天就获胜了,只凭人力不能有此结果。如果我们不占领它,上天一定会降下灾殃。占领它,怎么样?”

孟子回答说："占领了它，如果燕国的老百姓很高兴，那就占领它。古人有这样做的，周武王便是。占领了它，如果燕国的老百姓不高兴，那就不要占领它。古人有这样做的，周文王便是。以齐国这样一个拥有万辆兵车的大国去攻打燕国这样一个同样拥有万辆兵车的大国，燕国的老百姓却用饭筐装着饭、用酒壶盛着酒来欢迎大王您的军队，难道有别的意思吗？不过是想摆脱水深火热的生活罢了。如果您让他们的水更深、火更热，那百姓只有转而盼望别人来拯救他们了。"

2.11 齐人伐燕，取之。诸侯将谋救燕。宣王曰："诸侯多谋伐寡人者，何以待之？"孟子对曰："臣闻七十里为政于天下者，汤是也。未闻以千里畏人者也。《书》曰[1]：'汤一征，自葛始[2]。'天下信之。东面而征，西夷怨。南面而征，北狄怨。曰：'奚为后我[3]？'民望之，若大旱之望云霓也[4]。归市者不止，耕者不变。诛其君而吊其民[5]，若时雨降，民大悦。《书》曰[6]：'徯我后[7]，后来其苏[8]！'今燕虐其民，王往而征之，民以为将拯己于水火之中也[9]，箪食壶浆，以迎王师。若杀其父兄，係累其子弟[10]，毁其宗庙，迁其重器[11]，如之何其可也？天下固畏齐之强也，今又倍地而不行仁政[12]，是动天下之兵也。王速出令，反其旄倪[13]，止其重器，谋于燕众，置君而后去之，则犹可及止也。"

【注释】

〔1〕《书》曰：朱熹认为，引自《尚书·商书·仲虺之诰》文，"与今《书》文亦小异"。

〔2〕葛：国名，商部族邻国，在今河南省宁陵县。

〔3〕奚：什么，疑问代词。

〔4〕霓：虹霓。

〔5〕吊：恤、问、抚慰。

〔6〕《书》曰：朱熹认为，引自《尚书·商书·仲虺之诰》文。

〔7〕徯(xī):等待。后:君王。

〔8〕苏:同“甦”,复活。

〔9〕拯:救。

〔10〕係(jì)累:捆绑。

〔11〕重器:国之宝器。

〔12〕倍地:土地面积成倍增加。

〔13〕反:返。旄:旄同“耄”,老人。倪:小孩。

【解读】齐国人攻打燕国,占领了它。诸侯们准备要救援燕国。

齐宣王说:“不少诸侯在谋划着要来攻打我,该如何应对呢?”

孟子回答说:“我听说过,有凭借着方圆七十里的国土就统一天下的,商汤就是,却没有听说过拥有方圆千里的国土而害怕别国的。《书》里说:‘商汤征伐从葛国开始’,天下的人都相信他。所以,当他向东方进军时,西方的夷族便抱怨;当他向南方进军时,北方的狄人便抱怨。都说:‘为什么把我们放到后面呢?’人民盼望他,就像久旱盼望乌云和虹霓一样。他所到之处,做生意的照常做生意,种地的照常种地。他诛杀了那些暴虐的国君以抚慰那些受害的百姓,就像天上下了及时雨一样,老百姓非常高兴。《书》里说:‘等待我们的君王,他来了,我们也就得救了!’如今,燕国国君虐待他的人民,大王您的军队去征讨他,燕国的老百姓以为您是要把他们从水深火热中拯救出来,所以用饭筐装着饭、用酒壶盛着酒来欢迎您的军队。可您却杀死他们的父兄,拘禁他们的子弟,毁坏他们的宗庙,抢走他们的珍宝,这怎么可以呢?天下各国本来就害怕齐国的强大,现在齐国的土地又扩大了一倍,而且还不施行仁政,这就必然会激起天下各国兴兵伐齐。大王您应该赶快发出命令,放回燕国的老少俘虏,停止抢掠燕国的宝器,再和燕国的百姓商议,替他们选立一位国君,然后撤离燕国。这样做,还可以来得及制止各国兴兵。”

2.12 邹与鲁閧[1]。穆公问曰[2]："吾有司死者三十三人[3]，而民莫之死也。诛之则不可胜诛，不诛，则疾视其长上之死而不救[4]。如之何则可也？"孟子对曰："凶年饥岁，君之民老弱转乎沟壑[5]，壮者散而之四方者，几千人矣[6]；而君之仓廪实、府库充，有司莫以告，是上慢而残下也。曾子曰：'戒之戒之！出乎尔者，反乎尔者也。'夫民今而后得反之也，君无尤焉[7]。君行仁政，斯民亲其上、死其长矣。"

【注释】

〔1〕閧(hòng)：交战。

〔2〕穆公：邹国君主。

〔3〕有司：官吏。

〔4〕疾视：仇视。

〔5〕转：弃尸。沟壑：山沟。

〔6〕几：将近。

〔7〕尤：责备。

【解读】邹国与鲁国交战。邹穆公问孟子说："我的官吏死了三十三个，可是民众却没有一个为他们献身的。杀了他们吧，杀不了那么多；不杀吧，他们眼看着长官被杀却不去营救。怎么办才好呢？"

孟子答道："灾荒年景，您的百姓，年老体弱的弃尸于山沟之中，年轻力壮的四处逃荒，有近千人。然而，您的谷仓中堆满了粮食，库房里装满了财宝，您的官吏却不把这一情况上报，这就是在上位的人怠慢并且残害百姓。曾子曾经说过：'警惕啊！警惕啊！你怎样去对待别人，别人也将怎样对待你。'现在，您的百姓得到报复的机会了。您不要责备他们！您如果实行仁政，百姓们自然就会爱护他的上级，情愿为他们的长官牺牲了。"

2.13 滕文公问曰："滕，小国也，间于齐、楚[1]。事齐乎？事楚乎？"孟子对曰："是谋非吾所能及也[2]。无已，则有一焉：凿斯池也[3]，筑斯城也，与民守之。效死而民弗去[4]，则是可为也。"

【注释】

〔1〕间(jiàn):处于……之间。

〔2〕及:达、解决。

〔3〕池:水池、护城河。

〔4〕效:致、献。朱熹《集注》:“国君死社稷,故致死以守国。至于民亦为之死守而不去,则非有以深得其心者不能也。此章言有国者当守义而爱民,不可侥幸而苟免。”

【解读】滕文公问道:“滕国是一个弱小的国家,夹在齐国和楚国之间,是侍奉齐国呢,还是侍奉楚国呢?”

孟子答道:“这个谋略,不是我能想得到的。如果您一定要我谈谈看法,那就只有一个办法:把护城河挖深,把城墙筑坚固,同百姓一道来坚守它,宁肯献出生命,百姓也不退去。这倒是可以有所为的。”

2.14 滕文公问曰:“齐人将筑薛[1],吾甚恐。如之何则可?”孟子对曰:“昔者大王居邠[2],狄人侵之。去之岐山之下居焉,非择而取之,不得已也。苟为善,后世子孙必有王者矣。君子创业垂统[3],为可继也。若夫成功[4],则天也。君如彼何哉?强为善而已矣[5]。”

【注释】

〔1〕薛:国名,任姓,后被齐所灭,薛国故城在今山东省滕州市东南。

〔2〕邠(bīn):同“豳”,地名,在今陕西省彬县一带。

〔3〕创:造、创造。统:绪,世代相传。

〔4〕若夫:至于。

〔5〕强:勉、努力。

【解读】滕文公问道:“齐国人准备修筑薛城,我很担心,怎么办才好?”

孟子回答说:“从前周太王居于邠地,狄人来侵犯,他便离开邠地,迁到岐山之下定居。这不是太王主动选择的办法,是不得已而为之。要是能实行善政,(即使他本人没有成功,)他的后代子孙一定会有人能称王天下。君子创立基业,传之子孙,正是为了能代代相继。至于能否成功,还得依靠天意。您怎样去对付齐人呢?只有努力实行善政罢了。"

2.15 滕文公问曰:"滕,小国也。竭力以事大国,则不得免焉,如之何则可?"孟子对曰:"昔者大王居邠,狄人侵之。事之以皮币[1],不得免焉。事之以犬马,不得免焉。事之以珠玉,不得免焉。乃属其耆老而告之曰[2]:'狄人之所欲者,吾土地也。吾闻之也:君子不以其所以养人者害人。二三子何患乎无君?我将去之!'去邠,逾梁山[3],邑于岐山之下居焉[4]。邠人曰:'仁人也,不可失也。'从之者如归市[5]。或曰:'世守也,非身之所能为也[6],效死勿去。'君请择于斯二者。"

【注释】

〔1〕皮:毛皮制成的裘。币:帛。

〔2〕属:会集、召集。耆老:老年人,六十岁以上的人叫耆。

〔3〕梁山:山名,在今陕西省乾县。

〔4〕邑:修筑城邑。

〔5〕归市:趋奔集市。

〔6〕身:自身。

【解读】滕文公问道:"滕是个弱小的国家,竭尽全力地服侍大国,仍然难免于灾祸,应该怎么办才好呢?"

孟子答道:"从前周太王居于邠地,狄人来侵犯他。太王送给狄人皮裘和丝绸,但没有免于被侵扰;他又送给狄人良犬骏马,狄人还是没有停止侵犯;他又用珍珠宝玉去侍奉狄人,还是不能免灾。太王便召集邠地的长老,向他们宣布:'狄人所要的是我们的土地。我听说过:君子不会为了养人之物反而使人遭到祸害。你们何必担心没有君主呢?我要离开这里。'于是离开邠地,越过梁山,在岐山之下筑造城邑而定居下来。邠地的百姓说:'这是一位有仁德的人呀,不可以失去他。'追随太王而去的人好像赶集一样踊跃。

"也有人这么说:'这是世代保守的基业,不是我本人所能擅自做主而把它舍弃的,宁可丢掉性命,也不肯离去。'

"以上两条道路,您可以选择其中之一。"

2.16 鲁平公将出,嬖人臧仓者请曰[1]:"他日君出,则必命有司所之[2]。今乘舆已驾矣[3],有司未知所之,敢请[4]。"公曰:"将见孟子。"曰:"何哉,君所为轻身以先于匹夫者?以为贤乎?礼义由贤者出,而孟子之后丧逾前丧[5]。君无见焉!"公曰:"诺。"乐正子入见[6],曰:"君奚为不见孟轲也?"曰:"或告寡人曰:'孟子之后丧逾前丧。'是以不往见也。"曰:"何哉,君所谓逾者?前以士,后以大夫;前以三鼎[7],而后以五鼎与[8]?"曰:"否。谓棺椁衣衾之美也[9]。"曰:"非所谓逾也,贫富不同也。"乐正子见孟子,曰:"克告于君[10],君为来见也[11]。嬖人有臧仓者沮君[12],君是以不果来也。"曰:"行或使之,止或尼之[13]。行、止,非人所能也。吾之不遇鲁侯,天也。臧氏之子,焉能使予不遇哉?"

【注释】

〔1〕嬖人:宠臣。

〔2〕命:吩咐。之:往、去。

〔3〕乘舆:君车。贾谊《新书·等齐》载:"天子车曰乘舆,诸侯车曰乘舆,乘舆等也。"

〔4〕敢:表敬副词,无具体意义。

〔5〕后丧:指孟子为其母办的丧事;前丧:指孟子为其父办的丧事。逾:超过。

〔6〕乐正子:孟子弟子。

〔7〕三鼎:士祭礼。桓公二年《公羊传》何休《注》云:"礼祭,天子九鼎,诸侯七,卿大夫五,元士三也。"孟子的父亲去世时,他的身份为士,因此祭祀用三鼎;等到他母亲去世时,孟子已成为大夫,所以祭祀母亲用五鼎。

〔8〕五鼎：大夫祭礼。

〔9〕衣衾(qīn)：装殓死者用的衣被。

〔10〕克：乐正子之名。

〔11〕为：将。

〔12〕沮：阻止。

〔13〕尼(nì)：阻止。

【解读】鲁平公将要外出，他所宠幸的小臣臧仓请示说："平时您外出，一定把要去的地方通知管事的人；今天车马都已经备好，管事的人却还不知道您要去哪里，因此特来请示。"

平公说："我要去拜访孟子。"

臧仓说："您降低自己的身份去拜访一个普通人，您以为孟子是贤德之人吗？贤德之人的行为应该合乎礼义，而孟子操办他母亲的丧事超过了父亲的丧事，您别去见他吧！"

平公说："好。"

乐正子进见平公，问道："您为什么不去看孟轲呢？"

平公说："有人告诉我说，'孟子操办他母亲的丧事超过了父亲的丧事'，所以不去见他了。"

乐正子说："您所说的超过，是什么意思呢？是指用士礼来办父亲的丧事而用大夫礼来办母亲的丧事呢，还是指用三个鼎为父亲供设祭品而用五个鼎为母亲供设祭品呢？"

平公说："不是这些，我指的是棺椁衣衾的好坏。"

乐正子说："那就不能叫'超过'，只是前后贫富不同使然。"

乐正子见到孟子，说："我对鲁君讲了，他打算来看您。可是有一个他所宠幸的小臣臧仓阻止了他，他因此就不来了。"

孟子说："要来是有某种力量在驱使，不来是有某种力量在阻止，来与不来都不是人力所能左右的。我不能和鲁君相见正是天意，那个姓臧的怎么能使我们不相见呢？"

孟子通释卷三

公孙丑章句上（凡九章）

【概说】本篇共有九章，核心思想在论述“人皆有不忍人之心”。孟子通过证诸人类普遍情感经验，来论证人人皆有“四心”、“四德”。这一论证方式颇有特点，韦政通评论说：“孟子的性善论，不是经由知识上曲折的论证的过程所得到的结果，他是直接就当下流露在具体生活中的恻隐、羞恶的德性的表现，而印证到人性普遍价值的存在。”

3.1 公孙丑问曰[1]：“夫子当路于齐[2]，管仲、晏子之功[3]，可复许乎[4]？”孟子曰：“子诚齐人也，知管仲、晏子而已矣。或问乎曾西曰[5]：‘吾子与子路孰贤[6]？’曾西蹵然曰[7]：‘吾先子之所畏也[8]。’曰：‘然则吾子与管仲孰贤？’曾西艴然不悦[9]，曰：‘尔何曾比予于管仲？管仲得君[10]，如彼其专也[11]；行乎国政，如彼其久也；功烈[12]，如彼其卑也[13]，尔何曾比予于是！’”曰：“管仲，曾西之所不为也，而子为我愿之乎[14]？”曰：“管仲以其君霸，晏子以其君显[15]。管仲、晏子，犹不足为与？”曰：“以齐王，由反手也[16]。”曰：“若是，则弟子之惑滋甚[17]。且以文王之德，百年而后崩[18]，犹未洽于天下，武王、周公继之，然后大行。今言王若易然，则文王不足法与？”曰：“文王

何可当也[19]？由汤至于武丁，贤圣之君六七作[20]。天下归殷久矣，久则难变也。武丁朝诸侯、有天下，犹运之掌也。纣之去武丁未久也，其故家遗俗，流风善政，犹有存者；又有微子、微仲、王子比干、箕子、胶鬲皆贤人也，相与辅相之。故久而后失之也。尺地莫非其有也，一民莫非其臣也，然而文王犹方百里起，是以难也。齐人有言曰：'虽有智慧，不如乘势。虽有镃基[21]，不如待时。'今时则易然也。夏后、殷、周之盛，地未有过千里者也，而齐有其地矣；鸡鸣狗吠相闻，而达乎四境，而齐有其民矣。地不改辟矣，民不改聚矣，行仁政而王，莫之能御也。且王者之不作，未有疏于此时者也；民之憔悴于虐政，未有甚于此时者也。饥者易为食，渴者易为饮。孔子曰：'德之流行，速于置邮而传命[22]。'当今之时，万乘之国行仁政，民之悦之，犹解倒悬也[23]。故事半古之人，功必倍之，惟此时为然。"

【注释】

〔1〕公孙丑：孟子弟子。

〔2〕当路：当道。朱熹《集注》："居要地也。"或是当时成语，比喻为"当权"、"执政"。

〔3〕管仲：齐桓公之相。晏子：齐景公之相。

〔4〕许：兴。

〔5〕曾西：宗圣曾子之子。东汉赵岐认为，曾西为曾参之孙，"曾西，曾子之孙"。朱熹因循赵岐之说，也认为"曾西，曾子之孙"。但此说一直被人质疑。宋代王应麟在《困学纪闻》卷八中指出："曾西，《注》以为曾子之孙，《集注》因之。《经典序录》：曾申，字子西，曾参之子。子夏以《诗》传曾申，左丘明作《传》以授曾申。楚斗宜申、公子申，皆字子西，则曾西之为曾申无疑。"王应麟认为曾西为曾子之子而非其孙。另，明代陈耀文的《经典稽疑》、胡爌的《拾遗录》、清代阎若璩的《古文尚书疏证》与《四书释地》、陆陇其的《四书讲义困勉录》、毛奇龄的《四书剩言》、朱彝尊的《经义考》与《孔子门人考》等著述，均赞同王应麟观点。

〔6〕吾子：对称敬辞。

〔7〕蹴(cù):恭敬。

〔8〕先子:古人用以称呼已去世的父亲或祖父。

〔9〕艴(fú):生气、恼怒。

〔10〕得君:得到国君信任。

〔11〕专:专一。

〔12〕功烈:功绩。

〔13〕卑:微、微不足道。

〔14〕为:谓。愿:望、愿意。

〔15〕显:显名。

〔16〕由:通“犹”。反手:轻易。

〔17〕滋:益、更加。

〔18〕百年:朱熹《集注》:“文王九十七而崩,言百年,举成数也。”崩:天子去世。

〔19〕当:敌、比、媲美。

〔20〕作:兴起。

〔21〕镃(zī)基:锄头。

〔22〕置邮:驿站。古代乘马传递公文叫置,步行传递公文叫邮。

〔23〕倒悬:倒挂,朱熹《集注》:“喻困苦也。”

【解读】公孙丑问道:“您如果在齐国当政,管仲、晏子的功业能复兴吗?”

孟子说:“你真是一个齐国人,只知道管仲、晏子罢了。曾经有人问曾西:‘你和子路相比,谁更贤明?’曾西恭敬地说:‘他是我父亲所敬畏的人(,我不能和他相比)。’那人又说:‘那么,你和管仲相比,谁更贤明?’曾西顿时不高兴起来,说道:‘你怎么能将我跟管仲相比呢?管仲得到国君的信任是那样的专一,主持政务是那样的长久,而取得的功绩却那样的卑微。你怎么能将我跟他相比呢?’”

接着,孟子又说:“管仲是曾西不愿效法的对象,你以为我愿意学他吗?”

公孙丑说:“管仲辅佐桓公称霸天下,晏子辅佐景公名扬诸侯,管仲、晏子难道还不值得学习吗？”

孟子说：“以齐国来称王天下，可谓易如反掌。”

公孙丑说：“要是这样，我就更加不明白了。像文王那样的德行，活了一百岁才去世，尚且未能将德政推行于天下。武王、周公继承了他的事业，然后才大大地推行了王道。现在您把称王天下说得那样容易，难道文王也不值得效法了吗？”

孟子说：“怎么可以把周文王拿来相比呢？从商汤到武丁，贤明的君主出现了六七个，天下的人归服殷商已经很久了，时间一久便难以变动。武丁使诸侯来朝，治理天下就像把它放在自己的掌心里运转一样容易。纣王的年代上距武丁并不遥远，原有的勋旧世家遗留的习俗及当时流行的良好风气和仁惠的善政还有存留下来的，又有微子、微仲、王子比干、箕子、胶鬲，他们都是贤德的人，共同来辅助他，所以过了很长时间才失掉天下。当时没有一尺土地不是纣王所有，没有一个百姓不是纣王的臣仆，然而文王还能凭借方圆百里的国土兴起，所以是很艰难的。齐人有句俗话：‘纵有智慧，还得趁形势；纵有锄头，还得待农时。’现在的时机容易称王天下。夏、商、周兴盛之时，国土没有超过千里的，而现在齐国却有这么广阔的土地；鸡鸣狗叫的声音处处都听得见，一直到四方边境，齐国有这么多的百姓。国土不必再开拓，百姓也不必再增加，只要实行仁政来统一天下，就没有人能够阻止得了。况且，仁德的王者不出现，没有比现在隔得更长的了；百姓遭受暴政的苦难，没有比现在更厉害的了。饥饿的人不挑剔食物，干渴的人不苛择水浆。孔子说过：‘德政的流行，比驿站传达政令还要迅速。’现在这个时候，拥有万辆兵车的大国实行仁政，老百姓喜悦地犹如倒挂着被解救下来一样。所以，用古人一半的力量，将取得二倍于古人的功效，只有现在能这样。”

3.2 公孙丑问曰:“夫子加齐之卿相[1],得行道焉,虽由此霸王不异矣[2]。如此则动心否乎[3]?”孟子曰:“否。我四十不动心。”曰:“若是,则夫子过孟贲远矣[4]。”曰:“是不难。告子先我不动心[5]。”曰:“不动心有道乎?”曰:“有。北宫黝之养勇也[6],不肤挠[7],不目逃[8]。思以一毫挫于人[9],若挞之于市朝[10]。不受于褐宽博[11],亦不受于万乘之君。视刺万乘之君[12],若刺褐夫。无严诸侯[13]。恶声至,必反之。孟施舍之所养勇也[14],曰:‘视不胜犹胜也。量敌而后进,虑胜而后会[15],是畏三军者也[16]。舍岂能为必胜哉?能无惧而已矣。’孟施舍似曾子,北宫黝似子夏。夫二子之勇,未知其孰贤,然而孟施舍守约也[17]。昔者曾子谓子襄曰[18]:‘子好勇乎?吾尝闻大勇于夫子矣:自反而不缩[19],虽褐宽博,吾不惴焉[20];自反而缩,虽千万人,吾往矣。’孟施舍之守气,又不如曾子之守约也。”曰:“敢问夫子之不动心,与告子之不动心,可得闻与?”“告子曰:‘不得于言[21],勿求于心。不得于心,勿求于气。’不得于心,勿求于气,可。不得于言,勿求于心,不可。夫志,气之帅也;气,体之充也。夫志,至焉,气,次焉。故曰:‘持其志[22],无暴其气[23]。’”“既曰‘志,至焉;气,次焉[24]’,又曰‘持其志,无暴其气’者,何也?”曰:“志壹则动气,气壹则动志也。今夫蹶者趋者[25],是气也,而反动其心。”

“敢问夫子恶乎长?”曰:“我知言,我善养吾浩然之气[26]。”“敢问何谓浩然之气?”曰:“难言也。其为气也,至大至刚,以直养而无害,则塞于天地之间。其为气也,配义与道;无是,馁也。是集义所生者[27],非义袭而取之也[28]。行有不慊于心[29],则馁矣。我故曰告子未尝知义,以其外之也[30]。必有事焉而勿正[31],心勿忘,勿助长也。无若宋人然。宋人有闵其苗之不长而揠之者[32],芒芒然归[33],谓其人曰:‘今日病矣[34],予助苗长矣。’其子趋而往视之,苗则槁矣。天下之不助苗长者寡矣。以为无益而舍之者,不耘苗者也。助之长者,揠苗者也,非徒无益,而又害之。”“何谓知言?”曰:“诐辞知其所蔽[35],

淫辞知其所陷[36],邪辞知其所离[37],遁辞知其所穷[38]。生于其心,害于其政;发于其政,害于其事。圣人复起,必从吾言矣。”

“宰我、子贡[39],善为说辞。冉牛、闵子、颜渊[40],善言德行。孔子兼之,曰:‘我于辞命,则不能也。’然则夫子既圣矣乎?”曰:“恶[41]!是何言也!昔者子贡问于孔子,曰:‘夫子圣矣乎?’孔子曰:‘圣则吾不能,我学不厌而教不倦也。’子贡曰:‘学不厌,智也;教不倦,仁也。仁且智,夫子既圣矣。’夫圣,孔子不居。——是何言也?”“昔者窃闻之:子夏、子游、子张[42],皆有圣人之一体[43],冉牛、闵子、颜渊则具体而微[44]。敢问所安。”曰:“姑舍是[45]。”曰:“伯夷、伊尹何如[46]?”曰:“不同道。非其君不事,非其民不使;治则进,乱则退,伯夷也。何事非君,何使非民;治亦进,乱亦进,伊尹也。可以仕则仕,可以止则止[47],可以久则久,可以速则速,孔子也。皆古圣人也,吾未能有行焉。乃所愿,则学孔子也。”“伯夷、伊尹于孔子,若是班乎[48]?”曰:“否。自有生民以来,未有孔子也。”曰:“然则有同与?”曰:“有。得百里之地而君之[49],皆能以朝诸侯、有天下。行一不义、杀一不辜而得天下,皆不为也。是则同。”曰:“敢问其所以异?”曰:“宰我、子贡、有若智足以知圣人[50]。污不至阿其所好[51]。宰我曰:‘以予观于夫子[52],贤于尧、舜远矣。’子贡曰:‘见其礼而知其政,闻其乐而知其德,由百世之后,等百世之王,莫之能违也。自生民以来,未有夫子也。’有若曰:‘岂惟民哉!麒麟之于走兽,凤凰之于飞鸟,泰山之于丘垤[53],河海之于行潦[54],类也。圣人之于民,亦类也。出于其类,拔乎其萃[55]。自生民以来,未有盛于孔子也。’”

【注释】

〔1〕加:居、担任。

〔2〕异:认为……奇异。

〔3〕动心:赵岐《注》:“畏难、畏惧。”朱熹《集注》:“任大责重如此,亦有所恐惧疑惑而动其心乎?”

〔4〕孟贲(bēn):卫国人,勇士,膂力过人。

〔5〕告子：根据《墨子·公孟篇》记载，告子是墨子弟子。

〔6〕北宫黝(yǒu)：根据高诱考证，此人是齐国的勇士。

〔7〕挠：阮元校刻本、焦循本皆作“橈”，退却、屈服。

〔8〕目逃：因眼睛被刺而逃避。

〔9〕挫：欺辱。

〔10〕挞：打。市朝：闹市。

〔11〕褐宽博：譬喻地位低贱之人。褐，粗布。

〔12〕刺：刺杀。

〔13〕严：畏。

〔14〕孟施舍：人名，其人其事已无可考。

〔15〕会：交锋。

〔16〕三军：根据周礼，大诸侯国设“三军”。《周礼·夏官司马》说：“凡制军，万有二千五百人为军，王六军，大国三军，次国二军，小国一军。”“三军”原指三万七千五百人，后来泛指人数众多的军队。

〔17〕约：要、要领。

〔18〕子襄：曾子弟子。

〔19〕缩：直、正义。

〔20〕惴：使……惊惧。对于“不”字的解释，阎若璩指出：“岂不也。犹经传中‘敢’为‘不敢’，‘如’为‘不如’之类。”他认为不应把“吾不惴焉”当做否定句看待，此处的“不”相当于“岂不”。

〔21〕得：合、当、中。

〔22〕持：守。

〔23〕暴：乱。

〔24〕次：舍止。毛奇龄《逸诗笺》，释“次”为舍止。将此句译为：“志之所至，气即随之而止。”

〔25〕蹶(jué)：摔倒。趋：奔跑。

〔26〕浩然：盛大流行。朱熹《集注》：“盛大流行之貌。”

〔27〕集：积聚、培植。

〔28〕袭：掩取。

〔29〕慊(qiè)：足、满足、惬意。

〔30〕外之：告子主张“仁内义外”，与孟子“仁义内在”有别。

〔31〕正：预期。古今注家对“正”的解释不一，赵岐《注》解“正”是为“止”，陈器之支持这种观点；朱熹解“正”为“预期”。今从朱子之说。

〔32〕闵：忧。揠：拔。

〔33〕芒芒然：疲惫不堪的样子。

〔34〕病：疲倦。

〔35〕诐(bì)：偏颇不正。蔽：遮蔽、片面。

〔36〕淫：过度。陷：沉溺。

〔37〕邪：邪僻。离：偏离正道。

〔38〕遁：躲闪。穷：理屈词穷。朱熹《集注》：“人之有言，皆本于心。其心明乎正理而无蔽，然后其言平正通达而无病。苟为不然，则必有是四者之病矣。”

〔39〕宰我、子贡：皆是孔子言语科著名弟子。

〔40〕冉牛、闵子、颜渊：皆是孔子德行科著名弟子。

〔41〕恶(wū)：感叹辞。

〔42〕子夏、子游、子张：三人皆是孔子弟子。

〔43〕皆有圣人之一体：譬喻三人都只领悟孔子思想某一方面，而未得其全体。

〔44〕微：小、暗。

〔45〕姑：暂且。舍：舍弃。是：代词。

〔46〕伯夷：孤竹君之长子，古代著名隐士。伊尹：商汤之相，曾辅佐商汤灭夏。

〔47〕止：退隐。

〔48〕班：等齐。

〔49〕君：推选为君王，名词动用。

〔50〕有若：孔子弟子，小孔子十三岁。

〔51〕污：下、低劣。

〔52〕予：宰我之名。

〔53〕垤(dié)：小土堆。

〔54〕行潦(lǎo)：路上的积水。

〔55〕萃:聚、聚集。

【解读】公孙丑问孟子说:“老师您如果做了齐国的卿相,得以推行仁政,即使因此称王称霸,也是不足为怪的。如果这样,您是否会因畏惧而动心呢?”

孟子说:“不会!我到了四十岁就不再动心了。”

公孙丑说:“这么看来,老师比孟贲强多了。”

孟子说:“这个不难,告子能不动心比我还早。”

公孙丑说:“不动心有什么方法吗?”

孟子说:“有。北宫黝培养勇气的方法是:肌肤被刺不退缩,双目被戳不转睛;他以为受一点点挫折,就好像在大庭广众之中被人鞭打了一般;既不能忍受平民百姓的羞辱,也不能忍受大国君主的侮辱;他把刺杀大国的君主看成刺杀卑贱的匹夫一般;对诸侯毫不畏惧;听到攻讦的话语就立刻回击。孟施舍培养勇气,据他说:‘把无法战胜的对象看做能战胜一样;如果先估量敌人的力量再前进,先考虑胜败才交锋,这种人碰到数量众多的敌军一定会畏惧。我哪能一定会打胜仗呢?不过是无所畏惧罢了。’孟施舍像曾子,北宫黝像子夏。这两个人的勇气,我不知哪个更好些,但孟施舍培养勇气的方法比较简易可行。从前曾子对子襄说:‘你喜欢勇敢吗?我曾经听夫子讲过大勇:反躬自问觉得理亏,对方纵是卑贱的匹夫我也不去恐吓他;反躬自问觉得理直,对方纵是千军万马我也勇往直前。’孟施舍培养勇气的方法不如曾子这一方法简易可行。”

公孙丑说:“冒昧地问先生,您的不动心和告子的不动心,可以讲给我听听吗?”

孟子说:“告子说:‘言语不能表达的不要求之于心,心不能虑及的不要求之于气。’心不能虑及的不要求之于气,这是对的;言语不能表达的不要求之于心,是不对的。(因为)心是气的统帅,气则充盈于体内。志关注到哪里,气也就在哪里表现出来。所以说‘要坚定自己的志，不要滥用自己的气'。"

公孙丑说："您既然说'志关注到哪里，气也就在哪里表现出来'，但是您又说'要坚定自己的志，不要滥用自己的气'，这是为什么呢？"

孟子说："志专一了便会调动气，气专一了就会鼓动志。譬如跌倒和奔跑的人，是气在支配他，反过来也使心志受到触动。"

公孙丑问道："请问，先生擅长于哪一方面？"

孟子说："我善于辨明别人的言辞，也善于培养我的浩然之气。"

公孙丑又问道："请问什么叫做浩然之气？"

孟子说："这很难说。它作为气来说，最伟大，最刚强，用正义去养护它而不加伤害，就会充盈于天地之间。这种气要与义和道相配合，否则，它就会萎缩。这种气，是由正义的不断积累所产生的，不是偶尔的正义行为所能取得的。如果行为于心有愧，这种气就会毫无力量了。我之所以说告子不曾懂得义，是因为他把义看成心外之物。(对浩然之气，)一定要培养它，不能停止下来；时刻牢记它，但也不能学宋国人那样违背规律地帮助它生长。有个宋国人担心禾苗不长而将其拔高，十分疲倦地回到家里，对家里人说：'今天累坏了！我帮助禾苗长高了！'他儿子赶快跑到地里一看，禾苗都干枯了。天下不拔苗助长的人很少。以为(培养浩然之气)没有益处而放弃的人，就像是种庄稼而不去锄草的懒汉；违背规律地去帮助它生长的，就像拔苗助长的人。这种助长的行为不但没有益处，反而会伤害它。"

公孙丑问："什么叫能辨明别人的言辞？"

孟子说："偏颇的言辞我知道它片面性之所在；过激的言辞我知道它失误之所在；邪僻的言辞我知道它离经叛道之所在；躲闪的言辞我知道它理屈之所在。这些言辞从心里产生出来，会对政治产生危害;如果把它们发用于政治之上,一定会危害各种事业。如果圣人再次出现,一定会赞成我所说的。”

公孙丑说:“宰我、子贡善于辞令,冉牛、闵子、颜渊善于阐述德行,孔子则兼而有之,(却还)说‘我不太擅长辞令’。(而先生您既善于辨明别人的言辞,又善于养浩然之气,言语道德兼而有之,)那么,您已经是位圣人了吗?”

孟子说:“哎!这是什么话!从前子贡问孔子说:‘老师是圣人吗?’孔子说:‘圣人,我还达不到,我不过学习不知厌倦,教人不嫌疲劳罢了。’子贡说:‘学习不知厌倦,这是智;教人不嫌疲劳,这是仁。既仁且智,老师已经称得上是圣人了。’圣人,连孔子都不敢自居,(你却加在我的头上,)这是什么话呢!”

公孙丑说:“过去我曾听说过,子夏、子游、子张都各有孔子的部分品德;冉牛、闵子、颜渊大体具备了圣人的品德,却不如他那样的博大精深。请问先生,您属于哪一类呢?”

孟子说:“暂且不谈这个问题。”

公孙丑又问:“伯夷和伊尹怎么样?”

孟子答道:“他们也是不同道。不是他理想的君主,他不去服侍;不是他理想的百姓,他不去使唤;天下太平就出来做官,世道昏乱就退而隐居,这是伯夷。什么样的君主都可以去侍奉,什么样的百姓都可以去使唤;天下太平也做官,天下动乱也做官,这是伊尹。可以做官就做官,可以隐退就隐退,能长久就长久,能短暂就短暂,这是孔子。他们都是过去的圣人,我都没有做到。我的愿望是学习孔子。”

公孙丑问:“伯夷、伊尹与孔子都是一样的吗?”

孟子答道:“不!自从有人类以来,没有能比得上孔子的。”

公孙丑又问:“那么,他们有相同的地方吗?”

孟子答道:“有。如果他们能得到方圆百里的土地而成为君王,都能够使诸侯来朝觐,统一天下。如果叫他们做一件不义之事、杀一个无辜之人而得到天下,他们都不会去做。这就是他们相同的地方。”

公孙丑说:“请问他们不同的地方又在哪里呢?”

孟子说:“宰我、子贡、有若三人的智慧足以了解圣人,即使有所夸大,也不至于阿谀奉承他们所尊敬的人。宰我说:‘以我来看,夫子比尧舜都强多了。’子贡说:‘看见一国的礼制,就能了解它的政治;听到一国的音乐,就能知道它的德教。即使从百代以后去评价百代以来的君王,任何一个君王都不能违离孔子之道。自从有人类以来,没有人能比得上孔子。’有若说:‘岂止是人类有这样的不同?麒麟对于走兽,凤凰对于飞鸟,泰山对于土堆,河海对于小溪,何尝不是同类?圣人对于百姓,亦是同类。但这些都高出了同类,超出了同群。自从有人类以来,没有比孔子更伟大的了。’”

3.3 孟子曰:“以力假仁者霸[1],霸必有大国。以德行仁者王,王不待大,汤以七十里,文王以百里。以力服人者,非心服也,力不赡也[2]。以德服人者,中心悦而诚服也,如七十子之服孔子也[3]。《诗》云[4]:‘自西自东,自南自北,无思不服。’此之谓也。”

【注释】

〔1〕假:借。朱熹《集注》:“假仁者本无是心,而借其事以为功者也。”

〔2〕赡:足。

〔3〕七十子:《史记·孔子世家》:“孔子以诗书礼乐教弟子,盖三千焉,身通六艺者七十有二人。”七十子为通称。

〔4〕《诗》云:引自《诗经·大雅·文王有声》。

【解读】孟子说:“仗恃武力、假借仁义者可以称霸诸侯,称霸一定要凭借国力的强大;依靠道德来实行仁义者可以称王天下,这样做不必以强大的国家为基础。商汤凭借方圆七十里的土地,文王凭借方圆百里的土地(实行了仁政,称王天下)。仗恃武力来使人服从的,不会让人心服,是他本身的实力不够的缘故;依靠道德来使人服从的,别人才会心悦诚服,如同七十二位弟子服从孔子一样。《诗》里说:'从西从东,从南从北,无不心悦而诚服。'正是说的这种情况。"

3.4 孟子曰:"仁则荣[1],不仁则辱。今恶辱而居不仁,是犹恶湿而居下也。如恶之,莫如贵德而尊士,贤者在位,能者在职。国家闲暇[2],及是时,明其政刑,虽大国,必畏之矣。《诗》云[3]:'迨天之未阴雨[4],彻彼桑土[5],绸缪牖户[6]。今此下民,或敢侮予?'孔子曰:'为此诗者,其知道乎?能治其国家,谁敢侮之!'今国家闲暇,及是时,般乐怠敖[7],是自求祸也。祸福无不自己求之者。《诗》云[8]:'永言配命[9],自求多福。'《太甲》曰[10]:'天作孽,犹可违。自作孽,不可活[11]。'此之谓也。"

【注释】

〔1〕则:杨树达《词诠》卷六指出,"则"为"承接连词,表因果关系。则字以上之文为原因,以下之文为结果"。

〔2〕闲暇:赵岐《注》云:"无邻国之虞。"焦循《正义》又云:"国家闲暇,谓不用兵戈。无论外患内乱,战攻则不得休息。"

〔3〕《诗》云:引自《诗·豳风·鸱鸮》。

〔4〕迨(dài):及、趁。

〔5〕彻:取。桑土(dù):桑树根皮。

〔6〕绸缪(móu):缠结、补葺。牖(yǒu):窗户。

〔7〕般(pán):大。敖:遨游。

〔8〕《诗》云:引自《诗经·大雅·文王》。

〔9〕永:长。言:念。

〔10〕《太甲》:《尚书》篇名。

〔11〕活:《礼记·缁衣》活作"逭(huàn)",逃、避。

【解读】孟子说:"实行仁政,就会有荣耀;不实行仁政,就会遭受耻辱。如今人们非常厌恶耻辱,但仍然行不仁之事,如同厌恶潮湿却又居住在低洼之地一样。如果真的厌恶耻辱,就不如以德为贵而尊敬士人,使贤德之人在位做官,有才能的人担任一定的职务。国家太平安定,趁这个时候修明政教法典,纵使强大的国家也一定会畏惧它。《诗》里说:‘趁着天还未阴雨,剥取桑树根上皮,窗洞门户细修葺。如今下面的人们,还有谁敢把我欺!’孔子说:‘做这首诗的人,懂得道理呀!能够治理他的国家,谁敢欺辱他?’如今国家没有内忧外患,而此时追求享乐,怠惰国政,这是自己招致祸害。祸与福,没有不是自己招来的。《诗》里又说:‘永远与天命相配,自己寻求更多的幸福。’《太甲》也说过:‘天降的灾害,还可以躲避;自作的罪孽,就逃不掉了。’讲的就是这个道理。”

3.5 孟子曰:“尊贤使能,俊杰在位[1],则天下之士皆悦,而愿立于其朝矣。市廛而不征[2],法而不廛,则天下之商皆悦,而愿藏于其市矣。关讥而不征[3],则天下之旅皆悦,而愿出于其路矣。耕者助而不税[4],则天下之农皆悦,而愿耕于其野矣。廛无夫里之布[5],则天下之民皆悦,而愿为之氓矣[6]。信能行此五者,则邻国之民仰之若父母矣。率其子弟,攻其父母,自生民以来未有能济者也。如此,则无敌于天下。无敌于天下者,天吏也[7]。然而不王者,未之有也。”

【注释】

〔1〕俊杰:朱熹《集注》:“才德之异于众者。”

〔2〕廛(chán):市宅、货栈。征:征税。郑玄注《礼记·王制》“市,廛而不税”云:“廛,市物邸舍。税其舍,不税其物。”

〔3〕讥:稽查。

〔4〕助:助耕。朱熹《集注》:“但使出力以助耕公田,而不税其私田也。”

〔5〕廛:民宅。夫:一夫。里:里居。布:钱。

〔6〕氓(méng):民。

〔7〕天吏:奉行天命、遵循王道的官吏。朱熹《集注》:“此章言能行王政,则寇戎为父子;不行王政,则赤子为仇雠。”

【解读】孟子说:“尊重贤人,任用能人,杰出的人物都有官位,那么天下的士人都会高兴,愿意到那个朝廷去任职;在市场,提供场地以储藏货物却不征税,滞销的货物依法予以征购,那么,天下的商人都会高兴,愿意把货物存放在那个市场上;在关卡,只稽查而不征税,那么,天下的旅客都会高兴,愿意走在那里的道路上;对于耕田的人,只要他们助耕公田,不征收私田的赋税,那么,天下的农民都会高兴,愿意在那里的田野上耕种庄稼;人们居住的地方,没有额外的赋役和地税,那么,天下的百姓都会高兴,愿意迁到这样的地方来居住。真能做到这五个方面,那么,邻国的老百姓都会像对待父母一样尊重他了。要人们率领他们的子女来攻打他们的父母,这种事情从有人类以来还没有成功过。像这样就会无敌于天下,无敌于天下的人就是'天吏',如此而不能称王天下的,还从来不曾有过。"

3.6 孟子曰:"人皆有不忍人之心[1]。先王有不忍人之心,斯有不忍人之政矣。以不忍人之心,行不忍人之政,治天下可运之掌上。所以谓'人皆有不忍人之心'者,今人乍见孺子将入于井[2],皆有怵惕、恻隐之心[3],非所以内交于孺子之父母也[4],非所以要誉于乡党朋友也[5],非恶其声而然也。由是观之,无恻隐之心,非人也;无羞恶之心[6],非人也;无辞让之心,非人也;无是非之心,非人也。恻隐之心,仁之端也[7];羞恶之心,义之端也;辞让之心,礼之端也;是非之心,智之端也。人之有是四端也,犹其有四体也[8]。有是四端而自谓不能者,自贼者也[9]。谓其君不能者,贼其君者也。凡有四端于我者,知皆扩而充之矣,若火之始然[10]、泉之始达。苟能充之,足以保四海;苟不充之,不足以事父母。"

【注释】

〔1〕不忍人之心:唐君毅在《中国哲学原论·原道篇》中认为,"孟子所说之恻隐羞恶之四端之表现,又初只是一人之心灵或生命,一种内在的不安、不忍、不屑之情"。

〔2〕乍:忽然。孺子:幼童。

〔3〕怵惕(chù tì):惊悚。恻隐:哀痛、怜悯。

〔4〕内(nà)交:结交。内,通"纳"。

〔5〕要(yāo)誉:谋求好的名声。要:求。

〔6〕羞恶之心:朱熹《集注》:"羞,耻己之不善也。恶,憎人之不善也。"

〔7〕端:绪、始。《说文》:"耑,物初生之题也。上象生形,下象其根也。"

〔8〕四体:四肢。

〔9〕贼:暴弃。

〔10〕然:同"燃"。

【解读】孟子说:"每个人都有同情别人的心。先王因为有同情别人的心,于是才有同情别人的政治。用同情别人的心来实施同情别人的政治,那么治理天下就可以运转于手掌之上。我之所以说每人都有同情别人的心,(根据在于,)假如现在有人忽然看到有一个小孩子将要跌到井里去了,任何人都会有惊恐同情的心情。不是因为要和这个小孩的父母攀结交情,不是为了要在乡邻朋友中间博取名声,也不是厌恶那小孩的哭声才这么做的。由此来看,没有同情之心的不能算是人,没有羞耻之心的不能算是人,没有谦让之心的不能算是人,没有是非之心的不能算是人。同情之心是仁的开端,羞耻之心是义的开端,谦让之心是礼的开端,是非之心是智的开端。人具有这四种开端,就好像他有手足四肢一样。有这四种开端却自认为不能的人,是自暴自弃;认为他的君主不能的人,便是陷害他的君主。凡是自身保有这四种善端的人,如果懂得扩充它们,就会像刚刚燃烧的烈火,刚刚涌出的泉水(,不可遏止)。如果能够扩充它们,便足以安定天下;假如不去扩充它们,连父母都不能奉养。"

3.7 孟子曰:"矢人岂不仁于函人哉〔1〕?矢人唯恐不伤人,函人唯恐伤人。巫、匠亦然〔2〕。故术不可不慎也。孔子曰:'里仁为美〔3〕。择不处仁,焉得智?'夫仁,天之尊爵也〔4〕,人之安宅也〔5〕。莫之御而不仁〔6〕,是不智也。不仁、不智、无礼、无义,人役也〔7〕。人役而耻为

役，由弓人而耻为弓[8]，矢人而耻为矢也。如耻之，莫如为仁。仁者如射。射者正己而后发，发而不中，不怨胜己者，反求诸己而已矣。”

【注释】

〔1〕矢人：制造箭的人。函人：制造铠甲的人。

〔2〕巫：为人祈祝求福者，古代往往巫、医不分。朱熹《集注》：“巫者为人祈祝，利人之生。”

〔3〕里：处。

〔4〕尊爵：上天所赋予的尊贵的爵位。在孟子思想中，专指仁义礼智四德。朱熹《集注》：“仁、义、礼、智，皆天所与之良贵。而仁者，天地生物之心，得之最先，而兼统四者，所谓‘元者善之长也’，故曰尊爵。”

〔5〕安宅：安身立命之所。朱熹《集注》：“在人则为本心全体之德，有天理自然之安，无人欲陷溺之危。人当常在其中，而不可须臾离者也，故曰安宅。”

〔6〕御：阻挡。

〔7〕人役：被别人所奴役者。

〔8〕由：通“犹”，犹如。

【解读】孟子说：“造箭的人难道比造甲的人更不仁吗？造箭的人唯恐箭不能射伤人，造甲的人却生怕使人被射伤。(求神治病)的巫医和(做棺材)的木匠之间的关系也是如此。所以，选择职业不可不谨慎。孔子说：‘与仁人相邻里是美好的；选择不与仁人共处，怎能算是聪明呢？’仁是天最尊贵的爵位，是人最安逸的归宿。没有人来阻挡却不行仁，这是愚昧。不仁、不智，无礼、无义，这种人只能做别人的仆役。做了别人的仆役而自以为耻，就像造弓的人以造弓为耻，造箭的人以造箭为耻一般。如果真以为耻，不如去行仁。行仁的人好比比赛射箭，射箭的人先要端正自己的姿态而后放箭；如果没有射中，不埋怨那些胜过自己的人，而反过来从自身寻找原因。”

3.8 孟子曰：“子路，人告之以有过则喜。禹闻善言，则拜。大舜有大焉[1]，善与人同[2]，舍己从人，乐取于人以为善。自耕、稼、陶、渔

以至为帝，无非取于人者。取诸人以为善，是与人为善者也〔3〕，故君子莫大乎与人为善。”

【注释】

〔1〕有：通“又”。

〔2〕善与人同：与人同善。

〔3〕与：偕同。历史上对“与人为善”有两种解释：一说偕同别人一起做善事。如焦循《正义》曰：“是取人为善，即是与人同为此善也。”一说助别人做善事。如朱熹《集注》曰：“与，犹许也，助也。取彼之善而为之于我，则彼益劝于为善矣，是我助其为善也。”

【解读】孟子说：“子路，别人指出他的过错，他便高兴。禹听到有教益的活，他就拜谢。伟大的舜又超过了他们，他与人同善，抛弃自己的不足，学习别人的长处，乐于吸取别人的优点来为善。他从种庄稼、制陶器、做渔夫一直到成为天子，都在吸取别人的优点。吸取别人的优点来行善，就是和别人一道行善。所以君子最高的德行就是和别人一道行善。”

3.9　孟子曰：“伯夷，非其君不事，非其友不友，不立于恶人之朝，不与恶人言。立于恶人之朝，与恶人言，如以朝衣朝冠坐于涂炭〔1〕。推恶恶之心〔2〕，思与乡人立，其冠不正，望望然去之〔3〕，若将浼焉〔4〕。是故诸侯虽有善其辞命而至者，不受也。不受也者，是亦不屑就已〔5〕。柳下惠〔6〕，不羞污君〔7〕，不卑小官〔8〕，进不隐贤，必以其道。遗佚而不怨〔9〕，阨穷而不悯〔10〕。故曰：‘尔为尔，我为我。虽袒裼裸裎于我侧〔11〕，尔焉能浼我哉！’故由由然与之偕而不自失焉〔12〕，援而止之而止〔13〕。援而止之而止者，是亦不屑去已。”孟子曰：“伯夷隘〔14〕，柳下惠不恭。隘与不恭，君子不由也〔15〕。”

【注释】

〔1〕涂：污泥。炭：炭灰。比喻污秽不堪的现实社会。

〔2〕恶恶：前一恶字读wù，厌恶；后一恶字读è，恶人。

〔3〕望望然：因厌恶而决绝而去。朱熹《集注》："去而不顾之貌。"

〔4〕浼(měi)：污、污染。

〔5〕屑：表示值得。

〔6〕柳下惠：姓展，名禽，鲁国大夫。

〔7〕羞：以……为羞耻。

〔8〕卑：以……为卑下。

〔9〕遗佚：佚通"逸"，指不被君王重用。

〔10〕阨(è)：穷困。悯：怨恨。

〔11〕袒裼(xī)裸裎(chéng)：赤身裸体。

〔12〕由由：怡然自得。不自失：不丧失为人之道。

〔13〕援：求助。

〔14〕隘：窄、小。

〔15〕由：取、行、循。

【解读】孟子说："伯夷，不是他理想的君主就不去侍奉，不是他理想的朋友就不去结交，不在昏君的朝廷里任职，不同恶人谈话。(他觉得，)在昏君的朝廷里为官、和恶人谈话就如同穿戴着朝服朝冠坐在污泥和黑炭之中一样。把这种厌恶恶人的心情推广开去，他就会想，如果同一个乡下人站在一起，那人帽子没有戴正，就应该愤然离开，好像自己会被玷污了一样。所以，诸侯中虽然有用动听的言辞来招致他的，他也不会接受。他之所以不接受，就是因为自己不屑于与那些人相处。柳下惠，不以侍奉污浊之君为耻，不以官职小为卑微；入朝为官不隐藏自己的才能，一定按照自己的原则行事；不被国君重用不怨恨，处身穷困也不怨恨。所以他说：'你是你，我是我，即使你赤身露体地在我身旁，又怎么能玷污我呢？'所以，他能怡然自得地与他人共处而不失原则，叫他留下，他就留下。叫他留下，他就留下，这是因为他用不着离开罢了。"

孟子又说："伯夷器量小，柳下惠不严肃。器量小与不严肃，是君子所不取的。"

孟子通释卷四

公孙丑章句下（凡十四章）

【概说】本篇共十四章，记录了孟子在齐国的言行。天、地、人的关系古往今来一直被人所关注，孟子在第一章开头便提出“天时不如地利，地利不如人和”命题。众所周知，物质与精神、存在与意识的关系问题，是西方哲学基本问题之一。“天人关系”则是中国古代哲学基本问题。对于后者，有三点必须点明，否则有可能陷入逻辑陷阱：其一，虽然历代思想家大多谈论“天人关系”，但目的、内涵和命题均有所不一：“天人玄同”是老子的命题，“无以人灭天”是庄子的命题，“天人一义”是孟子的命题，“天人相分”是荀子的命题，“天人感应”是董仲舒的命题，“天人一气”是张载和王夫之的“气学”命题，“天人一理”是二程、朱熹的命题，“天人一心”是陆九渊和王阳明的“心学”命题；其二，“人”之内涵有所不同，“人”是泛指同类之人，还是仅指圣人、君子？历代思想家对“人”概念之内涵与外延的理解不尽相同；其三，“天”与“人”概念自始至终缺乏一个统一的逻辑规定。换言之，历代哲人是在一个逻辑缺席的前提下来讨论“天人关系”的。

孟子从当时诸侯征战的社会现实出发，探讨了天、地、人三者对军事战争的影响，并一针见血地指出“人和”的重要性。在强调“人和”的基础上，他把问题引向社会政治，得出了“得道者多助，失道者寡助”的结论。“得道”也就是得民心，民心向背决定成败得失。孟子所说的“道”，实际上就是他一再阐述的“王道”。

4.1 孟子曰:“天时不如地利〔1〕,地利不如人和。三里之城〔2〕,七里之郭〔3〕,环而攻之而不胜〔4〕。夫环而攻之,必有得天时者矣;然而不胜者,是天时不如地利也。城非不高也,池非不深也,兵革非不坚利也,米粟非不多也,委而去之〔5〕,是地利不如人和也。故曰:域民不以封疆之界〔6〕,固国不以山溪之险,威天下不以兵革之利。得道者多助〔7〕,失道者寡助。寡助之至,亲戚畔之〔8〕。多助之至,天下顺之。以天下之所顺,攻亲戚之所畔,故君子有不战,战必胜矣。”

【注释】

〔1〕天时:天时这一概念,在先秦时期有不同含义。在《荀子》著作中,天时是指农时。《孟子·公孙丑章句》中的“天时”与战争有关。古代作战,往往以干支、五行、孤虚、王相相搭配,来预测胜败、吉凶,称为天数,天数即是天时。

〔2〕城:内城。

〔3〕郭:外城。

〔4〕环:包围。

〔5〕委:弃。

〔6〕域:限制。

〔7〕得道:得天下正道。

〔8〕畔:通“叛”。

【解读】孟子说:“天时不如地利,地利不如人和。方圆三里的内城,纵横七里的外城,包围起来攻打它,却不能取胜。包围起来攻打它,必定得到天时,然而却不能取胜,这是因为天时不如地利。城墙不是不高,护城河不是不深,兵器和甲胄不是不锐利和坚固,粮食不是不多,(然而敌人一来却)弃城逃走,这是地利不如人和。所以说,控制人民不靠国家的疆界,巩固国家不靠山川的险阻,威慑天下不靠兵器的锐利。得天下正道的人获得的帮助就多,失天下正道的人获得的帮助就少。得到的帮助少到极点时,连亲戚都背叛他;

得到的帮助多到极点时，全天下的人都顺从他。以全天下都顺从的人去攻打连亲戚都会叛离的人，那么，君子要么不战，战就必定取胜。”

4.2 孟子将朝王。王使人来曰：“寡人如就见者也[1]，有寒疾，不可以风。朝[2]，将视朝，不识可使寡人得见乎[3]？”对曰：“不幸而有疾，不能造朝[4]。”明日，出吊于东郭氏[5]。公孙丑曰：“昔者辞以病，今日吊，或者不可乎？”曰：“昔者疾，今日愈，如之何不吊？”王使人问疾，医来。孟仲子对曰[6]：“昔者有王命，有采薪之忧[7]，不能造朝。今病小愈，趋造于朝，我不识能至否乎？”使数人要于路[8]，曰：“请必无归，而造于朝。”不得已而之景丑氏宿焉[9]。景子曰：“内则父子，外则君臣，人之大伦也。父子主恩，君臣主敬。丑见王之敬子也，未见所以敬王也。”曰：“恶[10]！是何言也！齐人无以仁义与王言者，岂以仁义为不美也？其心曰‘是何足与言仁义也’云尔，则不敬莫大乎是。我非尧、舜之道，不敢以陈于王前，故齐人莫如我敬王也[11]。”景子曰：“否，非此之谓也。《礼》曰：‘父召[12]，无诺[13]。君命召，不俟驾[14]。’固将朝也，闻王命而遂不果[15]，宜与夫礼若不相似然[16]。”曰：“岂谓是与？曾子曰：‘晋、楚之富，不可及也。彼以其富，我以吾仁；彼以其爵，我以吾义，吾何慊乎哉[17]？’夫岂不义而曾子言之？是或一道也。天下有达尊三：爵一，齿一，德一。朝廷莫如爵，乡党莫如齿，辅世长民莫如德。恶得有其一以慢其二哉？故将大有为之君，必有所不召之臣；欲有谋焉，则就之。其尊德乐道，不如是，不足与有为也。故汤之于伊尹，学焉而后臣之，故不劳而王；桓公之于管仲，学焉而后臣之，故不劳而霸。今天下地丑德齐[18]，莫能相尚[19]，无他，好臣其所教[20]，而不好臣其所受教。汤之于伊尹，桓公之于管仲，则不敢召。管仲且犹不可召，而况不为管仲者乎[21]？”

【注释】

〔1〕如：宜、应。

〔2〕朝(zhāo)：早晨。

〔3〕识：知道。

〔4〕造：到。

〔5〕东郭氏：齐国大夫。

〔6〕孟仲子：根据汉代学者赵岐考证，孟仲子是孟子的堂兄弟，曾学于孟子。

〔7〕采薪之忧：疾病的代名词。

〔8〕要(yāo)：拦阻。

〔9〕景丑氏：根据朱熹等人考证，景丑氏或许是齐国大夫。

〔10〕恶：感叹词。

〔11〕朱熹《集注》："景丑所言，敬之小者也。孟子所言，敬之大者也。"

〔12〕召：召唤。

〔13〕诺：慢条斯理地应答。急用唯，缓用诺。《礼记·曲礼》："父召无诺，先生召无诺，唯而起。"郑玄《注》曰："应辞'唯'恭于'诺。'"

〔14〕俟：等待。

〔15〕不果：中止。

〔16〕宜：大概、几乎。

〔17〕慊(qiàn)：少。

〔18〕丑：同。《方言》云："丑，同也。东齐曰丑。"

〔19〕尚：过、超越。

〔20〕所教：听从于己。

〔21〕朱熹《集注》："此章见宾师不以趋走承顺为恭，而以责难陈善为敬；人君不以崇高富贵为重，而以贵德尊士为贤，则上下交而德业成矣。"

【解读】孟子准备去朝见齐王，齐王派人来说："我本应该来看望您的，但是受了风寒，不能吹风。明天早晨我将临朝听政，不知道可不可以让我见到您？"

孟子答道："不幸我也生了病，不能到朝上去。"

第二天,孟子出门到东郭大夫家里去吊丧。

公孙丑说:“昨天您推说有病谢绝齐王的召见,今天又去吊丧,也许不合适吧?”

孟子说:“昨天生了病,今天痊愈了,怎么不能去吊丧呢?”

齐王派人来问病,并且带了医生来。

孟仲子说:“昨天大王有命令来,不巧先生得了小病,不能上朝。今天病有好转,已经急匆匆赶赴朝廷里去了,不知道现在到了没有?”

孟仲子随即派了几个人到路上拦截孟子,告诉他:“请您一定不要回家,赶快到朝廷去!”

孟子迫不得已,到景丑氏家住了一宿。

景子说:“在家有父子,在外有君臣,这是人最大的伦常关系。父子之间以慈爱为主,君臣之间以恭敬为主。我只看见齐王对您很尊敬,却没有看见您尊敬齐王。”

孟子说:“咳!这是什么话!齐国人没有一个拿仁义的道理向齐王进谏的,难道他们以为仁义不好吗?(只是)他们心里想:‘跟这个王哪能谈仁义呢?’那么,这才是最大的不恭敬。不是尧舜之道我不敢拿来向大王陈述,所以,齐国人不如我更尊敬齐王。”

景子说:“不,我所说的不是这个。《礼》的规定说:‘父亲召唤,不能犹豫;君主召唤,不等车马驾好就要立即前往。’您本来准备去朝见大王,可是一听到大王的召见就中止了,似乎和《礼》的规定不相合吧。”

孟子说:“原来你说的是这个!曾子说过:‘晋国和楚国的财富,我们赶不上。但是,它们凭借财富,我凭借我的仁德;它们凭借爵位,我凭借我的道义。我有什么欠缺呢?’如果没有道理,曾子难道会说这些话吗?这恐怕有些道理。天下普遍看重的东西有三样:爵位、年纪、道德。朝廷中最尊重爵位,乡里中最尊重年纪,辅助君主、统治百姓最尊重道德。哪能凭着爵位来轻视年纪和道德呢？所以想要大有作为的君主一定有他不能召唤的臣子，若有什么事要商量，就亲自去拜访请教。如果他不像这样尊重道德、乐行仁道，便不足以与他有所作为。因此，商汤对于伊尹，是向他学习了之后才以他为臣，所以不费力气就统一了天下；桓公对于管仲，也是先向他学习之后再以他为臣，所以不费力气而称霸于诸侯。现今各国土地大小相差无几，德行也不相上下，彼此之间谁也不能高出一筹，（之所以如此，）没有别的原因，是因为君主喜欢用听他的话的人为臣，而不喜欢用能够教导他的人为臣。商汤对于伊尹，桓公对于管仲，就不敢随意召见。管仲尚且不能随意召见，何况不愿做管仲的人呢？”

4.3 陈臻问曰[1]：“前日于齐，王馈兼金一百而不受[2]；于宋，馈七十镒而受；于薛[3]，馈五十镒而受。前日之不受是，则今日之受非也；今日之受是，则前日之不受非也。夫子必居一于此矣。”孟子曰：“皆是也[4]。当在宋也，予将有远行。行者必以赆[5]，辞曰‘馈赆’，予何为不受？当在薛也，予有戒心[6]。辞曰：‘闻戒，故为兵馈之。’予何为不受？若于齐，则未有处也[7]。无处而馈之，是货之也[8]。焉有君子而可以货取乎[9]？”

【注释】

〔1〕陈臻：孟子弟子。

〔2〕兼金：好金。赵岐《注》云：“兼金，好金也。其价兼倍于常者，故谓之兼金。”一百：一百镒，一镒二十两。

〔3〕薛：齐国靖郭君田婴的封邑。此时的薛已非春秋时代的薛国，薛国已被齐国兼并。

〔4〕朱熹《集注》：“皆适于义也。”

〔5〕赆（jìn）：财货，临别时赠送的礼物。

〔6〕戒心：戒备不测之心。赵岐《注》曰：“戒备不虞之心也。时有恶人欲害孟子，孟子戒备。”

〔7〕处:定、常,引申为符合道理。

〔8〕货:收买、贿赂。

〔9〕取:致。

【解读】陈臻问道:"以前在齐国,齐王送您一百镒上等金,您不接受;后来在宋国,宋君送您七十镒,您接受了;在薛,薛君送您五十镒,您也接受了。如果以前不接受是对的,那么今天接受就错了;如果今天接受是对的,那么以前不接受便错了。夫子在这两种情形之中必居其一。"

孟子说:"都是对的。当在宋国的时候,我将要远行,对远行的人一定要送些盘费,宋君说:'送上一点盘费(给您)。'我为什么不接受呢?当在薛的时候,我要戒备路上的危险,薛君说:'听说您需要戒备,送点钱给您买兵器。'我为什么不接受呢?至于在齐国,就没有什么理由接受了。没有理由却要送我金钱,这是贿赂收买我,哪有君子可以被人收买呢?"

4.4 孟子之平陆〔1〕,谓其大夫曰〔2〕:"子之持戟之士〔3〕,一日而三失伍〔4〕,则去之否乎〔5〕?"曰:"不待三。""然则子之失伍也亦多矣。凶年饥岁,子之民,老羸转于沟壑〔6〕,壮者散而之四方者,几千人矣。"曰:"此非距心之所得为也〔7〕。"曰:"今有受人之牛羊而为之牧之者〔8〕,则必为之求牧与刍矣〔9〕。求牧与刍而不得,则反诸其人乎〔10〕?抑亦立而视其死与?"曰:"此则距心之罪也。"他日,见于王曰:"王之为都者〔11〕,臣知五人焉。知其罪者,惟孔距心。"为王诵之〔12〕。王曰:"此则寡人之罪也。"

【注释】

〔1〕平陆:齐国边境邑名,在今山东省汶上县北。

〔2〕大夫:战国时期邑宰也称大夫。

〔3〕戟:古代兵器的一种。

〔4〕失伍:擅自离开行伍。

〔5〕去：杀。

〔6〕羸：瘦、弱。

〔7〕距心：平陆邑宰之名。

〔8〕牧：放牧。

〔9〕刍：牧草。

〔10〕反：通“返”，退还。

〔11〕为都：治理都邑。

〔12〕诵：复述。

【解读】孟子到了平陆，对当地的长官(孔距心)说：“如果你的卫士一天三次擅自离开行伍，你会杀掉他吗？”

(孔距心)答道：“不必等到三次。”

孟子说：“那么，你自己失职的地方也很多。灾荒年景，你的百姓，年老体弱的抛尸露骨于沟壑之中，年轻力壮的四处逃亡，已近千人之多。”

(孔距心)答道：“这不是距心的力量所能做到的事情。”

孟子说：“譬如，现在有一个人接受了别人的牛羊而替他放牧，那必定要为牛羊寻找牧场和草料。如果牧场和草料都没找到，是把牛羊返还给原主呢，还是站在那里眼看着牛羊一个个死去？”

(孔距心)答道：“这个就是距心的罪过了。”

另一天，孟子朝见了齐王，说道：“大王的地方长官，我所了解的有五个人。明白自己的罪过的，只有孔距心一个人。”于是就把与孔距心的问答复述了一遍。

齐王说：“这是我的罪过。”

4.5 孟子谓蚳蛙曰[1]：“子之辞灵丘而请士师[2]，似也[3]，为其可以言也。今既数月矣，未可以言与？”蚳蛙谏于王而不用，致为臣而去[4]。齐人曰：“所以为蚳蛙，则善矣；所以自为，则吾不知也。”公都子以告[5]。曰：“吾闻之也：有官守者[6]，不得其职则去；有言责

者[7],不得其言则去。我无官守,我无言责也,则吾进退,岂不绰绰然有余裕哉[8]?”

【注释】

〔1〕蚳(chí)蛙:齐国大夫。

〔2〕灵丘:齐国边境邑名,江永认为在今山东省聊城市一带。士师:治狱官。

〔3〕似:所作所为近于义。

〔4〕致:还、辞去。《礼记·曲礼下》云:“为人臣之礼,不显谏,三谏而不听,则逃之。”

〔5〕公都子:孟子弟子。

〔6〕官守:官职。朱熹《集注》:“以官为守者。”

〔7〕言责:朱熹《集注》:“以言为责者。”

〔8〕绰绰然:悠闲自如。裕:宽。朱熹《集注》:“孟子居宾师之位,未尝受禄,故其进退之际,宽裕如此。”

【解读】孟子对蚳蛙说:“你辞去灵丘的长官而要做治狱官,似乎很有道理,因为可以向齐王进言。现在,已经几个月了,还不可以进言吗?”

蚳蛙向王进谏而不被采纳,因此辞官而去。

齐国有人议论说:“(孟子)替蚳蛙出的主意是不错,但是他怎样替自己考虑,我就不知道了。”

公都子把这话告诉了孟子。

孟子说:“我听说过:有官职的人,如果无法尽其职责,就应该辞职;有进言的责任的,如果其言不被采纳,就应该离去。我既没有官职,又没有进言的责任,那我的进退岂不绰绰有余?”

4.6 孟子为卿于齐,出吊于滕[1]。王使盖大夫王驩为辅行[2]。王驩朝暮见[3],反齐、滕之路[4],未尝与之言行事也。公孙丑曰:“齐卿之位,不为小矣。齐、滕之路,不为近矣。反之而未尝与言行事,何

也？”曰：“夫既或治之，予何言哉？

【注释】

〔1〕吊：吊丧。

〔2〕盖(gě)：齐国邑名，故城在今山东省沂水县西北。辅行：副使。

〔3〕见：通“现”。

〔4〕反：通“返”。

【解读】孟子在齐国做卿，奉命到滕国去吊丧，齐王还派盖邑的大夫王驩作为副使同行。王驩同孟子朝夕相处，往返于齐滕两国的路上，孟子却不曾同他谈过出使之事。

公孙丑问道：“齐国卿的官位不算小了，齐滕之间的距离不算近了，往返的路上您却不曾和王驩谈过公事，这是为什么呢？”

孟子答道：“他既然已经独断专行，我还说什么呢？”

4.7 孟子自齐葬于鲁[1]。反于齐，止于嬴[2]。充虞请曰[3]：“前日不知虞之不肖，使虞敦匠事[4]。严[5]，虞不敢请。今愿窃有请也，木若以美然[6]。”曰：“古者棺椁无度[7]。中古棺七寸，椁称之[8]。自天子达于庶人。非直为观美也，然后尽于人心。不得，不可以为悦；无财，不可以为悦。得之为有财，古之人皆用之，吾何为独不然？且比化者[9]，无使土亲肤，于人心独无恔乎[10]？吾闻之：君子不以天下俭其亲。”

【注释】

〔1〕孟子自齐葬于鲁：赵岐《注》云：“孟子仕于齐，丧母，归葬于鲁。”

〔2〕嬴(yíng)：齐国邑名，故城在今山东省莱芜市一带。

〔3〕充虞：孟子弟子。

〔4〕敦：督办。匠：木工。

〔5〕严：急。

〔6〕木：棺木。以美：太美。以，通“已”。

〔7〕度：厚薄尺寸。

〔8〕称：相称。

〔9〕比：为。化者：死者。

〔10〕恔(xiào)：快、宽慰。

【解读】孟子从齐国到鲁国去(安葬母亲)，返回齐国时，在嬴地停留。

充虞请教说："前些日子承蒙您赏识，使我督办棺椁之事。当时事情急迫，我虽有疑问却不敢请教。现在想私下问问您：棺木似乎太华美了吧？"

孟子答道："上古时候对于棺椁的尺寸，没有一定的规矩；到了中古，规定棺厚七寸，椁的厚度与之相称。从天子一直到老百姓，棺椁讲究不仅是为了美观，还要尽了孝子之心。礼制不许，就不会称心；缺少钱财，也不会称心。礼制允许，又有钱财，古人就都使用好的棺椁，我为什么不这样呢？况且，这样做不过是为了不让泥土接近死者的肌肤，这对于孝子之心岂不是一种慰藉吗？我听说过，君子不因天下之事而俭省应该用在父母身上的钱财。"

4.8 沈同以其私问曰〔1〕："燕可伐与？"孟子曰："可。子哙不得与人燕，子之不得受燕于子哙。有仕于此〔2〕，而子悦之，不告于王而私与之吾子之禄爵。夫士也，亦无王命而私受之于子，则可乎？何以异于是？"齐人伐燕。或问曰："劝齐伐燕，有诸？"曰："未也。沈同问：'燕可伐与，'吾应之曰：'可'，彼然而伐之也。彼如曰：'孰可以伐之？'则将应之曰：'为天吏，则可以伐之。'今有杀人者，或问之曰：'人可杀与？'则将应之曰：'可。'彼如曰：'孰可以杀之？'则将应之曰：'为士师，则可以杀之。'今以燕伐燕〔3〕，何为劝之哉？"

【注释】

〔1〕沈同：齐国大臣。

〔2〕仕：通"士"。

〔3〕以燕伐燕：朱熹《集注》："言齐无道，与燕无异，如以燕伐燕也。"

【解读】沈同以个人的名义问孟子说："燕国可以讨伐吗？"

孟子答道:“可以。子哙不能把燕国交给别人,子之也不能够从子哙那里接受燕国。譬如,有这么一个人,你很喜欢他,便不向君王禀告而自作主张地把你的俸禄官位都让给他;他呢,也没有国王的任命便从你那里接受了俸禄官位,这样可以吗?(子哙与子之私相授受的事)与这个例子有什么分别呢?”

齐国攻打燕国。

有人问孟子说:“您劝导齐国讨伐燕国,有这回事吗?”

孟子答道:“没有。沈同问我说:‘燕国可以讨伐吗?’我回答说:‘可以。’他们认为这个说法正确,便去征讨燕国。他如果问:‘谁可以去讨伐燕国呢?’那我便会说:‘只有天吏才可以去讨伐。’譬如,这里有一个杀人犯,有人问我:‘这犯人该杀吗?’那我会说:‘该杀。’如果他再问:‘谁可以杀他呢?’那我就会回答:‘只有治狱官才可以杀他。’如今,让同燕国一样无道的齐国去讨伐燕国,我为什么去劝导它呢?”

4.9 燕人畔[1]。王曰:“吾甚惭于孟子。”陈贾曰[2]:“王无患焉。王自以为与周公,孰仁且智?”王曰:“恶!是何言也!”曰:“周公使管叔监殷[3],管叔以殷畔。知而使之,是不仁也;不知而使之,是不智也。仁智,周公未之尽也,而况于王乎?贾请见而解之。”见孟子,问曰:“周公何人也?”曰:“古圣人也[4]。”曰:“使管叔监殷,管叔以殷畔也,有诸?”曰:“然。”曰:“周公知其将畔而使之与?”曰:“不知也。”“然则圣人且有过与?”曰:“周公弟也,管叔兄也。周公之过,不亦宜乎!且古之君子,过则改之;今之君子,过则顺之[5]。古之君子,其过也,如日月之食[6],民皆见之;及其更也,民皆仰之。今之君子,岂徒顺之?又从为之辞[7]。”

【注释】

〔1〕畔:通“叛”。根据《史记·燕世家》记载,齐破燕,燕王哙死,子之逃亡。

次年,燕人共立太子平为王。

〔2〕陈贾:齐国大夫。

〔3〕管叔:周武王之弟,周公兄长。周武王胜商杀纣,立纣子武庚,派遣管叔、蔡叔、霍叔监其国。武王崩,成王幼,周公摄政。管叔与武庚谋叛,周公东征,平定天下。

〔4〕圣人:《说文》云:“圣,通也。”郑玄注《周礼·地官·大司徒》“一曰六德,智仁圣义忠和”之“圣”字云:“通而先识。”

〔5〕顺:顺遂。

〔6〕食:通“蚀”。

〔7〕辞:辩。

【解读】燕人背叛了齐国。齐王说:“我对于孟子感到非常惭愧。”

陈贾说:“大王不要忧虑。大王您认为自己与周公相比,谁更仁且智呢?”

齐王说:“咳!这是什么话!(我哪敢跟周公相比?)”

陈贾说:“周公派管叔监督殷遗民,管叔却率领殷人叛乱。如果周公早已预见此事却仍然派管叔去监督,那他就不仁;如果周公未曾预见此事便是他不智。仁和智,周公都没有完全做到,何况您呢?我请求去见孟子向他做些解释。”

陈贾去见孟子,问道:“周公是怎样的人?”

孟子答道:“古代的圣人。”

陈贾说:“他使管叔监督殷遗民,管叔却率领殷人造反,有这回事吗?”

孟子说:“有。”

陈贾问道:“周公是早预见到管叔会造反,却偏要派他去吗?”

孟子回答说:“周公不曾预见到此事。”

陈贾说:“这样说来,圣人也会有过错吗?”

孟子答道:“周公是弟弟,管叔是哥哥,(难道弟弟能疑心哥哥会背叛吗?)周公的过错,难道不也是情有可原吗?而且,古代的君子有了过错能随即改正,而今天的君子,有了过错竟将错就错。古代的君子,他的过错好像日食月食一般,人民都看得到;等到他改正过错之后,人民都会敬仰他。今天的君子,岂止是将错就错,竟还要为错误作辩解。”

4.10 孟子致为臣而归[1]。王就见孟子,曰:“前日愿见而不可得[2],得侍同朝,甚喜[3]。今又弃寡人而归,不识可以继此而得见乎?”对曰:“不敢请耳,固所愿也。”他日,王谓时子曰[4]:“我欲中国而授孟子室[5],养弟子以万钟[6],使诸大夫国人皆有所矜式[7],子盍为我言之?”时子因陈子而以告孟子[8]。陈子以时子之言告孟子。孟子曰:“然。夫时子恶知其不可也?如使予欲富,辞十万而受万[9],是为欲富乎?季孙曰:‘异哉子叔疑[10]!使己为政,不用,则亦已矣,又使其子弟为卿。人亦孰不欲富贵?而独于富贵之中,有私龙断焉[11]。’古之为市也,以其所有易其所无者,有司者治之耳。有贱丈夫焉[12],必求龙断而登之,以左右望而罔市利[13]。人皆以为贱,故从而征之。征商自此贱丈夫始矣。”

【注释】

〔1〕归:回到家乡。

〔2〕前日:指孟子尚未来齐国时。

〔3〕得侍同朝,甚喜:孔广深《经学卮言》云:“‘得侍同朝’者谦词,言与孟子得为君臣而同朝也。‘甚喜’,王自言甚喜也。俗读‘得侍’绝句者,谬。”

〔4〕时子:齐国大臣。

〔5〕中国:在国都内。室:房屋。

〔6〕钟:六石四斗为一钟。古代一斗约合今二升,古代一升约合今0.1937升。

〔7〕矜式:效法。矜,敬。式,法。

〔8〕陈子:孟子弟子陈臻。

〔9〕十万:十万钟。据阎若璩考证,十万钟是指孟子在齐国多年俸禄的总数。

〔10〕季孙、子叔疑:其人其事已不可考。

〔11〕龙断:垄断。龙,同“垄”。

〔12〕贱丈夫:唯利是图的男子。

〔13〕罔:同“网”,网罗、搜刮。

【解读】孟子辞去齐国的官职准备回乡,齐王到孟子家中去见他,说:“以前想见到您,却见不到;后来能够同为君臣,我很高兴;现在您又将抛弃我返回故乡,不知道以后我们还可以相见吗?”

孟子回答说:“我只是不敢请求罢了,这本来就是我的愿望。”

另一天,齐王对时子说:“我想在国都中给孟子一幢房屋,用万钟之粟来养活他的弟子,使我国的官吏和人民都有所效法。你何不替我向孟子谈谈这件事呢?”

时子通过陈子把这话转告孟子,陈子也就把时子的话告诉了孟子。

孟子说:“是啊,时子哪里知道这件事做不得呢?假如我贪图富贵,辞去十万钟的俸禄却接受一万钟的赏赐,这难道是贪图富贵吗?季孙氏说:‘子叔疑真奇怪!自己要做官,不被任用也就罢了,却又让他的儿子、兄弟去做卿。人们谁不想富贵呢?而有人在富贵之中想独自垄断。’古时候做买卖,以自己有余的东西来换取所没有的东西,有关的部门对此进行管理。却有一个卑鄙之徒,一定要找一块高地登上去,左右张望,企图网罗市场之利。人们都觉得他卑鄙,因此要向他征税。对商人征税就是从这个卑鄙之徒开始的。”

4.11 孟子去齐,宿于昼[1]。有欲为王留行者,坐而言[2]。不应,隐几而卧[3]。客不悦,曰:“弟子齐宿而后敢言[4],夫子卧而不听,请勿复敢见矣。”曰:“坐[5]。我明语子[6]。昔者鲁缪公无人乎子思之侧,则不能安子思。泄柳、申详[7],无人乎缪公之侧,则不能安其身。子为长者虑[8],而不及子思。子绝长者乎?长者绝子乎?”

【注释】

〔1〕昼:齐国邑名。

〔2〕坐:跪坐。两膝着地,腰与腿伸直。

〔3〕隐:倚靠、凭借。几:坐几。

〔4〕齐宿：斋戒一日以示尊敬对方。齐，通“斋”。朱熹《集注》曰：“斋戒越宿也。”

〔5〕坐：安坐。两膝着地，屁股贴着脚跟。

〔6〕语：告诉。

〔7〕泄柳：鲁缪公时贤人。申详：孔子弟子子张的儿子、子游的女婿。

〔8〕长者：孟子自称。赵岐《注》曰：“长者，老者也。孟子年老，故自称长者。”

【解读】孟子离开齐国，在昼地住宿。有一个想替齐王挽留孟子的人，恭敬地坐着同孟子说话。孟子却不加理会，伏在几案上休憩。

那人很不高兴，说道：“弟子提前一天进行斋戒，而后才敢进言，可夫子您却伏案不听，今后再也不敢来见您了。”

孟子说：“坐下，我明白地告诉你。从前，鲁缪公如果没有人在子思身边，就不能使子思安心留下；如果泄柳、申详没有人在鲁缪公身边，也就不能使自己安身。你替我这个老者考虑，连子思怎样被鲁缪公对待都想不到，（不去劝说齐王改变态度，却用空话劝我留下，）这样，是你要拒绝我呢，还是我要拒绝你呢？”

4.12 孟子去齐。尹士语人曰[1]：“不识王之不可以为汤、武，则是不明也。识其不可，然且至，则是干泽也[2]。千里而见王，不遇故去，三宿而后出昼，是何濡滞也[3]？士则兹不悦[4]。”高子以告[5]。曰：“夫尹士恶知予哉？千里而见王，是予所欲也。不遇故去，岂予所欲哉？予不得已也。予三宿而出昼，于予心犹以为速，王庶几改之[6]！王如改诸，则必反予。夫出昼，而王不予追也，予然后浩然有归志。予虽然，岂舍王哉？王由足用为善[7]。王如用予，则岂徒齐民安？天下之民举安。王庶几改之，予日望之。予岂若是小丈夫然哉？谏于其君而不受，则怒，悻悻然见于其面[8]，去则穷日之力而后宿哉[9]？”尹士闻之，曰：“士诚小人也。”

【注释】

〔1〕尹士：齐国人。

〔2〕干：求。泽：禄。

〔3〕濡(rú)滞：迟滞。

〔4〕士则兹不悦："兹"前省略了介词"于"字。

〔5〕高子：齐国人，孟子弟子。

〔6〕庶几：或许、可能。

〔7〕由：通"犹"。足用：足以。

〔8〕悻悻然：愤怒的样子。见：通"现"。

〔9〕穷：尽。

【解读】孟子离开齐国。

尹士对别人说："不知道齐王不能够成为商汤、周武，那就是不明智；知道他不能，然而还是要到齐国来，那便是贪求富贵。不远千里地来见齐王，得不到赏识故而离去。在昼地住了三宿才离开，为什么这样迟缓呢？我对此很不高兴。"

高子把尹士的话告诉了孟子。

孟子说："尹士哪能了解我呢？不远千里地来见齐王，这是我的愿望；得不到赏识故而离去，难道也是我所希望的吗？我是不得已罢了。我在昼地住了三宿才离开，从我内心来说还觉得太快了。(我心想)齐王也许会改变态度的，他如果改变态度，那一定会把我召回。我离开了昼地，齐王还没有追我回去，我才毅然决定回故乡。即使这样，我难道肯舍弃齐王吗？齐王完全可以推行善政，他如果任用我，那岂止齐国的百姓得到安定，天下的百姓都可以得到安定。王也许会改变态度的！我每天盼望着他能改变。我难道像那种气度狭小的人吗？向君主进谏而不被接受，于是便恼羞成怒，满脸愤愤不平，离开时非得精疲力竭地走上一天才肯歇宿吗？"

尹士听了孟子的一席话，说："我真是个小人。"

4.13 孟子去齐，充虞路问曰[1]："夫子若有不豫色然[2]。前日虞闻诸夫子曰：'君子不怨天，不尤人[3]。'"曰："彼一时，此一时也。五百年必有王者兴，其间必有名世者[4]。由周而来，七百有余岁矣。以

其数，则过矣；以其时考之，则可矣。夫天未欲平治天下也，如欲平治天下，当今之世，舍我其谁也？吾何为不豫哉？”

【注释】

〔1〕充虞：孟子弟子。路问：在路上问。

〔2〕豫：悦、愉快。

〔3〕君子不怨天，不尤人：语见《论语·宪问》。

〔4〕名世：也作“命世”。赵岐《注》曰：“名世，次圣之才。物来能名，正一世者，生于圣人之间也。”朱熹《集注》云：“名世，谓其人德业闻望可名于一世者。”

【解读】孟子离开齐国，充虞在路上问道：“您似乎有些不愉快的样子。以前我听您说过：‘君子不埋怨天，不责怪人。’”

孟子说：“以前是以前，现在是现在。(从历史上来看，)每过五百年一定会有圣王兴起，其间还会有闻名于世的贤才出现。从周以来，已经七百多年了。论年数，已经超过了五百；论时势，现在正是圣君贤臣出现的时候。上天还不想平治天下，如果想平治天下，在当今这个时代，除了我，还有谁(能担当这个重任)呢？我为什么不愉快呢？”

4.14　孟子去齐，居休[1]。公孙丑问曰：“仕而不受禄，古之道乎？”曰：“非也。于崇[2]，吾得见王。退而有去志，不欲变，故不受也。继而有师命[3]，不可以请。久于齐，非我志也。”

【注释】

〔1〕休：地名，在今山东省滕州市北。

〔2〕崇：地名，不可考。

〔3〕师命：师旅之命。

【解读】孟子离开齐国，居于休地。

公孙丑问道：“做官却不接受俸禄，这是古时的规矩吗？”

孟子说：“不是的。在崇地，我见到了齐王，回来后便有离开齐国的想法，我不想改变(这个想法)，所以就不接受(俸禄)。接着齐国有战事，我不便请辞。长时间留在齐国，不是我的意愿。”

孟子通释卷五

滕文公章句上(凡五章)

【概说】孟子在本篇首次提出了“道性善”这一命题,但未展开论述他对人性的独特看法。朱熹说“孟子之言性善,始见于此”。不少人将“道性善”简单理解为“人性善”,这是误读误解了孟子“道性善”的内涵与特点。有学者指出,“《孟子》一书中只说‘孟子道性善’、‘言性善’,而‘道性善’、‘言性善’是宣传、言说关于性善的一种学说、理论,是不能直接等同于‘人性是善的’。‘人性是善的’是一个命题,是对人性的直言判断,而‘性善’则是孟子对人性的独特理解,是基于孟子特殊生活经历的一种体验与智慧,是一种意味深长、富有启发意义的道理。”[1]

孟子通过向滕文公讲述治国之道,详细阐述了自己的政治理想:以民为本,重视民事,使民有恒产,并以此为基础兴办学校,开启民智。孟子认为这一政治蓝图得以实现的前提是井田制。井田制在历史上是否像孟子所言真实存在过,已成为一桩悬案。但是,我们可以从思想史意义上评价孟子所精心描绘的井田制。“死徙无出乡,乡田同井,出入相友,守望相助,疾病相扶持,则百姓亲睦。”“王道”政治并非空中楼阁,而是建立在经济基础之上,这一经济基础就是理想化的井田制。

孟子与墨者夷之的辩论是战国儒家与墨家的一次交锋。在学术史上,“儒墨相非”古已有之。孟子当年就批评墨家“无父无君,是禽兽也”。汉代王充也说："今墨家非儒，儒家非墨。各有所持，故乖不合。"实际上，在儒墨两派相互攻讦的背后，恰恰又隐伏着同地域性文化语境下儒墨两家哲学认识的相通性。"兼爱"是墨家学派区别于先秦其他学说之标识，"兼爱"是超越宗法等级制度的"爱无等差"之爱。在哲学性质上，儒家"仁爱"也是一种人类普泛之爱。用中国古代固有之学术范畴来表述，可称之为"爱无差等"。孟子说"仁者爱人"，董仲舒说"故仁者爱人类也，智者所以除其害也"。"人类"相对于"物类"而言，仁者应当泛爱天下所有的人。孔子的"仁爱"与墨子的"兼爱"在哲学性质上同大于异。当然，"仁爱"与"兼爱"还是有些区别的。譬如，"仁爱"建立在人性论基础上，"不忍人之心"是"仁爱"思想的哲学根基；墨子"兼爱"以"利"为爱之基础，"兼相爱"就是"交相利"。利与义是一致的，利天下就是最大的义。墨者夷之的错误在于误解了"爱无差等，施由亲始"原则。"仁爱"与"兼爱"在哲学性质上虽然都可概括为"爱无差等"，但在实践伦理层面上，儒家强调"施由亲始"，由家到国，一层一层向外"推"。这其中蕴涵一个大前提：对父母的爱与对陌生人的爱不一样。墨家"兼爱"思想却力图打破血缘关系与家庭关系，对父母的爱与对陌生人的爱完全一样，无论在质上，还是量上，完全等同。在这一意义上，孟子批评墨者夷之是"二本"。

5.1 滕文公为世子[1]，将之楚，过宋而见孟子。孟子道性善[2]，言必称尧、舜。世子自楚反，复见孟子。孟子曰："世子疑吾言乎？夫道一而已矣。成覸谓齐景公曰[3]：'彼丈夫也，我丈夫也，吾何畏彼哉？'颜渊曰：'舜何人也？予何人也？有为者亦若是！'公明仪曰[4]：'文王，我师也[5]。周公岂欺我哉？'今滕，绝长补短[6]，将五十里也，犹可以为善国。《书》曰[7]：'若药不瞑眩，厥疾不瘳[8]。'"

【注释】

〔1〕世子：太子。

〔2〕道：言、宣讲。

〔3〕成覸(jiàn)：齐国的勇士。

〔4〕公明仪：曾子弟子。

〔5〕文王，我师也：朱熹《集注》："盖周公之言。公明仪亦以文王为必可

师，故诵周公之言而叹其不我欺也。”

〔6〕绝：截。

〔7〕《书》曰：出自《尚书·商书·说命》。

〔8〕瞑眩(miàn xuàn)：晕眩、头晕眼花。瘳(chōu)：痊愈。

【解读】滕文公做太子的时候，要到楚国去，经过宋国，会见了孟子。孟子讲述性善的道理，开口必定称赞尧舜。

滕文公从楚国返回的时候，又会见了孟子。孟子说：“太子怀疑我的话吗？真理只有一个罢了。成覸对齐景公说：‘他是个大丈夫，我也是个大丈夫，我为什么要怕他呢？’颜渊说：‘舜是什么样的人，我也是什么样的人，有作为的人就应该像他那样。’公明仪说：‘文王是我的老师，周公这么说难道会欺骗我辈吗？’如今的滕国，截长补短折算下来将近方圆五十里，也可以治理为一个推行仁善的国家。《书》上说：‘如果药不使人晕眩，那病是不会痊愈的。’”

5.2 滕定公薨[1]。世子谓然友曰[2]：“昔者孟子尝与我言于宋，于心终不忘。今也不幸至于大故[3]，吾欲使子问于孟子，然后行事[4]。”

然友之邹，问于孟子。

孟子曰：“不亦善乎！亲丧，固所自尽也[5]。曾子曰：‘生，事之以礼，死，葬之以礼，祭之以礼，可谓孝矣[6]。’诸侯之礼，吾未之学也。虽然，吾尝闻之矣。三年之丧，齐疏之服[7]，飦粥之食[8]，自天子达于庶人，三代共之。”

然友反命，定为三年之丧。父兄百官皆不欲，曰：“吾宗国鲁先君莫之行[9]，吾先君亦莫之行也。至于子之身而反之，不可。且《志》曰[10]：‘丧祭从先祖。’曰：‘吾有所受之也。’”

谓然友曰：“吾他日未尝学问[11]，好驰马试剑。今也父兄百官不我足也，恐其不能尽于大事，子为我问孟子。”然友复之邹问孟子。孟子曰：“然，不可以他求者也。孔子曰：‘君薨，听于冢宰[12]，歠粥[13]，面深墨[14]。即位而哭。百官有司，莫敢不哀，先之也。’上有好者，下

必有甚焉者矣。‘君子之德，风也。小人之德，草也。草尚之风必偃[15]。’是在世子。”

然友反命。世子曰：“然，是诚在我。”五月居庐[16]，未有命戒[17]。百官族人可[18]，谓曰知。及至葬，四方来观之，颜色之戚，哭泣之哀，吊者大悦。

【注释】

〔1〕滕定公：滕文公之父。薨(hōng)：诸侯去世。

〔2〕然友：滕文公之师。

〔3〕大故：指滕定公亡故。

〔4〕事：指丧礼。

〔5〕自尽：自致、尽其心力。

〔6〕曾子曰：曾子曰诸句出自《论语·为政》孔子语录，孟子于此认为出自曾子，不知何据。

〔7〕齐(zī)疏之服：用粗布并缝边裁制的丧服。齐，本作齋，齐是假借字。朱熹《集注》：“齐，音资，衣下缝也。不缉曰斩衰，缉之曰齐衰。”疏，粗。

〔8〕飦(zhān)：同“饘”，粥。《礼记·檀弓》引孔颖达《疏》云：“厚曰饘，稀曰粥。”

〔9〕宗国：同宗之国。鲁国是周公封地，同姓兄弟之国宗之，所以滕称鲁为宗国。

〔10〕《志》：记，古代史官的记事之书。

〔11〕学问：研究学问。

〔12〕冢宰：六卿之长。

〔13〕歠(chuò)：饮。

〔14〕墨：黑。

〔15〕君子之德数句：出自《论语·颜渊》。尚，通“上”。偃，伏。

〔16〕五月居庐：根据周礼，诸侯死后五个月下葬。未葬之前，孝子住在用草堆临时搭建的倚庐。

〔17〕命戒：命令教戒。

〔18〕可：赞同。《说文》：“可，肯也。”

【解读】滕定公去世了，太子对然友说：“过去孟子曾在宋国与我交谈，我心里始终没有忘记。如今我遭遇不幸失去了父亲，我想派你向孟子请教一下，然后再办理丧事。”

然友到邹国去问孟子，孟子说：“问得好啊！父母的丧事，本来就应该竭尽全力。曾子说：‘父母在世的时候，要依礼侍奉；父母去世的时候，要依礼安葬，依礼祭祀，这才叫做孝。’诸侯的礼仪，我没有学过；不过，我曾经听说过。三年的丧期，穿缝边的粗麻布丧服，喝着稀饭薄粥，从天子到庶民，夏商周三代都是这样做的。”

然友向太子复命，太子决定行三年的丧期。滕国的父老百姓都不愿意，说：“我们的宗国鲁国的历代君主没有实行过(这种丧礼)，我们历代的祖先也没有施行过，到了你这一代却改变了祖先的做法，这是不可以的。而且《志》上说：‘丧葬、祭祀之礼需要依从祖宗的规矩。’又说：‘我们应该把这些传统继承下来。’”

太子便对然友说：“以前我未曾研究过学问，只喜好骑马舞剑。如今父老兄长百官们对我不满，恐怕他们不能在丧事上尽心尽力，你替我再去问问孟子吧！”

然友再次到邹国去问孟子。

孟子说：“是的，不能够去勉强他人。孔子说：‘君主去世，政务听命于冢宰，(太子)以薄粥充饥，面色深黑，每天在灵前哭泣。大小官员没有敢不悲哀的，这是太子自身带头的作用。’在上者有所喜好，在下者必定对此更加喜好。‘君子的德性是风，而小人的德性是草，草遇上风必定倒伏。’这丧礼之事，取决于太子。”

然友返回向太子复命。

太子说：“是呀，这的确是取决于我自己。”

于是太子守丧五个月，没有下过任何政令、指示，大小官员和宗族人等都很赞同，夸赞说太子很明礼。等到下葬那天，四面八方的人都来观看葬礼。太子容颜的悲戚、哭泣的哀痛，令前来吊丧的人们非常感动。

5.3 滕文公问为国。

孟子曰："民事不可缓也[1]。《诗》云[2]：'昼尔于茅，宵尔索绹。亟其乘屋，其始播百谷。'民之为道也，有恒产者有恒心，无恒产者无恒心。苟无恒心，放辟邪侈，无不为已。及陷乎罪，然后从而刑之，是罔民也。焉有仁人在位，罔民而可为也？是故贤君必恭俭礼下，取于民有制。阳虎曰[3]：'为富不仁矣，为仁不富矣。'夏后氏五十而贡[4]，殷人七十而助[5]，周人百亩而彻[6]，其实皆什一也。彻者，彻也[7]；助者，藉也[8]。龙子曰[9]：'治地莫善于助，莫不善于贡。'贡者，校数岁之中以为常[10]。乐岁，粒米狼戾[11]，多取之而不为虐，则寡取之；凶年，粪其田而不足[12]，则必取盈焉。为民父母，使民盻盻然[13]，将终岁勤动，不得以养其父母，又称贷而益之[14]，使老稚转乎沟壑，恶在其为民父母也？夫世禄，滕固行之矣。《诗》云[15]：'雨我公田[16]，遂及我私。'惟助为有公田，由此观之，虽周亦助也。设为庠序学校以教之[17]：庠者，养也；校者，教也；序者，射也。夏曰校，殷曰序，周曰庠，学则三代共之，皆所以明人伦也[18]。人伦明于上，小民亲于下。有王者起，必来取法，是为王者师也[19]。《诗》云[20]：'周虽旧邦，其命维新[21]。'文王之谓也。子力行之，亦以新子之国。"

使毕战问井地[22]。

孟子曰："子之君将行仁政，选择而使子，子必勉之！夫仁政，必自经界始[23]。经界不正，井地不钧[24]，谷禄不平[25]。是故暴君污吏必慢其经界[26]。经界既正，分田制禄可坐而定也。夫滕，壤地褊小[27]，将为君子焉[28]，将为野人焉[29]。无君子莫治野人，无野人莫养君子。请野九一而助，国中什一使自赋。卿以下必有圭田[30]，圭田五十亩。馀夫二十五亩[31]。死徙无出乡，乡田同井，出入相友，守望相助，疾病相扶持，则百姓亲睦。方里而井，井九百亩，其中为公田。八家皆

私百亩，同养公田，公事毕，然后敢治私事，所以别野人也。此其大略也。若夫润泽之[32]，则在君与子矣。”

【注释】

〔1〕民事：农事。

〔2〕《诗》云：以下四句出自《诗经·豳风·七月》。昼，白天。尔，语助词。于，往。茅，取茅，名词动用。宵，晚上。索：搓。绹（táo），绳。亟，急。乘，治、修理。播，布。

〔3〕阳虎：鲁国季孙氏家臣，一度操纵鲁国国政。

〔4〕贡：贡纳。

〔5〕助：以人力助耕公田。

〔6〕彻：周朝田赋制度，赵岐《注》云：“耕百亩者，彻取十亩以为赋。”

〔7〕彻：通、均。

〔8〕藉：借。

〔9〕龙子：古代贤人，其人与事已不可详考。或谓《孔丛子·论书》、《尚书大传·甫刑》中的“子龙子”即此人，可备一说。

〔10〕校：计量、比较。四库本、汲古阁注疏本、焦循正义本“校”字俱作“挍”。

〔11〕狼戾：狼藉，形容数量多。

〔12〕粪：施肥。

〔13〕盻盻（xì）：怒视。

〔14〕称：举。益：补足。

〔15〕《诗》云：出自《诗经·小雅·大田》。

〔16〕雨：下雨。

〔17〕庠（xiáng）序学校：夏商周时期的乡学。

〔18〕人伦：朱熹《集注》：“伦，序也。父子有亲，君臣有义，夫妇有别，长幼有序，朋友有信，此人之大伦也。庠、序、学、校，皆以明此而已。”

〔19〕师：效法。

〔20〕《诗》云：出自《诗经·大雅·文王》。

〔21〕旧邦：周人自后稷开国，历经夏、商两代，所以称旧邦。命：天命。

〔22〕毕战：滕国大臣。井地：井田。

〔23〕经界：赵岐《注》云："经亦界也。"经界是同义复词。

〔24〕钧：通"均"。

〔25〕谷禄：俸禄。

〔26〕慢：轻慢。

〔27〕褊(biǎn)：狭小。

〔28〕为：通"有"。

〔29〕野人：在先秦时期，野人是一与国人相对的范畴。居住在城郭之内的叫"国人"，享有一些政治权利；凡是居住在郊外都鄙之地的人叫"野人"，与国人不存在宗法血缘关系。朱熹《集注》："野，郊外都鄙之地也。"

〔30〕圭田：供祭祀用的土地。圭，洁。

〔31〕馀夫二十五亩：赵岐《注》云："馀夫者，一家一人受田，其余老小尚有余力者受二十五亩，半于圭田，谓之馀夫也。"程颐则认为："一夫上父母、下妻子，以五口、八口为率，受田百亩。如有弟，是馀夫也，年十六，别受田二十五亩，俟其壮而有室，然后更受百亩之田。"

〔32〕润泽：增补、调整。朱熹《集注》："润泽，谓因时制宜，使合于人情，宜于土俗，而不失乎先王之意也。"

【解读】滕文公询问孟子如何治国的问题。

孟子说："农事不可以怠慢。《诗》里说：'白天割取茅草，晚上绞成绳索，房屋赶快修整好，来年庄稼种得早。'百姓中形成这样一条准则，有恒常的产业的就有长久的善心，没有恒常的产业的就没有长久的善心。一旦没有长久的善心，就会放荡恣肆，胡作非为。等到陷入罪网再惩罚他们，这等于是陷害百姓。哪有仁人做了君主却做陷害百姓的事呢？因此，贤德的君主必须恭敬俭朴、礼让臣下，向民众征收赋税要有一定的法度原则。阳虎说：'致力于发财致富便不能仁爱，致力于仁爱便不会发财致富。'

"夏代以五十亩地为单位实行贡法，商代以七十亩地为单位实行助法，周代以一百亩地为单位实行彻法，税率其实都是十分抽一。'彻'是通的意思，'助'是借助的意思。龙子说：'管理土地没有比助更好的，没有比贡更不好的。'贡法是比较并核定若干年的收成得出一个定数。丰收年成，谷物充盈，多收取些不算暴虐，却少收取；饥荒年成，给田施上肥料，收获的粮谷也不够吃，而公家却要足额征收贡赋。(国君)作为百姓的父母却使百姓劳苦不堪，即使终年劳碌也不足以赡养自己的父母，还要靠借贷来凑足租税，致使老人和小孩抛尸露骨于山沟荒野，这哪里算得上是人民的父母？世代承袭俸禄的制度，滕国原本已经实行。《诗》里说：'雨水浇灌我们的公田，然后再泽及私田。'只有实行助法才会有公田，由此可见，即使周代也是施行助法的。

"要设置庠、序、学、校来教育民众。'庠'是教养的意思，'校'是教导的意思，'序'是习射的意思。夏代叫做'校'，商代叫做'序'，周代叫做'庠'，'学'是三代都有的。(这些学校)都是用来教人们懂得人与人之间的伦常关系。在上者懂得了人与人的伦常关系，在下的民众们就会相互亲附和睦。若有圣王兴起，必定会来仿效取法，这样就成为王者的老师了。

"《诗》里说：'周虽然是旧邦，但国运却充满新气象。'这是赞美文王的诗句。你努力施行吧，也使你的国家气象一新。"

滕文公派毕战来询问井田制的问题。孟子说："你的国君要施行仁政，选派你(到我这里)来，你一定要努力！仁义之政，一定要从划分、确定田界开始。田界划分不正当，井田的大小就不均匀，作为俸禄来分配的谷物就会不公平，因此，暴君、贪官污吏必定不会重视田地的分界。如果田地分界已经划分好，那么分配田地、制定俸禄就轻而易举了。

"滕国虽然土地狭小，也一定要有执政的君子和普通的老百姓。没有执政的君子，就无法治理好百姓；而没有普通百姓，就无法供养君子。希望滕国君主在郊野施行九分取一的助法，在都城中施行十分取一的贡法。公卿以下的官员必定要有用于祭祀的圭田，每家五十亩，余下的劳动力每户给田二十五亩。丧葬、迁居都不出乡，每个乡里同耕一块井田，出入劳作时要互相伴随，防守家园时要互相帮助，有病痛疾病时要互相扶持，这样百姓就友爱和睦了。划分一里见方的土地作为一块井田，一块井田有九百亩，中间一块是公田。八家各以一百亩为私田，但要共同耕作公田，公田上的事情完毕之后，才去治理私田。这是使君主和农夫有所区别的办法。这就是井田制的大概，至于如何改进完善，就要靠滕国君主和你了。”

5.4 有为神农之言者许行[1]，自楚之滕，踵门而告文公曰[2]：“远方之人闻君行仁政，愿受一廛而为氓[3]。”文公与之处[4]。其徒数十人，皆衣褐，捆屦、织席以为食[5]。陈良之徒陈相与其弟辛[6]，负耒耜而自宋之滕[7]，曰：“闻君行圣人之政，是亦圣人也。愿为圣人氓。”陈相见许行而大悦，尽弃其学而学焉。

陈相见孟子，道许行之言曰：“滕君，则诚贤君也；虽然，未闻道也。贤者与民并耕而食，饔飧而治[8]。今也滕有仓廪府库，则是厉民而以自养也[9]，恶得贤？”孟子曰：“许子必种粟而后食乎？”曰：“然。”“许子必织布而后衣乎？”曰：“否。许子衣褐。”“许子冠乎？”曰：“冠。”曰：“奚冠？”曰：“冠素[10]。”曰：“自织之与？”曰：“否。以粟易之。”曰：“许子奚为不自织？”曰：“害于耕。”曰：“许子以釜甑爨[11]，以铁耕乎？”曰：“然。”“自为之与？”曰：“否。以粟易之[12]。”“以粟易械器者，不为厉陶冶[13]？陶冶亦以械器易粟者，岂为厉农夫哉？且许子何不为陶冶，舍皆取诸其宫中而用之[14]？何为纷纷然与百工交易？何许子之不惮烦？”曰：“百工之事，固不可耕且为也。”“然则治天下独可耕且为与？有大人之事，有小人之事[15]。且一人之身，而百工之所为备，如必自为而后用之，是率天下而路也[16]。故曰：或劳心，或劳力。劳心者治人，劳力者治于人。治于人者食人[17]，治人者

食于人,天下之通义也。”

“当尧之时,天下犹未平。洪水横流,汎滥于天下[18],草木畅茂,禽兽繁殖,五谷不登[19],禽兽偪人[20],兽蹄鸟迹之道,交于中国[21]。尧独忧之,举舜而敷治焉[22]。舜使益掌火[23],益烈山泽而焚之,禽兽逃匿。禹疏九河[24],瀹济、漯[25],而注诸海;决汝、汉[26],排淮、泗,而注之江。然后中国可得而食也。当是时也,禹八年于外,三过其门而不入,虽欲耕,得乎?后稷教民稼穑[27]、树艺五谷,五谷熟而民人育。人之有道也,饱食、煖衣、逸居而无教,则近于禽兽。圣人有忧之[28],使契为司徒[29],教以人伦:父子有亲,君臣有义,夫妇有别[30],长幼有叙[31],朋友有信。放勋曰[32]:‘劳之来之[33],匡之直之[34],辅之翼之[35],使自得之,又从而振德之[36]。’圣人之忧民如此,而暇耕乎?尧以不得舜为己忧,舜以不得禹、皋陶为己忧[37]。夫以百亩之不易为己忧者[38],农夫也。分人以财谓之惠,教人以善谓之忠,为天下得人者谓之仁。是故以天下与人易,为天下得人难。孔子曰[39]:‘大哉尧之为君!惟天为大,惟尧则之[40]。荡荡乎民无能名焉[41]。君哉舜也!巍巍乎,有天下而不与焉[42]。’尧、舜之治天下,岂无所用其心哉?亦不用于耕耳。”

“吾闻用夏变夷者[43],未闻变于夷者也[44]。陈良,楚产也[45]。悦周公、仲尼之道,北学于中国。北方之学者,未能或之先也。彼所谓豪杰之士也,子之兄弟事之数十年,师死而遂倍之[46]。昔者孔子没,三年之外[47],门人治任将归[48],入揖于子贡,相向而哭,皆失声,然后归。子贡反[49],筑室于场[50],独居三年,然后归。他日子夏、子张、子游以有若似圣人,欲以所事孔子事之,强曾子[51]。曾子曰:‘不可。江汉以濯之[52],秋阳以暴之[53],皜皜乎不可尚已[54]!’今也南蛮鴃舌之人非先王之道[55],子倍子之师而学之,亦异于曾子矣。吾闻出于幽谷迁于乔木者[56],未闻下乔木而入于幽谷者。《鲁颂》曰[57]:‘戎狄是膺[58],荆舒是惩[59]。’周公方且膺之,子是之学,亦为不善变

矣。”

“从许子之道，则市贾不贰[60]，国中无伪。虽使五尺之童适市[61]，莫之或欺。布帛长短同，则贾相若。麻缕丝絮轻重同，则贾相若。五谷多寡同，则贾相若。屦大小同，则贾相若。”

曰：“夫物之不齐，物之情也。或相倍蓰[62]，或相什伯[63]，或相千万，子比而同之，是乱天下也。巨屦小屦同贾，人岂为之哉？从许子之道，相率而为伪者也，恶能治国家？”

【注释】

〔1〕神农：古代传说中的人物，三皇之一。朱熹《集注》："神农，炎帝神农氏，始为耒耜、教民稼穑者也。"许行：诸子百家中有农家，许行应当是农家人物。朱熹《集注》："为其言者，史迁所谓农家者流也。"

〔2〕踵门：登门拜访。踵，至。

〔3〕廛（chán）：住宅。氓：从外地迁徙来的平民百姓。

〔4〕处：住所。

〔5〕捆屦（kǔn jù）：编织草鞋。捆，织。

〔6〕陈良：楚国的儒者。梁启超认为是"儒分为八"中的"仲良氏之儒"，可备一说。

〔7〕耒耜（lěi sì）：古代耕地的农具，形状像犁。

〔8〕饔飧（yōng sūn）：熟食，引申为自己烧饭。赵岐《注》云："朝曰饔，夕曰飧。"

〔9〕厉民：剥削人民。厉，病、损害。

〔10〕素：未染色的丝织品。

〔11〕釜：锅。甑（zèng）：古代用来蒸食物的陶土炊具。爨（cuàn）：烧火煮饭。

〔12〕易：交换。

〔13〕陶冶：指制陶冶铁的工匠。

〔14〕舍：通"啥"，什么。

〔15〕有大人之事，有小人之事：赵岐认为，大人之事指教化，小人之事指农工商。

〔16〕路：奔波。

〔17〕食：养活。

〔18〕氾滥：洪水横流。氾，同“泛”。

〔19〕五谷：稻、黍、稷、麦、菽。不登：歉收。

〔20〕偪：同“逼”。

〔21〕中国：中原（黄河流域一带）。

〔22〕敷（fū）治：分治。

〔23〕益：舜的大臣。火：火正。

〔24〕九河：朱熹《集注》：“九河：曰徒骇，曰太史，曰马颊，日覆釜，曰胡苏，曰简，曰洁，曰钩盘，曰鬲津。”

〔25〕瀹（yuè）：疏通。济：水名，发源于河南省王屋山，与黄河平行，由西往东流向大海，今济水下游河道被黄河挤占。漯（tà）：水名，在山东地区。

〔26〕决：疏导。

〔27〕后稷：尧时掌管农业生产的官职。稼穑（sè）：泛指农业生产。稼：播种。穑：收获。

〔28〕有：同“又”。

〔29〕契（xiè）：殷商的祖先。司徒：官名。

〔30〕别：分工，不同的职责。

〔31〕叙：序。

〔32〕放（fǎng）勋：帝尧的名。

〔33〕劳之来（lài）之：劳、来，勤勉。

〔34〕匡之直之：匡、直，劝谏、纠正。

〔35〕辅之翼之：辅、翼，辅佐、协助。

〔36〕振德：施加恩德。

〔37〕皋陶（gāo yáo）：虞舜时代的司法官。

〔38〕易：治。

〔39〕孔子曰：这段话出自《论语·泰伯》，文字稍有出入。

〔40〕则：法。

〔41〕无能名：无法形容。

〔42〕与：私有、独享。

〔43〕夏：古代文化发达的中原地区称为夏。夷：文化落后的部族与地区。

〔44〕变：同化。

〔45〕产：出生。

〔46〕倍：通“背”，背叛。

〔47〕三年之外：朱熹《集注》：“古者为师心丧三年，若丧父而无服也。”

〔48〕任：担，行李。

〔49〕反：通“返”。

〔50〕场：朱熹《集注》：“冢上之坛场也。”

〔51〕强：力劝。

〔52〕濯：洗。

〔53〕暴(pù)：通“曝”，曝晒。

〔54〕皜皜(hào)：洁白。尚：上、加。

〔55〕鴃(jué)：伯劳鸟。

〔56〕出于幽谷迁于乔木：语出《诗经·小雅·伐木》，幽谷比喻人品低下，乔木比喻人品高尚。

〔57〕《鲁颂》曰：出自《诗经·鲁颂·閟宫》。

〔58〕膺：攻打。

〔59〕荆：楚国。舒：附属于楚国的小国。惩：惩罚。

〔60〕贾：通“价”。

〔61〕尺：一周尺合今19.91公分。

〔62〕蓰(xǐ)：五倍。

〔63〕伯：同“百”，

【解读】有一位主张神农氏学说的人叫许行，由楚国来到滕国，登门拜访并告诉滕文公说：“我这个从远方而来的人听闻君主要施行仁政，希望能得到一处住所，做您的子民。”

滕文公给了他一个住所。他的门徒有几十个，都穿着粗麻编织的衣服，以编草鞋、织席子为生。

陈良的门徒陈相和他的弟弟陈辛背着农具从宋国来到滕国，对文公说：“听说您施行圣人的政治，您也是圣人了，我们愿意成为您的子民。”

陈相见了许行非常高兴,抛弃自己以前的学问,转而向许行学习。陈相见到了孟子,转述许行的话说:“滕君真是一位贤德的君主,然而还没懂得真正的治国之道。贤君应该与百姓一起耕作而获取食物,一面做饭,一面处理政务。现在滕国有粮仓钱库,这是凭借剥夺百姓来奉养自己,怎么能说是贤明呢?”

孟子说:“许子一定要自己种出粟米来才吃吗?”

陈相说:“是的。”

孟子问:“许子一定要自己织出布来才穿吗?”

陈相说:“不是的,许子只穿粗麻织成的衣服。”

孟子问:“许子戴帽子吗?”

陈相说:“戴帽子。”

孟子问:“许子戴什么帽子呢?”

陈相说:“白绸帽子。”

孟子问:“是自己织出来的吗?”

陈相说:“不是的,是用粟米换来的。”

孟子问:“许子为什么不自己去编织呢?”

陈相说:“因为怕妨碍耕作。”

孟子问:“许子用瓦罐做饭、铁器耕田吗?”

陈相说:“是这样的。”

孟子问:“是自己制作的吗?”

陈相说:“不是的,是用粟米换来的。”

孟子说:“用粟米来换机械用具,并不是盘剥陶工、铁匠;铁匠、陶工用他们制作的器械来换粟米,难道是盘剥农夫吗?而且,许子为何不自己制陶冶铁,如此样样东西都能从自家屋里取用?为什么还要一一与各种工匠相交换呢?为什么许子如此地不厌其烦呢?”

陈相说:“各种工匠的工作本来就不能与耕种庄稼同时进行。”

孟子说:"那么治理天下就能够与耕种庄稼同时进行吗?有君主的事务,也有老百姓的事务。况且,一个人身上(所需的用品)要靠各种工匠为他制备,如果一定要亲自去制作然后再去使用,这是率领天下人疲于奔命。因此说,有的人劳心,而有的人劳力;劳心者管理他人,劳力者被他人管理。被他人治理的人供养别人,治理他人的人被别人供养,这是天下普遍的道理。

"在尧的时候,天下还不安定,洪水泛滥成灾,草木茂盛,鸟兽大量繁殖,庄稼没有收获,禽兽危害百姓,踪迹遍布中原各地。尧为此忧虑,选拔了舜来进行治理。舜命令伯益掌管火政,益便用烈火焚烧山野沼泽地带的草木,使鸟兽四处逃跑躲藏。禹疏浚九河,治理济水、漯水并引流入海;开掘汝水、汉水,疏通淮水、泗水,导流入江。这样一来,中原百姓才能安居生息。那个时候,大禹在外奔波八年,三次经过家门都没有进去,即使想要亲自耕种,但这可能吗?

"后稷教给百姓种庄稼,培植五谷,庄稼熟后才能养育民众。人类有其生存规律,(纵使)吃饱、穿暖、住得安逸,如果没有教养也和禽兽差不多。圣人为此感到忧虑,便派契担任司徒,用人与人之间的伦理来教导民众:父子之间讲求亲密无间,君臣之间讲求仁义,夫妻之间讲求内外有别,长幼之间讲求尊卑有序,朋友之间讲求遵守信用。尧说:'督促他们,纠正他们,帮助他们,使他们各遂本性,随后再提高他们的道德。'圣人忧虑百姓到如此的地步,哪里还有空闲去耕种呢?

"尧因为自己没有得到舜这样的人才而忧虑,舜因为没有得到大禹、皋陶这样的人才而忧虑。把未能管理好百亩之田当做自己的忧虑的,是农夫。把财物分给他人叫做惠,用善与德教育他人叫做忠,为天下民众找到贤才的叫做仁义。因此,把天下让给他人容易,替天下获取人才就很难。孔子说:'尧作为君主,多么伟大啊!唯有天最高大,唯有尧能够效法天,浩瀚啊,民众也无法形容。真正的君

主，是舜呀，崇高啊，拥有天下却不享用它。’尧舜治理天下，难道没有用心吗？只是不用在耕作上罢了。

“我只听说用中土的文化风俗来改变蛮夷之地风俗的，未曾听说过被蛮夷的风俗改变的。陈良是楚人，喜好周公、仲尼的学说，到北方的中土来学习，北方的学者没有一个能超过他的，可以称得上是豪杰之士。你们兄弟侍奉他数十年，他死后你们却背叛了他。以前孔子逝世，门徒们守丧三年之后，收拾行李将要各自回去。大家进屋与子贡揖别，相对而哭，泣不成声，然后才离开。子贡又返回墓地，在祭坛边筑室独自居住了三年，然后才回去。后来的某一天，子夏、子张、子游因为有若长得像孔夫子，想用侍奉孔子的礼节来侍奉他，并强求曾子也这么做。曾子说：‘不可以。如同在江汉之水中洗濯过，在六月骄阳下曝晒过，老师的那种高洁是无法超越了。’如今许行这个说话如鸟叫般难懂的南蛮之人诘难先王之道，你们却违背老师去向他学习，与曾子真是大相径庭。我听说过鸟儿从幽暗的山谷飞往高大的树木，没有听说过从高大的树木飞到幽暗的山谷。《鲁颂》说：‘攻击戎狄，惩罚荆舒。’周公正要痛击他们，你们却向他们学习，这不能算是好的改变。”

陈相说：“如果听从了许子的学说，市场上的物价就没有差异，国中就没有弄虚作假的行为；即使是五尺高的孩童到市场上，也没有人去欺骗他。布匹丝绸的长短相同，价钱就一样；麻线丝锦的分量相同，价钱就一样；粟米谷物的多少相等，价钱就一样；鞋履的大小相同，价钱就相同。”

孟子说：“物品之间千差万别，这是物品本身的特性。有的相差一倍五倍，有的相差十倍百倍，有的相差千倍万倍。你把它们同等看待，这是在扰乱天下。质量粗糙的鞋与质量精细的鞋是一样的价格，人们怎么会接受呢？听从许子的学说，去引导着天下的人去欺骗，怎么能治理国家呢？”

5.5 墨者夷之因徐辟而求见孟子[1]。孟子曰:"吾固愿见。今吾尚病,病愈,我且往见[2]。夷子不来!"他日,又求见孟子。孟子曰:"吾今则可以见矣。不直[3],则道不见[4];我且直之。吾闻夷子墨者,墨之治丧也,以薄为其道也。夷子思以易天下[5],岂以为非是而不贵也;然而夷子葬其亲厚,则是以所贱事亲也。"

徐子以告夷子。夷子曰:"儒者之道,古之人'若保赤子[6]',此言何谓也?之则以为爱无差等,施由亲始[7]。"

徐子以告孟子。孟子曰:"夫夷子,信以为人之亲其兄之子,为若亲其邻之赤子乎?彼有取尔也。赤子匍匐将入井,非赤子之罪也。且天之生物也,使之一本,而夷子二本故也[8]。盖上世尝有不葬其亲者。其亲死,则举而委之于壑[9]。他日过之,狐狸食之,蝇蚋姑嘬之[10]。其颡有泚[11],睨而不视[12]。夫泚也,非为人泚,中心达于面目。盖归反蔂梩而掩之[13],掩之诚是也,则孝子仁人之掩其亲,亦必有道矣。"徐子以告夷子。夷子怃然为间曰[14]:"命之矣[15]!"

【注释】

〔1〕墨者:信奉墨家学说的人。夷之:其人与事已不可详考。徐辟:孟子弟子。

〔2〕朱熹《集注》:"孟子称疾,疑亦托辞以观其意之诚否。"

〔3〕直:坦诚相告。朱熹《集注》:"尽言以相正也。"

〔4〕见:通"现"。

〔5〕易:改变。

〔6〕若保赤子:出自《尚书·康诰》。赤子:婴儿。

〔7〕施:推行。

〔8〕一本、二本:历代对"一本、二本"解释不一,笔者认为朱熹的诠释比较确当:"孟子言人之爱其兄子与邻之子,本有差等。《书》之取譬,本为小民无知而犯法,如赤子无知而入井耳。且人物之生,必各本于父母而无二,乃自然之理,若天使之然也。故其爱由此立,而推以及人,自有差等。今如夷子之

言，则是视其父母本无异于路人，但其施之之序，姑自此始耳，非二本而何哉？然其于先后之间，犹知所择，则又其本心之明有终不得而息者，此其所以卒能受命而自觉其非也。"

〔9〕委：弃。壑：沟壑。

〔10〕蚋(ruì)：体形似蝇的昆虫，喜吸吮人畜血。姑：吸。嘬(chuài)：咬、吃。

〔11〕颡(sǎng)：额头。泚(cǐ)：出汗。

〔12〕睨：斜视。

〔13〕虆(léi)：土筐。梩(lí)：锹。

〔14〕怃然：茫然若失的样子。为间：停了片刻。

〔15〕命：教。朱熹《集注》："言孟子已教我矣。盖因其本心之明，以攻其所学之蔽，是以吾之言易入，而彼之惑易解也。"

【解读】墨家信徒夷之通过徐辟求见孟子。

孟子说："我本来愿意接见，不过我现在还病着，等痊愈之后，我将去看他，他不必来了！"

过了些日子，夷之又来求见孟子。

孟子说："我今天可以见他了。话不直截了当地说，便说不清楚，我就直截了当地说吧。我听说夷子是墨家的信徒，墨家办理丧事，以俭约薄葬为主。夷子想用它来改变天下的习俗，难道以为不薄葬就不值得称道吗？但是夷子却厚葬自己的父母，这是用他所鄙薄的方式来侍奉父母。"

徐辟把孟子的话告诉夷子。

夷子说："按照儒家的学说，古时候对待民众如同爱护婴儿一般，这句话是什么意思呢？我认为它是指爱没有等级区分，只是从父母开始实施。"

徐辟把这些话又告诉了孟子。

孟子说："夷子真的以为人们爱护自己的侄子如同爱护邻居的婴儿吗？他是有一定依据的：孩童爬着将要掉进井里，并不是孩童的罪过。(在这样的危急时刻,人人都会伸以援手,夷之以为这就说明爱无差等。)况且上天生养万物,使他们只有一个本源,而夷子却让他们有两个本源。上古时代曾经有不安葬自己父母的人,他的父母死了,就抬走丢到山沟里去。后来经过那里,只见狐狸正在啮食父母的尸体,蚊蝇也在叮咬着尸体。他的额头上流下冷汗,斜着眼不敢正视。这种流汗,并不是流给别人看的,而是内心的悔恨在面貌上表现了出来,于是他就会回家去取筐和锹把尸体掩埋好。如果说掩埋尸体是对的,那么仁人孝子掩埋他的父母也必定有其道理。"

徐子把这些话告诉了夷子,夷子茫然无措,隔了一会儿才说道:"我受到了教诲。"

孟子通释卷六

滕文公章句下（凡十章）

【**概说**】“富贵不能淫，贫贱不能移，威武不能屈”是中华文化中具有普适性的价值观。千百年来一直激励着无数仁人志士，成为中华民族宝贵的精神财富。《说文解字》说：“周制以八寸为尺，十尺为丈。人长八尺，故曰丈夫。”孟子所讲的“大丈夫”与身体条件无关，不是指“身长八尺”之人。与性别、权势、财富无关，甚至与博学多才、雄才大略也无关。“大丈夫”是孟子心目中的理想人格，“大丈夫”以“仁”为天下最宽广的住宅，以“礼”为天下最正确的位置，以“义”为天下最光明的大道。得志的时候，偕同天下百姓循着正道前进；不得志的时候，也独自坚守自己的原则。富贵不能乱其心，贫贱不能变其志，威武不能屈其节。

“大丈夫”具有三大人格特点：其一，居仁由义。大丈夫是道义的化身。无论顺境逆境不失其赤子之心，坚信人之道德良知千古不灭，立身行事不违本心良知，杀一不辜得天下而不为。杀身成仁，舍生取义，宁为玉碎，不为瓦全。得志时为国家天下尽心尽力，廉洁奉公；处江湖之远能抱定固穷之节，乐天知命，独善其身；不枉道事人，不曲学阿世；一生清清白白、坦坦荡荡，仰不愧于天，俯不怍于地。其二，宏大刚毅。以浩然之气充盈身心，彰显出来的人格形象必定是至大至刚、坚忍不拔。“说大人，则藐之，勿视其巍巍然。堂高数仞，榱题数尺，我得志，弗为也。食前方丈，侍妾数百人，我得志，弗为也。般乐饮酒,驱骋田猎,后车千乘,我得志,弗为也。在彼者,皆我所不为也;在我者,皆古之制也,吾何畏彼哉?"儒家所谓"刚",并非盛气凌人,也非张狂无礼。而是在以道义为人生价值取舍基础上,所展现的宏大刚毅的生命气象。其三,从容快乐。"万物皆备于我矣。反身而诚,乐莫大焉。"认识到"大丈夫"理想人格与天道之诚相合,人生之乐油然而生。宋代程颢《秋日偶成》一诗,恰如其分地表现了孟子大丈夫"乐"的境界:"闲来无事不从容,睡觉东窗日已红。万物静观皆自得,四时佳兴与人同。道通天地有形外,思入风云变态中。富贵不淫贫贱乐,男儿到此是豪雄。"

6.1 陈代曰[1]:"不见诸侯,宜若小然[2]。今一见之,大则以王,小则以霸。且《志》曰:'枉尺而直寻[3]',宜若可为也。"

孟子曰:"昔齐景公田[4],招虞人以旌[5],不至,将杀之。志士不忘在沟壑,勇士不忘丧其元[6]。孔子奚取焉?取非其招不往也。如不待其招而往,何哉?且夫枉尺而直寻者,以利言也。如以利,则枉寻直尺而利,亦可为与?昔者赵简子使王良与嬖奚乘[7],终日而不获一禽。嬖奚反命曰:'天下之贱工也[8]。'或以告王良。良曰:'请复之。'强而后可,一朝而获十禽。嬖奚反命曰:'天下之良工也。'简子曰:'我使掌与女乘[9]。'谓王良,良不可,曰:'吾为之范我驰驱[10],终日不获一;为之诡遇[11],一朝而获十。《诗》云[12]:"不失其驰,舍矢如破[13]。"我不贯与小人乘[14],请辞。'御者且羞与射者比[15],比而得禽兽,虽若丘陵,弗为也。如枉道而从彼,何也?且子过矣:枉己者,未有能直人者也。"

【注释】

〔1〕陈代:孟子弟子。

〔2〕宜:王引之《经传释词》卷五曰:"宜,犹'殆'也。"小:小节。

〔3〕枉:屈。寻:八尺。朱熹《集注》:"枉尺直寻,犹屈己一见诸侯而可以致王霸,所屈者小,所伸者大也。"

〔4〕田:狩猎。

〔5〕虞人：看守苑囿的小吏。旌：用彩色羽毛装饰的旗子。根据礼仪，以旌召唤大夫，以弓召唤士，以皮冠召唤虞人。齐景公不懂礼仪，所以虞人不听从召唤。

〔6〕元：头颅。

〔7〕赵简子：晋国正卿赵鞅。王良：古代驾车高手。嬖(bì)：宠幸之臣。

〔8〕贱工：水平拙劣的工匠。

〔9〕掌：执掌。

〔10〕范：法、法度，名词动用。

〔11〕诡遇：指不按照驾车正法赶着车子去与禽兽相遇。

〔12〕《诗》云：出自《诗经·小雅·车攻》。

〔13〕舍：放射。如：通"而"。破：杀伤。赵岐《注》云："言御者不失其驰驱之法，则射者必中之。顺毛而入，顺毛而出，一发贯臧，应矢而死者如破矣，此君子之射也。"

〔14〕贯：同"惯"，习惯。

〔15〕比：合、合作、同力。

【解读】陈代说："不去谒见诸侯，似乎气量小了些；现今一去见他们，大可以称王天下，小可以称霸诸侯。而且《志》上说：'屈曲一尺而伸直八尺'，因此见一见也无妨。"

孟子说："从前齐景公田猎，用旌旗来传唤虞人，虞人不去，景公要处死他。志士不怕弃尸山谷，勇士不怕丧失头颅。孔子赞赏他什么呢？是赞赏虞人对不符合礼仪的传唤不应承。要是不待传唤就去应承，那算什么呢？所谓'屈曲一尺而伸直八尺'，是从利益的角度来说的。要说利，如果屈曲八尺而伸直一尺有利，也可以去做吗？从前赵简子派王良为他宠幸的小臣奚驾车去打猎，整日打不到一只鸟。奚向赵简子报告说：'王良是个拙劣的驾车人。'有人把这话告诉了王良，王良说：'让我再试一次。'经过强求之后才获允准，结果一个早上就捕到了十只鸟。奚向赵简子报告说：'王良是天下最优秀的驾车人。'简子说：'我派他专门替你驾车。'也告诉了王良。

王良不同意，说：‘我为他依规矩驾车，整天打不着一只鸟；不按规矩驾车，一个早晨便打中了十只鸟。《诗》里说：“不违反规矩驾车，箭一发出便能射中。”我不习惯给小人驾车，请允许我辞掉这个差使。驾车的人尚且羞于与这样的射手合作，即使合作所捕得的鸟兽像山丘这样高，也不肯做。如果违背正道而去追随诸侯，这是怎么一回事呢？而且你错了，自己不正直的人是不能够使别人正直的。”

6.2 景春曰[1]：“公孙衍、张仪岂不诚大丈夫哉[2]？一怒而诸侯惧，安居而天下熄。”孟子曰：“是焉得为大丈夫乎？子未学礼乎？丈夫之冠也[3]，父命之[4]；女子之嫁也，母命之，往送之门，戒之曰：‘往之女家[5]，必敬必戒，无违夫子！’以顺为正者，妾妇之道也。居天下之广居[6]，立天下之正位[7]，行天下之大道[8]。得志与民由之[9]，不得志独行其道。富贵不能淫[10]，贫贱不能移[11]，威武不能屈[12]。此之谓大丈夫。”

【注释】

〔1〕景春：战国时代纵横家。

〔2〕公孙衍、张仪：战国时代著名纵横家。

〔3〕冠(guàn)：行冠礼，古时男子年二十行冠礼。据《礼记·冠义》记载：“古者冠礼，筮日筮宾，所以敬冠事。敬冠事所以重礼，重礼所以为国本也。故冠于阼，以著代也。醮于客位，三加弥尊，加有成也。已冠而字之，成人之道也。见于母，母拜之；见于兄弟，兄弟拜之，成人而与为礼也。”

〔4〕父命：由父亲主持行冠礼。

〔5〕女：通“汝”。

〔6〕广居：仁。

〔7〕正位：礼。

〔8〕大道：义。

〔9〕与民由之：朱熹《集注》：“推其所得于人也。”

〔10〕淫：朱熹《集注》：“荡其心也。”

〔11〕移：朱熹《集注》："变其节也。"

〔12〕屈：朱熹《集注》："挫其志也。"

【解读】景春说："公孙衍、张仪难道不是真正的大丈夫吗？他们愤怒的时候诸侯都畏惧，安静的时候天下便太平。"

孟子说："这怎么能算是大丈夫呢？你没有学过礼吗？男子举行冠礼的时候，父亲给予训导。女子出嫁的时候，母亲给予训导，送她到门口，告诫她说：'到了丈夫家里，一定要恭顺，要小心谨慎，不要违背丈夫。'以顺从为最大原则，这是为妇之道。男子应该居住在天下最宽广的住宅里，站在天下最正确的位置，走在天下最光明的道路上。得志的时候，携同百姓循着大道前进；不得志的时候，也要独自走在这条正道上。富贵不能扰乱他的思想，贫贱不能改变他的操守，强力不能慑服他的品节，这才叫做大丈夫。"

6.3 周霄问曰[1]："古之君子仕乎？"孟子曰："仕。《传》曰：'孔子三月无君，则皇皇如也[2]。出疆必载质[3]。'公明仪曰：'古之人三月无君则吊[4]。'"

"三月无君则吊，不以急乎？"

曰："士之失位也，犹诸侯之失国家也。《礼》曰：'诸侯耕助，以供粢盛[5]。夫人蚕缫[6]，以为衣服。牺牲不成[7]，粢盛不洁，衣服不备，不敢以祭。''惟士无田，则亦不祭。'牲杀器皿、衣服不备，不敢以祭，则不敢以宴，亦不足吊乎？"

"出疆必载质，何也？"

曰："士之仕也，犹农夫之耕也。农夫岂为出疆舍其耒耜哉？"

曰："晋国亦仕国也[8]，未尝闻仕如此其急。仕如此其急也，君子之难仕，何也？"

曰："丈夫生而愿为之有室，女子生而愿为之有家[9]。父母之心，人皆有之。不待父母之命、媒妁之言，钻穴隙相窥，逾墙相从，则父

母国人皆贱之。古之人未尝不欲仕也,又恶不由其道。不由其道而往者,与钻穴隙之类也。"

【注释】

〔1〕周霄:魏国人。

〔2〕皇皇:惊惶不安。

〔3〕质:通"摯"、"贽",初次见面所带的礼物。赵岐《注》曰:"质,臣所执以见君者也。"

〔4〕吊:怜悯、伤痛。

〔5〕粢盛(zī chéng):盛于器皿中用来供神的谷物。

〔6〕蚕缫(sāo):养蚕抽茧出丝。

〔7〕牺牲:祭祀所杀的牛羊猪等牲畜,也叫"牲杀"。

〔8〕仕国:君子游宦之国。

〔9〕朱熹《集注》:"男以女为室,女以男为家。"

【解读】周霄问道:"古代的君子做官吗?"

孟子说:"做官。《传》上说:'孔子要是三个月没有被君主任用,就会惶惶不安。所以,每离开一个国家必定带着拜见另一个国家君主的礼物。'公明仪说:'古时候的人要是三个月没有被君主任用就会感到悲伤。'"

周霄说:"三个月没有被君主任用就感到悲伤, 不是太性急了吗?"

孟子说:"士人失去职位犹如诸侯失去国家。《礼》上说:'诸侯亲自耕作农田来生产祭品,他的夫人亲自养蚕来制作祭服。祭祀用的牛羊不肥壮,食品不洁净,礼服不完备,不敢用来祭祀。''士人(失掉了官位就)没有了田地,那也就不能祭祀。'牺牲、祭器、祭服不完备,不敢去祭祀,也就不能举行宴会,难道不足以令人感到悲伤吗?"

周霄说:"每离开一个国家必定带着拜见另一个国家君主的礼物,这是为什么呢?"

孟子说："士人做官犹如农夫耕田。农夫难道会因为离开一块土地而抛弃自己的农具吗？"

周霄说："晋国也是一个有官可做的国家，未曾听说过做官如此性急的。君子做官如此急迫，却又难于做官，为什么呢？"

孟子说："男子生下来，父母就希望为他找到妻室；女子生下来，父母就希望为他找到夫家。做父母的，都有这种心思。(但是，如果)不等父母的同意，没有媒人的介绍，自己便钻墙洞扒门缝互相偷窥，翻墙去私会，那么父母和其他人都会轻视他们。古代的士人没有不想做官的，但是又厌恶不通过正道来做官。不从正道做官的，如同男女钻洞翻墙一样。"

6.4 彭更问曰[1]："后车数十乘[2]，从者数百人，以传食于诸侯[3]，不以泰乎[4]？"

孟子曰："非其道，则一箪食不可受于人。如其道，则舜受尧之天下，不以为泰。子以为泰乎？"

曰："否。士无事而食[5]，不可也。"

曰："子不通功易事[6]，以羡补不足[7]，则农有余粟，女有余布。子如通之，则梓匠轮舆皆得食于子[8]。于此有人焉，入则孝，出则悌，守先王之道，以待后之学者，而不得食于子。子何尊梓匠轮舆而轻为仁义者哉？"

曰："梓匠轮舆，其志将以求食也；君子之为道也，其志亦将以求食与？"

曰："子何以其志为哉？其有功于子，可食而食之矣。且子食志乎[9]？食功乎？"

曰："食志。"

曰："有人于此，毁瓦画墁[10]，其志将以求食也，则子食之乎？"

曰："否。"

曰："然则子非食志也，食功也。"

【注释】

〔1〕彭更：孟子弟子。

〔2〕后车：跟从的车子。

〔3〕传食：转食，连续住在诸侯国客馆并接受他们的款待。

〔4〕泰：侈、奢侈。

〔5〕事：事功。

〔6〕通功易事：社会不同行业之间交换产品。

〔7〕羡：余。

〔8〕梓匠：木工。轮舆：制车之工。

〔9〕志：动机。《墨子·鲁问》提出"合其志功而观焉"的"志功统一"说，认为动机和效果不可偏废。

〔10〕画墁(màn)：毁坏新粉饰的墙壁。画，通"划"。墁：本义为粉饰墙壁的工具。

【解读】彭更问道："后面跟着几十辆车，身边跟随着几百个人，从这一国到那一国，不也太过分了吗？"

孟子答道："不合乎道德，连一碗饭都不能受之于人；合乎道德，即便舜接受了尧的天下，都不以为过分。你觉得过分吗？"

彭更说："不对，士人不工作而没有功劳却又接受别人的食禄，是不可以的。"

孟子说："如果你不互通各人的劳动成果，交换各行各业的产品，用多余的来弥补不足的，就会使农民有多余的粮食，女子有多余的布匹。如果互通有无，那么木匠车工就能够从你那里获得食物。现在有这么一种人，在家孝顺，出外友爱，恪守祖先的规矩，以此扶持后辈，却不能从你那里得到食物。你为什么看重工匠而轻视施行仁义的人呢？"

彭更说："木匠车工，他们的动机就是求食。君子践行仁义之道，他们的动机也是找口饭吃吗？”

孟子说：“你为什么要谈论动机呢？他们对你有功劳，能够给他们吃的，便给他们。而且，你是根据动机给饭吃呢，还是论功劳给饭吃呢？”

彭更说：“根据动机给饭吃。”

孟子说：“如果有个匠人，他把屋瓦打碎，在刚刚粉刷的墙壁上乱抹乱涂，但他的动机是求取食物，那么你会给他食物吗？”

彭更说：“不给。”

孟子说：“既然这样，你就不是根据动机，而是依据功劳给饭吃的。”

6.5 万章问曰[1]：“宋，小国也，今将行王政，齐、楚恶而伐之[2]，则如之何？”

孟子曰：“汤居亳[3]，与葛为邻[4]，葛伯放而不祀[5]。汤使人问之曰：‘何为不祀？’曰：‘无以供牺牲也。’汤使遗之牛羊。葛伯食之，又不以祀。汤又使人问之曰：‘何为不祀？’曰：‘无以供粢盛也。’汤使亳众往为之耕，老弱馈食[6]。葛伯率其民，要其有酒食黍稻者夺之[7]，不授者杀之。有童子以黍肉饷[8]，杀而夺之。《书》曰：‘葛伯仇饷[9]。’此之谓也。为其杀是童子而征之，四海之内皆曰：‘非富天下也[10]，为匹夫匹妇复仇也。’‘汤始征，自葛载[11]。’十一征而无敌于天下。东面而征，西夷怨。南面而征，北狄怨，曰：‘奚为后我？’民之望之，若大旱之望雨也。归市者弗止，芸者不变，诛其君，吊其民，如时雨降。民大悦。《书》曰：‘徯我后，后来其无罚！’‘有攸不惟臣[12]，东征，绥厥士女[13]。匪厥玄黄[14]，绍我周王见休[15]，惟臣附于大邑周[16]。’其君子实玄黄于匪以迎其君子，其小人箪食壶浆以迎其小人。救民于水火之中，取其残而已矣[17]。《太誓》曰[18]：‘我武惟扬，侵于之疆[19]，

则取于残，杀伐用张[20]，于汤有光[21]。'不行王政云尔；苟行王政，四海之内皆举首而望之，欲以为君。齐、楚虽大，何畏焉？"

【注释】

〔1〕万章：孟子弟子。

〔2〕恶：憎恨。据《史记·宋微子世家》记载："君偃十一年，自立为王。东败齐，取五城；南败楚，取地三百里；西败魏军。乃与齐、魏为敌国。盛血以韦囊，县而射之，命曰'射天'。淫于酒、妇人。群臣谏者辄射之。于是诸侯皆曰'桀宋。宋其复为纣所为，不可不诛'。告齐伐宋。王偃立四十七年，齐湣王与魏、楚伐宋，杀王偃，遂灭宋而三分其地。"根据史料，宋并非亡于行仁政，而是宋攻打齐、楚而亡。因此，万章的提问仅仅是一假设，并非对事实的描述。

〔3〕亳(bó)：在今河南省商丘一带。

〔4〕葛：古国名，嬴姓，古城在今河南省宁陵县境内。朱熹《集注》曰："葛，国名。伯，爵也。放而不祀，放纵无道，不祀先祖也。"

〔5〕放：放纵、放纵无道。

〔6〕馈：送。

〔7〕要：拦截。

〔8〕饷：送的食物。

〔9〕仇饷：与送饭者为仇。

〔10〕非富天下也：不是因为贪图天下的财富。

〔11〕载：开始。

〔12〕攸：古国名。

〔13〕绥：安抚。厥：其，人称代词。士女：男女(平民百姓)。

〔14〕匪：同"篚"，竹筐。玄黄：黑色和黄色的丝织品。

〔15〕绍：继承。休：美好。

〔16〕大邑周：对周的尊称。

〔17〕残：残害。

〔18〕《太誓》：《泰誓》是古文《尚书》篇名，已佚。梅赜伪古文《尚书》将这几句话采入《泰誓》中。

〔19〕于：通"越"，越过。另一说"于"通"邘"，古国名。

〔20〕张:开、设。

〔21〕光:荣光。

【解读】万章问道:“宋国是个小国,如今将要施行王政,齐楚两个国家却因为憎恨而出兵攻打它,该如何是好呢?”

孟子说:“从前汤居住在亳地,同葛国是邻国,葛伯放肆不守礼法,而且不祭祀鬼神。汤派人去问:‘为什么不祭祀?’葛伯答道:‘没有祭祀用的牛羊。’汤派人送给他牛羊,葛伯把牛羊吃了,还是不去祭祀。汤又派人问他说:‘为什么不去祭祀?’答道:‘没有祭祀用的谷物。’汤派亳地的民众去为他耕田,年老体弱的人给他们送饭。葛伯率领他的百姓,抢夺那些送饭的人的酒与稻米,不给的就杀了他们。有个小孩子带着米饭与肉,葛伯竟然杀害了他并抢走了饭和肉。《书》上说:‘葛伯仇恨送饭者。’说的就是这件事情。成汤因为葛伯杀害送饭的孩童而讨伐他,普天下的人都说:‘(汤伐葛)不是贪图天下财物,而是为老百姓复仇。’成汤的征讨从葛国开始,征战十一次而无敌于天下。向东去征讨,西方的百姓就埋怨;向南去征讨,北方的狄人就埋怨,都说:‘为什么把我落在后面?’百姓们对他的盼望犹如大旱时盼望下雨一样。(汤所到之处,)赶集的不停止买卖,种田的不改变耕作,诛杀了残暴的君主,抚慰那里的百姓,如同及时降下的甘霖一样,百姓们非常高兴。《书》上说:‘等待我们的圣王,他来了我们便不用受罪了!’(又说:)‘攸国助纣为虐不肯服从,(周王)向东征讨它,安定那里的百姓,(人们)用竹筐装着黑色、黄色的丝帛迎接周王,愿意侍奉周王而享受他的恩泽,称臣归附于大周。’那里的官员用黑色、黄色的丝帛装满竹筐迎接周王,那里的百姓用筐装着饭与酒来迎接周王的战士。周王把那里的民众从水深火热之中拯救了出来,除掉了残暴的君主。《太誓》上说:‘把我军的威武发扬起来,攻入他们的国土,除掉残暴的君主,杀伐的功绩传扬四方,比成汤的功业还要辉煌。’不施行王政便罢了,倘若一旦施行王政，四海之内的百姓都翘首企盼，想让他做君主。齐国、楚国虽然强大，有什么可怕的呢？”

6.6 孟子谓戴不胜曰[1]："子欲子之王之善与？我明告子。有楚大夫于此，欲其子之齐语也[2]，则使齐人傅诸[3]？使楚人傅诸？”

曰："使齐人傅之。”

曰："一齐人傅之，众楚人咻之[4]，虽日挞而求其齐也[5]，不可得矣。引而置之庄、岳之间数年[6]，虽日挞而求其楚，亦不可得矣。子谓薛居州[7]，善士也，使之居于王所。在于王所者，长幼卑尊，皆薛居州也，王谁与为不善？在王所者，长幼卑尊皆非薛居州也，王谁与为善？一薛居州，独如宋王何[8]？”

【注释】

〔1〕戴不胜：宋国的大臣。

〔2〕之齐语：学说齐国话。

〔3〕傅：教。

〔4〕咻(xiū)：喧哗干扰。

〔5〕挞：打。

〔6〕庄、岳：齐国街、里名。

〔7〕薛居州：宋国的大臣。

〔8〕独：将。朱熹《集注》："言小人众而君子独，无以成正君之功。”

【解读】孟子对戴不胜说："你希望你的君王为善吗？我明确地告诉你。这里有一位楚国的大夫，想要他的儿子学习齐国的语言，那么他应该选择齐国人教他呢，还是楚国人教他呢？”

戴不胜答道："找齐国人来教他。”

孟子说："一个齐国人教他，却有众多的楚国人在打扰，纵使每天鞭打他逼他说齐国的语言，也是做不到的。假如带他到临淄的闹市里住上几年，即使每天责打他要他说楚国的语言，也是做不到的。你说薛居州是个好人，让他住在王宫中。如果住在王宫里的人，不论年纪大小、地位高低，都像薛居州那样，那么君王能和谁一起做坏事呢？如果住在王宫里的人，不论年纪大小、地位高低，都不像薛居州那样，那么君王能和谁一起做好事呢？一个薛居州能把宋王怎么样呢？"

6.7 公孙丑问曰："不见诸侯何义？"

孟子曰："古者不为臣不见。段干木逾垣而辟之[1]，泄柳闭门而不内[2]，是皆已甚[3]。迫，斯可以见矣。阳货欲见孔子而恶无礼。大夫有赐于士，不得受于其家，则往拜其门。阳货瞰孔子之亡也[4]，而馈孔子蒸豚。孔子亦瞰其亡也，而往拜之。当是时，阳货先，岂得不见[5]？曾子曰：'胁肩谄笑[6]，病于夏畦[7]。'子路曰：'未同而言，观其色赧赧然[8]，非由之所知也[9]。'由是观之，则君子之所养可知已矣。"

【注释】

〔1〕段干木：古代隐逸之士。辟：同"避"，躲避。

〔2〕泄柳：古代隐逸之士。内：一作"纳"，义同。

〔3〕已甚：过分。

〔4〕瞰：窥探。

〔5〕朱熹《集注》："阳货于鲁为大夫，孔子为士。故以此物及其不在而馈之，欲其来拜而见之也。"

〔6〕胁肩：耸肩。谄笑：媚悦之颜。"胁肩谄笑"都是小人献媚之态。

〔7〕病：辛苦。夏畦：酷夏时节耕田种地。

〔8〕赧赧(nǎn)：因羞愧而脸红。

〔9〕由：子路之名。朱熹《集注》："言非己所知，甚恶之之辞也。"

【解读】公孙丑问道："不去拜见诸侯，这是什么道理呢？"

孟子答道："古时候，如果不是臣属，便不去拜见诸侯。段干木却越墙躲避(魏文侯的来访)，泄柳关门拒绝(鲁穆公)，这么做都太过分了。如果求见很迫切，就可以去见了。阳货想见孔子，又厌恶别人说他无礼。(按照礼的规定，)大夫对士有所赏赐，(士因故)不能在家接受礼物,(事后)就应该亲自去大夫家里答谢。阳货趁孔子不在家的时候,送给孔子一只蒸乳猪,孔子也趁阳货不在家的时候前去拜谢。那时,如果阳货先去拜访,孔子怎么会不见呢?曾子说:'耸肩做出讨好的笑脸,这比夏天在菜地里劳作还要累。'子路说:'与人道不同,却勉强与之交谈,他脸上显出惭愧之色,我不理解这一套做法。'由此可见,君子应该如何修养品德了。"

6.8 戴盈之曰[1]:"什一,去关市之征[2],今兹未能[3]。请轻之,以待来年然后已[4],何如?"

孟子曰:"今有人日攘其邻之鸡者[5],或告之曰:'是非君子之道。'曰:'请损之[6],月攘一鸡,以待来年,然后已。'如知其非义,斯速已矣,何待来年?"

【注释】

〔1〕戴盈之:宋国大夫。

〔2〕去:免除。

〔3〕今兹:今年。

〔4〕已:止、停止。

〔5〕攘:偷窃。

〔6〕损:减少。

【解读】戴盈之说:"税率十分抽一,免除关卡、市场的征税,今年还办不到,先减轻一部分,等到来年再施行,怎么样?"

孟子说:"如今有个人每天偷他邻居家的鸡,有人告诉他说:'这不是君子该做的行为。'那人说:'我先少偷些,每月偷一只,等到明年再完全改正。'如果知道这样做不符合正道,就要赶快改正,为什么还要等到明年呢?"

6.9 公都子曰[1]:"外人皆称夫子好辩,敢问何也?"

孟子曰:"予岂好辩哉!予不得已也。天下之生久矣,一治一乱。

当尧之时，水逆行，泛滥于中国。蛇龙居之，民无所定。下者为巢，上者为营窟[2]。《书》曰[3]：'洚水警余[4]。'洚水者，洪水也。使禹治之，禹掘地而注之海，驱蛇龙而放之菹[5]。水由地中行，江、淮、河、汉是也。险阻既远，鸟兽之害人者消，然后人得平土而居之。

"尧、舜既没，圣人之道衰，暴君代作[6]，坏宫室以为污池[7]，民无所安息。弃田以为园囿，使民不得衣食。邪说暴行又作，园囿、污池、沛泽多而禽兽至[8]。及纣之身，天下又大乱。周公相武王[9]，诛纣伐奄[10]，三年讨其君，驱飞廉于海隅而戮之[11]。灭国者五十，驱虎、豹、犀、象而远之。天下大悦。《书》曰[12]：'丕显哉[13]，文王谟[14]！丕承哉[15]，武王烈[16]！佑启我后人[17]，咸以正无缺[18]。'世衰道微，邪说暴行有作，臣弑其君者有之，子弑其父者有之。孔子惧，作《春秋》。《春秋》，天子之事也[19]。是故孔子曰：'知我者，其惟《春秋》乎！罪我者，其惟《春秋》乎！'

"圣王不作，诸侯放恣[20]，处士横议[21]，杨朱[22]、墨翟之言盈天下。天下之言，不归杨，则归墨。杨氏为我，是无君也；墨氏兼爱，是无父也。无父无君，是禽兽也[23]。公明仪曰：'庖有肥肉，厩有肥马，民有饥色，野有饿莩，此率兽而食人也。'杨、墨之道不息，孔子之道不著，是邪说诬民，充塞仁义也。仁义充塞，则率兽食人，人将相食。吾为此惧，闲先圣之道[24]，距杨、墨[25]，放淫辞[26]，邪说者不得作。作于其心，害于其事；作于其事，害于其政。圣人复起，不易吾言矣。

"昔者禹抑洪水而天下平，周公兼夷狄、驱猛兽而百姓宁，孔子成《春秋》而乱臣贼子惧。《诗》云[27]：'戎狄是膺[28]，荆舒是惩。则莫我敢承[29]。'无父无君，是周公所膺也。我亦欲正人心，息邪说，距诐行[30]，放淫辞，以承三圣者[31]。岂好辩哉？予不得已也。能言距杨、墨者，圣人之徒也。"

【注释】

〔1〕公都子：孟子弟子。

〔2〕营窟：在悬崖上开凿洞窟。

〔3〕《书》曰：《尚书》逸篇，伪古文《尚书》将其采入《大禹谟》。

〔4〕洚水：洪水。洚：河流冲出河道。《说文》云："洚，水不遵道。"警：告诫、谴告。

〔5〕菹(zū)：水草丰茂的沼泽地。

〔6〕代作：代有兴起。

〔7〕污池：深池。

〔8〕沛泽：草木丛生的沼泽。

〔9〕相：辅佐。

〔10〕奄：殷商的附属国，故地在今山东省曲阜市。

〔11〕飞廉：也作"蜚廉"，商纣王的佞臣。海隅：海滨。

〔12〕《书》曰：《尚书》逸篇，伪古文《尚书》将其采入《君牙》。

〔13〕丕：大。显：明。

〔14〕谟：谋略。

〔15〕承：继承。

〔16〕烈：功绩。

〔17〕佑：保佑。启：开创。

〔18〕咸：都。正无缺：正确无差错。

〔19〕天子之事：《春秋》倡导尊王攘夷，故谓该书所记为"天子之事"。

〔20〕恣：纵、放纵无礼。

〔21〕处士：未出仕的士人。横议：自由散漫地议论。焦循《正义》云："按纵则顺，横则逆，故政之不顺者为横政，行之不顺者为横行，议之不顺者为横议。"

〔22〕杨朱：战国初期思想家，主张贵生、重己。

〔23〕朱熹《集注》："杨朱但知爱身，而不复知有致身之义，故无君。墨子爱无差等，而视其至亲无异众人，故无父。无父无君，则人道灭绝，是亦禽兽而已。"

〔24〕闲：木栅栏，引申为捍卫。历来对"闲"之训释多有疑义，赵岐训为"习也"。焦循赞同赵岐观点，并进一步指出："孟子与杨墨辩，必原本于习先圣之道；习先圣之道，即讲习《六经》，不空凭心悟也。赵氏训闲为习，其义精

矣。”“习”之本意是鸟屡次拍着翅膀飞，可引申为张扬、宣讲。朱熹《集注》则认为：“闲，卫也。”朱熹之说为是。

〔25〕距：通“拒”，排斥。

〔26〕放：驳斥。

〔27〕《诗》云：此处诗句引自《诗经·鲁颂·閟宫》。

〔28〕膺：征伐。

〔29〕承：抵御。

〔30〕诐(bì)行：邪僻的言行。

〔31〕三圣：大禹、周公、孔子。

【解读】公都子说：“别人都说您喜好辩论，请问这是为什么呢？”

孟子说：“我哪里是好辩啊，我是不得已而为之。人类诞生很久了，时而太平，时而混乱。在尧的时候，洪水泛滥，大地成了蛇与龙的居所，人们无处安身。住在低处的人在树上筑巢，高处的人挖洞穴而居。《书》上说：‘洚水警示我们。’洚水，就是洪水。尧派禹去治理洪水。大禹开挖河道，引水入海，把蛇龙驱赶到沼泽地。水沿着地上的沟道流动，形成了长江、淮河、黄河、汉水。水患消除后，鸟兽不再危害人们，人们才得以在陆地上安居。

“尧、舜去世后，圣人之道逐渐衰微。暴君接连出现，他们毁坏民宅来做深池，使百姓们无处安身；破坏农田来做园林，使百姓们得不到衣服和食物。荒谬的学说、残暴的行为又兴盛起来，园林、沼泽也多了起来，各种飞禽走兽纷纷而至。等到商纣王的时候，天下又大乱起来。周公帮助武王诛杀纣王，讨伐奄国；用了三年时间来讨伐暴君，把飞廉驱赶到大海的一角并且处死他；灭掉的国家有五十个，把虎、豹、犀、象驱赶到远方，天下的民众都兴高采烈。《书》上说：‘多么辉煌伟大啊，文王的谋略！后继有人啊，武王的功烈！为后代开创了伟大的事业，使我们走上正道而没有丝毫的偏差。’

“世道衰微，荒谬的学说和残暴的行为就会产生，有臣子杀害他们的君主的，也有儿子杀害他们的父亲的。孔子对此感到忧惧，于是编写了《春秋》。《春秋》记载的是君主的事情,因此孔子说:'了解我的就因《春秋》这部书吧!责备我的也因《春秋》这部书吧。'

"圣王不再出现,诸侯不守礼义,士人横加议论,杨朱、墨翟的言论遍及天下。天下的言论不归属于杨朱一派,便归属于墨家一派。杨朱主张为我,这便是目无君上;墨家主张兼爱,这便是心无父兄。目无君上,心无父兄,那就成为禽兽了。公明仪说:'厨房里有肥肉,马厩里有良马,老百姓脸上却有饥色,野外躺着饿死的尸体,这就是率领着禽兽来吃人。'杨墨的学说不止息,孔子的学说不发扬,这会使荒谬的学说欺骗百姓,阻塞仁义之路。仁义的道路被阻塞,也就等于率领禽兽来吃人,人们也将互相残杀。我对此深感忧虑,于是便捍卫圣人的道理,抵制杨墨的学说,驳斥错误的言论,使发表荒谬议论的人不得放肆。那些荒谬的学说从心里产生出来,便会危害他们的事业;危害了事业,就会危害政治。即使圣人再度出现,也不会反对我的言论。

"大禹制伏了洪水,天下得以太平;周公兼并了夷狄、驱走了猛兽,百姓得以安宁;孔子编写了《春秋》,叛乱之臣、不孝之子有所畏惧。《诗》里说:'痛击戎狄,严惩荆舒,就没有人敢抗拒我了。'目无父兄、君主,这是周公所要痛击的。我也想端正人心,熄灭邪说,抵制偏激的行为,驳斥荒谬的言论,以此来继承三位圣人的事业。这难道是喜欢辩论吗?我是不得已而为之。能够抵制杨、墨学说的人,就是圣人的门徒。"

6.10 匡章曰[1]:"陈仲子岂不诚廉士哉[2]?居於陵[3],三日不食,耳无闻,目无见也。井上有李,螬食实者过半矣[4]。匍匐往将食之[5],三咽然后耳有闻,目有见。"

孟子曰:"于齐国之士,吾必以仲子为巨擘焉[6]。虽然,仲子恶能廉?充仲子之操[7],则蚓而后可者也。夫蚓,上食槁壤[8],下饮黄

泉。仲子所居之室，伯夷之所筑与？抑亦盗跖之所筑与[9]？所食之粟，伯夷之所树与？抑亦盗跖之所树与？是未可知也。”

曰：“是何伤哉？彼身织屦，妻辟纑[10]，以易之也。”

曰：“仲子，齐之世家也。兄戴，盖禄万钟[11]。以兄之禄为不义之禄而不食也，以兄之室为不义之室而不居也，辟兄离母[12]，处于於陵。他日归，则有馈其兄生鹅者，己频顣曰[13]：‘恶用是鶃鶃者为哉[14]？’他日，其母杀是鹅也，与之食之。其兄自外至，曰：‘是鶃鶃之肉也。’出而哇之[15]。以母则不食，以妻则食之；以兄之室则弗居，以於陵则居之。是尚为能充其类也乎？若仲子者，蚓而后充其操者也。”

【注释】

〔1〕匡章：齐国人，在齐威王和宣王时代担任过将军。

〔2〕陈仲子：也称“田仲”，齐国人。刘向《说苑·说丛》释“廉士”：“义士不欺心，廉士不妄取。”

〔3〕於(wū)陵：地名，在今山东省邹平市境内。

〔4〕螬：金龟子的幼虫。

〔5〕将：取。

〔6〕巨擘(bò)：大拇指，引申为杰出人士。

〔7〕充：完全做到。

〔8〕槁壤：干土。

〔9〕盗跖：春秋时期有名的大盗。

〔10〕辟：绩麻。纑(lú)：练麻，漂洗麻线。

〔11〕盖：陈仲子的采邑，故地在今山东省沂水县一带。

〔12〕辟：通“避”，躲避。

〔13〕频顣：同“颦蹙”，愁眉不展。

〔14〕鶃鶃(yì)：鹅的叫声。

〔15〕哇：呕吐。

【解读】匡章说：“陈仲子难道不是真正的廉洁之士吗？他居住在於陵，三天没有吃东西，耳朵听不见了，眼睛也看不见了。井边有颗李子,被金龟子吃去了大半个,他爬过去,拿起来吃了三口,耳朵才能听得见声音,眼睛才能看得见东西。"

孟子说:"在齐国士人中间,我一定把仲子看做是最突出的。即使如此,仲子怎么能做到廉洁呢?要完全达到仲子的节操,恐怕只有把人变成蚯蚓才能做到。蚯蚓吞食地面上的黄土,饮用地下的泉水。仲子居住的房屋,是伯夷建造的,还是盗跖造的呢?他吃的粮食,是伯夷种植的,还是盗跖种植的呢?这就无法得知了。"

匡章说:"这有什么关系呢?他亲自编草鞋,他的妻子纺麻线,用这些换取所需的房子和食物。"

孟子说:"仲子是齐国的世家大族,他的兄长陈戴从盖邑获取的俸禄多达万钟。仲子认为兄长的俸禄是不义之财而不肯用,认为兄长的房子不合道义而拒绝居住。他避开了兄长,离开了母亲,自己躲到了於陵居住。有一天回家,有人送他哥哥一只活鹅,他皱着眉头说:'要这种嘎嘎叫的东西做什么?'过了几天,他母亲杀了这只鹅,给他吃。他兄长从外面回来后,对他说:'这就是那嘎嘎叫的东西的肉。'他便跑了出去,把吃进肚子里的鹅肉又吐了出来。母亲做的食物不吃,妻子做的食物才吃;兄长的房屋不住,於陵就可以住。这是能够推广的廉洁的典型吗?像仲子这样的节操,只有变成蚯蚓才能完全做到。"

孟子通释卷七

离娄章句上（凡二十八章）

【概说】“反求诸己”是儒家在处理人际关系上一以贯之的伦理原则。孔子说：“君子求诸己，小人求诸人。”孔子弟子曾参接着又说：“吾日三省吾身。”严于律己，凡事严格要求自己，体谅他人，宽容他人。孔子谨言慎行，终其一生确实做到了“求诸己”。正因为如此，孔子“不怨天，不尤人”。在孔子、曾子思想基础上，孟子对“反求诸己”有所发明。“爱人不亲，反其仁；治人不治，反其智；礼人不答，反其敬。行有不得者皆反求诸己，其身正而天下归之。”又说：你与人交往，如果得不到预期的结果，就应该扪心自问，反思自己有没有失礼之处。如果你敬爱别人，别人也会敬爱你。“爱人者人恒爱之，敬人者人恒敬之。”值得一提的是，楚简《成之闻之》也有类似“求诸己”、“求之于己”、“反诸己”的记载：“是故欲人之爱己也，则必先爱人；欲人之敬己也，则必先敬人。”意思跟上引孟子的话十分接近。若要人“敬己”，不但要“先敬人”，而且还要先“自重”。“敬人”和“自重”实际上是统一的，尊重别人，也就是尊重自己。如果能做到凡事“反求诸己”，既尊重别人，也尊重自己，就一定会得到他人的尊重。

“民心论”也是这一篇的主题之一。“失其民者，失其心也。得天下有道：得其民，斯得天下矣。得其民有道：得其心，斯得民矣。”民心论所反映的两大主题，第一是“民”，第二个是“心”。孟子认为通过武力使人降服，人民不是甘心归服；用美德使人归服的，才是真诚信服。这里的“心”就是人心背向。“以德服人者，中心悦而诚服也。”你要以力服人，就必须拥有强大的军队，有强大的军队，加上地广人众，才可能是强国，区区小国是不可能成为霸国的，因为缺乏必需的人力物力来支撑一支用以称霸的军队。但要行仁义就不需要这些条件了，以仁政施行天下，使天下百姓归心，哪怕只有七十里地的小国，一旦天下归心，整个天下都已经为你所拥有了。因此，天下的得失就在于民心的得失。

7.1 孟子曰：“离娄之明〔1〕，公输子之巧〔2〕，不以规矩〔3〕，不能成方员；师旷之聪〔4〕，不以六律〔5〕，不能正五音〔6〕；尧、舜之道，不以仁政，不能平治天下。今有仁心仁闻而民不被其泽〔7〕，不可法于后世者，不行先王之道也。故曰，徒善不足以为政〔8〕，徒法不能以自行。《诗》云〔9〕：‘不愆不忘〔10〕，率由旧章〔11〕。’遵先王之法而过者，未之有也。圣人既竭目力焉，继之以规矩准绳，以为方员平直，不可胜用也；既竭耳力焉，继之以六律，正五音，不可胜用也；既竭心思焉，继之以不忍人之政，而仁覆天下矣〔12〕。故曰，为高必因丘陵〔13〕，为下必因川泽。为政不因先王之道，可谓智乎？是以惟仁者宜在高位。不仁而在高位，是播其恶于众也。上无道揆也〔14〕，下无法守也，朝不信道〔15〕，工不信度，君子犯义，小人犯刑，国之所存者幸也〔16〕。故曰：城郭不完〔17〕，兵甲不多，非国之灾也；田野不辟〔18〕，货财不聚，非国之害也。上无礼，下无学，贼民兴，丧无日矣。《诗》曰〔19〕：‘天之方蹶〔20〕，无然泄泄〔21〕。’泄泄，犹沓沓也〔22〕。事君无义，进退无礼，言则非先王之道者〔23〕，犹沓沓也。故曰：责难于君谓之恭，陈善闭邪谓之敬〔24〕。吾君不能谓之贼。”

【注释】

〔1〕离娄：亦称“离朱”，传说是黄帝时代的人，能在百米之外察见秋毫之末。

〔2〕公输子：名班，鲁国人，故亦称为鲁班，春秋时代著名巧匠。

〔3〕规:圆规,画圆的工具。矩:曲尺,画方的工具。

〔4〕师旷:春秋时期晋国的著名乐师。

〔5〕六律:古代定音律管。一套律管共有十二个,单数六管"黄钟、太簇、姑洗、蕤宾、夷则、无射"为"阳律",简称"律";双数六管"大吕、夹钟、仲吕、林钟、南吕、应钟"为"阴吕",简称"吕"。

〔6〕五音:古代以宫、商、角、徵、羽为五个音阶,称五音或五声。

〔7〕闻:声闻、声誉。

〔8〕徒:仅有。善:仁义之心。

〔9〕《诗》云:此处诗句引自《诗·大雅·假乐》。

〔10〕愆(qiān):过失、偏离正道。

〔11〕率:因循。

〔12〕覆:遍布。

〔13〕因:凭借。

〔14〕道揆(kuí):以道义为标准度量。

〔15〕朝:朝廷。

〔16〕幸:侥幸。

〔17〕完:坚固。

〔18〕辟:开辟。

〔19〕《诗》曰:此处诗句引自《诗·大雅·板》。

〔20〕蹶:动、颠覆。

〔21〕泄泄(yì):喋喋多言。《说文解字》"泄泄"又作"呭呭"或"詍詍"。

〔22〕沓沓:同"泄泄",多言。

〔23〕非:诋毁。

〔24〕闭:通"辟",排斥、抵制。

【解读】孟子说:"即使有离娄那样出色的眼力、公输子那样熟练的技巧,不使用圆规和矩尺也不能画出标准的圆形和方形;即便有师旷一样出色的耳力,不遵循六律也不能校正音调;即便有尧舜一般的治国之道,不行仁政也不能平定和治理好天下。现在的王侯,虽有仁慈的心肠和良好的声誉,但人民感受不到他的仁爱,后世也不以他们为榜样,这是因为他们不施行先王的仁政之道。所以说,只有善心不足以治理国政,只有法度也不能自己施行。《诗》里说:'不要偏离,也不要忘记,任何事情都要遵循传统的章法。'遵循先王的章法而犯错的,从来没有过。圣人既然竭尽了目力,又使用了圆规、矩尺和准绳,如此画方、圆、平、直就游刃有余了;既然圣人已经竭尽了耳力,又使用了六律,如此校正五音就游刃有余了;既然圣人已经竭尽了心力,又施行了仁政,那么仁义便可以遍布天下了。所以说,建造高楼一定要借助山势,挖掘深池一定要凭借川泽;为政却不依凭先王之道,能说是明智吗?所以,只有仁者才合适位于崇高的地位。不仁之人处在高位,就会向社会大众散播他的恶言恶行。身居高位者缺乏道德规范,臣下就会没有规则可以遵循;这样,朝廷就会没有信义,工匠也不遵循尺度,官员违背义理,百姓触犯刑法,国家如果还没有灭亡,那真是侥幸!所以说,城墙不坚固,军备不充足,不算是国家的灾难;田地没开垦,钱财无积蓄,也不算是国家的祸害。如果统治者忘记了礼义,臣民没有受到教育,违法乱纪的人兴起,国家也就快灭亡了。《诗》里说:'上天正要颠覆王朝,群臣不要如此多言。'多言就是啰唆的意思。不以义理对待君主,进退都没有礼数,开口就诋毁先王之道的人,就是啰唆的人。所以说,(当君主违背先王之道时,)劝谏并责难他叫做'恭',颂扬君王的善心而抑制他的邪恶叫做'敬',认为君王不能行善叫做'贼'。"

7.2 孟子曰:"规矩,方员之至也[1]。圣人,人伦之至也。欲为君尽君道,欲为臣尽臣道,二者皆法尧、舜而已矣。不以舜之所以事尧事君,不敬其君者也。不以尧之所以治民治民,贼其民者也。孔子曰:'道二,仁与不仁而已矣。'暴其民甚,则身弑国亡;不甚,则身危国削。名之曰'幽、厉[2]',虽孝子慈孙,百世不能改也。《诗》云[3]:'殷

鉴不远[4],在夏后之世。'此之谓也。"

【注释】

〔1〕员:同"圆"。至:极。

〔2〕幽、厉:周代两位暴君的谥号。周幽王信用佞臣,后被犬戎所杀。周厉王暴虐昏乱,被逐。

〔3〕《诗》云:此处诗句引自《诗经·大雅·荡》。

〔4〕鉴:铜镜,引申为教训。

【解读】孟子说:"圆规和矩尺是圆形和方形的最高标准,圣人是做人的最高典范。想要当君王,就必须按照君王的标准行事;想要做臣子,就要按照臣下的标准做事。君王和臣下的标准各是什么样的,只要看看尧和舜的行为就知道了。不按照舜对待尧的方式对待自己君主的臣子,就是不尊敬自己君主的臣子;不按照尧治理民众的方式治理臣民的君主,就是祸害臣民的君主。孔子说过:'治理国家的方式只有两种,行仁政和不行仁政而已。'年复一年祸害平民的君王,终有一天自身会被人杀害,国家也会灭亡;即使不太严重,自身也会陷于危险之中,国力也将削弱。如果君主落得个'幽'、'厉'的谥号,即使后代仁孝慈爱,一百代也无法更改了。《诗》里说:'殷商灭亡的前车之鉴不远,就在前一代的夏朝。'讲的就是这个道理。"

7.3 孟子曰:"三代之得天下也以仁[1],其失天下也以不仁。国之所以废兴存亡者亦然。天子不仁,不保四海;诸侯不仁,不保社稷[2];卿大夫不仁,不保宗庙;士庶人不仁,不保四体[3]。今恶死亡而乐不仁,是犹恶醉而强酒。"

【注释】

〔1〕三代:夏、商、周。

〔2〕社稷:土地神和谷神。

〔3〕四体:四肢。

【解读】孟子说："夏、商、周三代，由于施行仁政而得到天下，由于不仁而失去了天下。一个国家的兴亡也是因为仁与不仁。天子不仁，便保不住他的疆土；诸侯不仁，便保不住他的国家；卿大夫不仁，便保不住他的宗庙；士人和百姓不仁，就保全不了自身。现在的人们害怕死亡，却又乐于做不仁之事，就好像怕醉酒却硬要喝酒一样。"

7.4 孟子曰："爱人不亲反其仁[1]。治人不治反其智，礼人不答反其敬。行有不得者，皆反求诸己，其身正而天下归之。《诗》云[2]：'永言配命[3]，自求多福。'"

【注释】

〔1〕反：反省。

〔2〕《诗》云：此处诗句引自《诗经·大雅·文王》。

〔3〕配：遵循。

【解读】孟子说："爱别人，别人却不亲近，就要反省一下自己仁爱的程度；管理一方百姓，却没有管好，就要反省一下自己的执政智慧；对别人有礼貌，但却没有得到有礼貌的回应，那就反省一下自己恭敬的程度。任何行为如果没有得到预想的效果，就应该反省自己。自身行为端正了，天下的人自然就会归附。《诗》里说：'永远遵循天命，自己努力才会多福。'"

7.5 孟子曰："人有恒言[1]，皆曰'天下国家'。天下之本在国，国之本在家，家之本在身。"

【注释】

〔1〕恒：常。

【解读】孟子说："人们有句老话，都说：'天下国家。'天下的根本在国，国的根本在家，而家的根本在每个人自身。"

7.6 孟子曰:“为政不难,不得罪于巨室[1]。巨室之所慕,一国慕之;一国之所慕,天下慕之,故沛然德教溢乎四海[2]。”

【注释】

〔1〕巨室:世家大族。赵岐《注》曰:“大家也,谓贤卿大夫之家。”朱熹《集注》解为:“世臣大家也。”

〔2〕沛然:盛大流行之貌。

【解读】孟子说:“管理国家并不难,只要不得罪那些世家大族就行了。世家大族所尊敬仰慕的,一国的人都会敬慕;一国的人所敬慕的,天下的人都会敬慕。因此,德性的教化作用就会浩浩荡荡地充溢天下。”

7.7 孟子曰:“天下有道,小德役大德[1],小贤役大贤。天下无道,小役大,弱役强。斯二者天也,顺天者存,逆天者亡。齐景公曰:‘既不能令,又不受命,是绝物也[2]。’涕出而女于吴[3]。今也小国师大国而耻受命焉,是犹弟子而耻受命于先师也。如耻之,莫若师文王。师文王,大国五年,小国七年,必为政于天下矣。《诗》云[4]:‘商之孙子,其丽不亿[5]。上帝既命,侯于周服[6]。侯服于周,天命靡常。殷士肤敏[7],裸将于京[8]。’孔子曰:‘仁不可为众也[9]。夫国君好仁,天下无敌。’今也欲无敌于天下而不以仁,是犹执热而不以濯也。《诗》云[10]:‘谁能执热,逝不以濯[11]?’”

【注释】

〔1〕役:后省略了“于”,役于,听从。

〔2〕绝物:自绝于人。物:人。朱熹《集注》:“物,犹人也。”

〔3〕女(nǜ):嫁。

〔4〕《诗》云:此处诗句引自《诗经·大雅·文王》。

〔5〕丽:数。亿:古人以十万为亿。

〔6〕侯于周服:向周朝臣服。侯:语助词。

〔7〕殷士:殷商的臣子。肤敏:壮美而又聪慧。

〔8〕裸(guàn):亦作“灌”,古代祭祀的一种仪式,将酒洒在地上以引接

鬼神。将:助祭。京:镐京。

〔9〕仁不可为众:赵岐《注》曰:“行仁者,天下之众不能当也。”

〔10〕《诗》云:此处诗句引自《诗经·大雅·桑柔》。

〔11〕逝:语助词。濯:洗。

【解读】孟子说:“天下有道之时,道德修养低的人听命于道德高尚之人,小贤之人听命于大贤之人;天下无道之时,力量小的被力量大的所役使,弱者被强者所役使。这两种情况,都是天所决定的。顺应天道的就能生存,违抗天道的则会灭亡。齐景公说过:‘既不能命令别人,又不接受别人的命令,就是绝路一条了。’于是,就流着泪把女儿嫁到吴国。现在,小国处处师法大国,却耻于接受大国的命令,这就好像弟子耻于接受老师的教诲一样。如果真觉得羞耻,不如师法文王。如果师法文王,强大的国家需要五年,弱小的国家也只需要七年,就一定可以治理天下。《诗》说:‘商朝的后代,人数不下十万。上天既然授命于文王,他们就都变成周朝的臣民。成为周朝的臣民,可见天命是无常的。商朝的臣民虽然美丽聪明,如今也只得在京城协助祭祀。’孔子说:‘仁的力量与人数多少无关。只要国君行仁政,就能天下无敌。’如今的诸侯希望天下无敌却不行仁政,就好比拿了烫手的东西,却不肯用凉水冲洗一样。《诗》说:‘谁能烫了手,却不用凉水冲洗呢?’”

7.8 孟子曰:“不仁者可与言哉?安其危而利其菑〔1〕,乐其所以亡者〔2〕。不仁而可与言,则何亡国败家之有?有孺子歌曰:‘沧浪之水清兮〔3〕,可以濯我缨〔4〕。沧浪之水浊兮,可以濯我足。’孔子曰:‘小子听之!清斯濯缨,浊斯濯足矣。自取之也。’夫人必自侮,然后人侮之;家必自毁,而后人毁之;国必自伐,而后人伐之。《太甲》曰〔5〕:‘天作孽,犹可违。自作孽,不可活。’此之谓也。”

【注释】

〔1〕菑：灾。

〔2〕乐：沉迷。

〔3〕沧浪：清澈、碧清。卢文弨《钟山札记》卷四云："仓浪，青色。在竹曰苍筤，在水曰沧浪。"

〔4〕缨：帽子的丝带。

〔5〕《太甲》曰：所引数句已见于《公孙丑章句上》一章。

【解读】孟子说："难道可以与不仁的人交谈吗？他们面临危险时却自以为安全，灾难临头时却自以为得利，乐于做导致自身灭亡的事情。要是可以与不仁的人交谈，那么国家灭亡、家族破败的事情也就不会发生了。有首童谣唱到：'清澈的河水啊，可以用来洗我的帽缨；浑浊的河水啊，可以用来洗我的双脚。'孔子说：'学生们听着！清水洗丝带，浑水就洗脚。这都是由水自身决定的。'所以一个人必定是先有自取其辱的行为，别人才会侮辱他；一个家族必定是先有自取毁坏的事情，别人才会毁坏它；一个国家也必然先有招致讨伐的原因，别国才会讨伐它。《尚书·太甲》里说：'上天降灾还可逃避，自己作孽别想再活。'说的就是这个意思。"

7.9 孟子曰："桀纣之失天下也，失其民也。失其民者，失其心也。得天下有道：得其民，斯得天下矣[1]。得其民有道：得其心，斯得民矣。得其心有道：所欲与之聚之[2]，所恶勿施尔也[3]。民之归仁也，犹水之就下、兽之走圹也[4]。故为渊敺鱼者[5]，獭也；为丛敺爵者[6]，鹯也[7]；为汤、武敺民者，桀与纣也。今天下之君有好仁者，则诸侯皆为之敺矣。虽欲无王，不可得已。今之欲王者，犹七年之病求三年之艾也[8]。苟为不畜[9]，终身不得。苟不志于仁，终身忧辱，以陷于死亡。《诗》云[10]：'其何能淑[11]？载胥及溺[12]。'此之谓也。"

【注释】

〔1〕斯：这样。

〔2〕与:为、替。赵岐《注》曰:"聚其所欲而与之。"

〔3〕尔:同"耳",如此而已。朱熹《集注》:"民之所恶,则勿施于民。"

〔4〕圹:旷野。

〔5〕敺:同"驱",驱赶。

〔6〕爵:通"雀"。

〔7〕鸇(zhān):食雀的猛禽。

〔8〕三年之艾:晾干了三年的艾草。朱熹《集注》:"艾,草名,所以灸者,干久益善。夫病已深而欲求干久之艾,固难卒办,然自今畜之,则犹或可及。不然,则病日益深,死日益迫,而艾终不可得矣。"

〔9〕畜:积累。

〔10〕《诗》云:此处诗句引自《诗经·大雅·桑柔》。

〔11〕淑:善。

〔12〕载:则。胥:相。

【解读】孟子说:"桀、纣失去了天下,是因为失去了百姓的支持;之所以失去了百姓的支持,是因为失掉了民心。得到天下有办法,获得百姓的支持,就能得到天下;得到百姓的支持有办法,获得民心,就能得到百姓的支持;得到民心有办法,人民想得到的就给他们积聚起来,人民所厌恶的就不要强加给他们。百姓归向仁德的君主,就好像水向下流、野兽向荒野聚集一样自然。所以,把鱼都赶到深水里的是水獭,把鸟雀赶进森林的是鹞鹰,把百姓都赶到商汤、周武那里的,是夏桀和商纣。如果现在有一位仁德的君王,那么诸侯们都会把百姓赶到他那里去。就算他不想做君王,也不可能。如今想做君王的人,就好像得了七年的病需要求取三年的陈艾一样,如果平常不注意累积,一辈子都会得不到。如果无意于仁爱,就会终生忧患受辱,直到死亡。《诗》里说:'他们怎么会相处得好,只会相互拉扯着溺亡。'说的就是这个意思。"

7.10 孟子曰:"自暴者[1],不可与有言也[2]。自弃者,不可与有为

也[3]。言非礼义[4],谓之自暴也;吾身不能居仁由义[5],谓之自弃也。仁,人之安宅也。义,人之正路也。旷安宅而弗居[6],舍正路而不由,哀哉[7]!"

【注释】

〔1〕暴:害。

〔2〕有言:有善言。

〔3〕有为:亦作"有行",有善行。

〔4〕非:诋毁。

〔5〕由:遵循。

〔6〕旷:空置。

〔7〕朱熹《集注》:"此章言道本固有而人自绝之,是可哀也。此圣贤之深戒,学者所当猛省也。"

【解读】孟子说:"自暴之人,不能和他谈什么善言;自弃之人,也无法跟他一起有所作为。张口就诋毁礼义的人,就是自己损害自己;行为处事不符合仁义,就是自己抛弃自己。仁,是人最舒适的住宅;义,是人最正确的道路。闲着最舒适的住宅不住,舍弃最正确的道路不走,真可悲啊!"

7.11 孟子曰:"道在尔而求诸远[1],事在易而求诸难。人人亲其亲、长其长而天下平。"

【注释】

〔1〕尔:通"迩",近。此句当是对《中庸》"道不远人。人之为道而远人,不可以为道"的继承和发展。朱熹《集注》曰:"道者,率性而已,固众人之所能知能行者也,故常不远于人。若为道者,厌其卑近以为不足为,而反务为高远难行之事,则非所以为道也。"

【解读】孟子说:"道就在身边却到远处去寻求,事情本来容易却从难处着手。人人只要爱自己的父母,敬自己的长辈,那么天下也就太平了。"

7.12 孟子曰："居下位而不获于上[1]，民不可得而治也。获于上有道：不信于友[2]，弗获于上矣。信于友有道：事亲弗悦，弗信于友矣。悦亲有道：反身不诚，不悦于亲矣。诚身有道：不明乎善，不诚其身矣。是故诚者，天之道也；思诚者，人之道也[3]。至诚而不动者，未之有也。不诚，未有能动者也。"

【注释】

〔1〕不获于上：不能得到上级的信任。

〔2〕信：在先秦时期，"诚"和"信"是不同的概念，不可并提。《中庸》云："诚者，自成也"，"诚"就是自己成就自己，不涉及人与人之间的关系。"信"则与他人有关，如《论语·学而》："与朋友交，言而有信。"战国以后，"诚"和"信"的含义开始合一。在《说文解字》中，"信"与"诚"互相定义。"诚，信也，从言成声。"

〔3〕诚：真实无妄。朱熹《集注》："诚者，理之在我者皆实而无伪，天道之本然也。思诚者，欲此理之在我者皆实而无伪，人道之当然也。"

【解读】孟子说："在下位的官员得不到上级的信任，百姓就无法治理好。获得上级的信任是有办法的，无法获得朋友的信任，也就无法获得上级的信任；获得朋友的信任也有办法，无法把父母侍奉好，也无法获得朋友的信任；把父母侍奉好也有办法，自问一下侍奉得是否真诚，不真诚的话就不能把父母侍奉好；要真诚也有办法，不明白什么是善，也就不会真诚。所以，诚是上天运行的准则；反思诚本在我心，进而追求诚之境界，是人之所以为人的准则。以诚待人，别人还不感动，是从来没有的事；不真诚，没有人会被感动。"

7.13 孟子曰："伯夷辟纣[1]，居北海之滨，闻文王作[2]兴，曰：'盍归乎来[3]！吾闻西伯善养老者[4]。'太公辟纣[5]，居东海之滨，闻文王作兴，曰：'盍归乎来！吾闻西伯善养老者。'二老者，天下之大老也，而归之，是天下之父归之也。天下之父归之，其子焉往？诸侯

有行文王之政者，七年之内[6]，必为政于天下矣。"

【注释】

〔1〕辟：通"避"，躲避。

〔2〕作：兴、兴起。

〔3〕盍：何不。来：语助词。

〔4〕西伯：周文王。

〔5〕太公：姜姓，吕氏，名尚。

〔6〕七年之内：七年指小国而言，孟子认为大国只需五年。

【解读】孟子说："伯夷躲避纣王，隐居在北海之滨，听说文王兴盛起来，就说：'何不投奔他呢！我听说文王善于敬养老者。'姜太公躲避纣王，隐居在东海之滨，听说文王兴盛起来，就说：'何不投奔他呢！我听说文王善于敬养老者。'这两位老者，是天下最有声望的老人，他们归附了文王，等于天下做父亲的都归附了文王。天下做父亲的都归附了文王，他们的儿子们还能到哪里去呢？如今的诸侯要是有能施行文王之政的，不到七年，一定能够一统天下。"

7.14　孟子曰："求也为季氏宰[1]，无能改于其德，而赋粟倍他日[2]。孔子曰：'求非我徒也，小子鸣鼓而攻之可也[3]。'由此观之，君不行仁政而富之，皆弃于孔子者也，况于为之强战？争地以战，杀人盈野；争城以战，杀人盈城。此所谓率土地而食人肉，罪不容于死。故善战者服上刑[4]，连诸侯者次之[5]，辟草莱[6]、任土地者次之[7]。"

【注释】

〔1〕求：孔子弟子冉求。季氏：鲁国贵族之一，世代为卿，这里是指季康子。宰：家臣。

〔2〕赋粟：征收平民百姓的粟。

〔3〕小子：古时老师对学生的称呼。鸣鼓：大张旗鼓。攻：谴责。朱熹《集注》："鸣鼓而攻之，声其罪而责之也。"

〔4〕上刑：重刑。

〔5〕连:合纵连横。

〔6〕辟:开垦。

〔7〕任土地:分土授民。

【解读】 孟子说:"冉求做季康子的总管,不能改善季康子的行为,反而把赋税增加了一倍。孔子说:'冉求不是我的学生,你们都可以大张旗鼓地攻击他。'由此看来,帮助一个不施仁政的君主致富,是孔子所厌弃的行为,更何况帮助不行仁政的君主发动战争呢?通过战争来争夺领地,尸体漫山遍野;通过战争来争夺城池,尸体满城都是。这就是所谓率领土地来吃人,犯下的罪孽死都赎不尽。所以,爱好打仗的人应该受最重的刑罚,其次是合纵连横诸侯的人,再次是(为了增加赋税而)驱使人民开荒种地的人。"

7.15 孟子曰:"存乎人者〔1〕,莫良于眸子〔2〕。眸子不能掩其恶。胸中正,则眸子瞭焉〔3〕;胸中不正,则眸子眊焉〔4〕。听其言也,观其眸子,人焉廋哉〔5〕?"

【注释】

〔1〕存:察、观察。

〔2〕眸(móu)子:瞳仁,泛指眼睛。《韩诗外传》卷四云:"目者,心之符也。"

〔3〕瞭(liǎo):明亮。

〔4〕眊(mào):蒙昽不清。

〔5〕廋(sōu):躲藏、隐匿。

【解读】 孟子说:"观察一个人,最好的办法莫过于观察他的眼睛。(因为)眼神无法掩藏一个人的罪恶。心胸端正的人,眼睛就明亮;心胸不正的人,眼睛昏暗无光。听一个人说话的时候,同时观察他的眼睛,他的心迹还能往哪隐藏呢?"

7.16 孟子曰:"恭者不侮人,俭者不夺人。侮夺人之君,惟恐不

顺焉,恶得为恭俭?恭俭岂可以声音笑貌为哉?

【解读】孟子说:“一位真正恭敬的人不会侮辱他人,一位真正节俭的人不会掠夺他人。侮辱他人、掠夺他人的君主,唯恐他人不顺从自己,怎么可能做到恭敬和节俭呢?恭敬和节俭这些美德仅凭声音和笑脸就能做到吗?”

7.17 淳于髡曰[1]:“男女授受不亲[2],礼与?”

孟子曰:“礼也。”

曰:“嫂溺,则援之以手乎[3]?”

曰:“嫂溺不援,是豺狼也。男女授受不亲,礼也。嫂溺,援之以手者,权也[4]。”

曰:“今天下溺矣,夫子之不援,何也?”

曰:“天下溺,援之以道。嫂溺,援之以手。子欲手援天下乎[5]?”

【注释】

〔1〕淳于髡(kūn):齐国著名的辩士。

〔2〕授:给予。受:取。男女授受不亲,朱熹《集注》:“古礼:男女不亲授受,以远别也。”

〔3〕援:牵持、拉扯。

〔4〕权:权衡、变通。唐代冯用之《权论》云:“夫权者,适一时之变,非悠久之用。然则适变于一时,利在于悠久者也。圣人知道德有不可为之时、礼义有不可施之时、刑名有不可威之时,由是济之以权。”

〔5〕朱熹《集注》:“言天下溺,惟道可以救之,非若嫂溺可手援也。今子欲援天下,乃欲使我枉道求合,则先失其所以援之之具矣,是欲使我以手援天下乎?此章言直己守道,所以济时;枉道徇人,徒为失己。”

【解读】淳于髡说:“男女之间不亲手传递东西,是礼吗?”

孟子说:“是礼。”

淳于髡说:“那么,如果嫂子溺水了,可以伸手去救她吗?”

孟子说:“嫂子溺水却不去救,那简直是豺狼。男女之间不亲手传递东西，是礼；嫂子溺水，伸手去救，是（对礼的）变通。”

淳于髡说：“现在天下的人就像掉进深渊了，您却不伸手去救，为什么呢？”

孟子说：“天下的人都溺水了，要用道去救；嫂子溺水了，要用手去救。你难道想用手去救天下吗？”

7.18 公孙丑曰：“君子之不教子，何也？”

孟子曰：“势不行也。教者必以正[1]。以正不行，继之以怒。继之以怒，则反夷矣[2]。‘夫子教我以正，夫子未出于正也。’则是父子相夷也。父子相夷，则恶矣。古者易子而教之，父子之间不责善[3]。责善则离，离则不祥莫大焉。”

【注释】

〔1〕正：道义。

〔2〕夷：伤、伤害。朱熹《集注》曰：“夷，伤也。教子者，本为爱其子也，继之以怒，则反伤其子矣。”

〔3〕父子之间不责善：朱熹《集注》：“责善，朋友之道也。”

【解读】 公孙丑说：“君子不亲自教育自己的子女，这是为什么呢？”

孟子说：“因为情理上行不通。教育（子女）必定要用正道，用正道行不通，接着便会发怒了。发了怒，就会伤及父子之间的感情。‘您用正道教我，但您自己却不能始终遵循正道而行。’这样，父子之间就伤了感情。父子之间伤了感情，就不好了。古代的君子相互交换子女来教育，父子之间就不会因为向善而求全责备了。因为向善而互相背离，没有比这更不好的了。”

7.19 孟子曰：“事孰为大？事亲为大。守孰为大？守身为大。不失其身而能事其亲者，吾闻之矣。失其身而能事其亲者，吾未之闻也。孰不为事？事亲，事之本也；孰不为守？守身，守之本也。曾子

养曾皙[1],必有酒肉。将彻[2],必请所与。问:'有余?'必曰:'有。'曾皙死,曾元养曾子[3],必有酒肉。将彻,不请所与。问:'有余?'曰:'亡矣。'将以复进也。此所谓养口体者也。若曾子,则可谓养志也。事亲若曾子者,可也。"

【注释】

〔1〕曾皙(xī):曾参之父。

〔2〕彻:撤席。

〔3〕曾元:曾参之子。

【解读】孟子说:"侍奉谁最重要?侍奉父母最重要;守护什么最重要?守护自身的善性最重要。不丧失自身善性而能侍奉好父母的人,我听说过;丧失了自身的善性却还能侍奉好父母的人,我没有听说过。谁不去做侍奉的事情?侍奉父母是一切侍奉的根本。谁不去做守护的事情?守护自身的善性是守护一切的根本。曾子侍奉父亲曾皙,每餐必定有酒肉;要撤除餐饭的时候,必定会请示剩下的酒肉要给谁;若父亲问是否有剩余,必定说:'有。'曾皙去世后,曾元侍奉曾子,每餐也必定有酒肉;但撤除的时候不请示剩下的酒肉要给谁;父亲询问有没有剩余,他就说没有了,因为想着剩下的东西还可以再拿给父亲吃。这就叫做养口体之孝。像曾子那样,可以叫做养志之孝。像曾子那样侍奉父母,才算明白了孝的道理。"

7.20 孟子曰:"人不足与适也[1],政不足间也[2]。惟大人为能格君心之非[3]。君仁莫不仁,君义莫不义,君正莫不正。一正君而国定矣。"

【注释】

〔1〕适(zhé):通"谪",指责、责难。

〔2〕间(jiàn):非议。

〔3〕格:正、纠正。

【解读】孟子说:"一般人没资格谴责国君,一般的政事也不值得去非议。只有大德之人才能纠正君王内心的错误。君主仁爱，臣民就没有不仁爱的；君主信义，臣民也就没有不信义的；君主身心端正，臣民也就没有不端正的。纠正了君主，国家也就安定了。"

7.21 孟子曰："有不虞之誉[1]，有求全之毁。"

【注释】

〔1〕虞：度、料想。赵岐《注》曰："虞，度也。言人之行，有不度其将有名誉而得者，若尾生本与妇人期于梁下，不度水之卒至，遂至没溺，而获守信之誉。"

【解读】孟子说："有预料不到的赞誉，也有吹毛求疵的诋毁。"

7.22 孟子曰："人之易其言也[1]，无责耳矣。"

【注释】

〔1〕易：轻率。

【解读】孟子说："什么话都能说出口的人，是不值得责备的。"

7.23 孟子曰："人之患，在好为人师。"

【解读】孟子说："人的祸患就在于总爱充当别人的老师。"

7.24 乐正子从于子敖之齐[1]。乐正子见孟子。

孟子曰："子亦来见我乎？"

曰："先生何为出此言也？"

曰："子来几日矣？"

曰："昔者[2]。"

曰："'昔者'，则我出此言也，不亦宜乎？"

曰："舍馆未定[3]。"

曰："子闻之也，舍馆定，然后求见长者乎？"

曰："克有罪。"

【注释】

〔1〕乐正子:名克,孟子弟子。子敖:王驩,齐国贵臣,子敖是他的字。孟子不喜欢与子敖这种人交往。

〔2〕昔者:昨天。

〔3〕舍馆:旅舍。

【解读】

乐正子跟王子敖一起到了齐国。

乐正子来拜见孟子。孟子说:"你也会来看望我吗?"

乐正子说:"先生为什么这样问呢?"

孟子说:"你来几天了?"

乐正子回答:"昨天来的。"

孟子说:"昨天就来了,那我说这话,不是很自然的吗?"

乐正子说:"(因为)住处还没找好。"

孟子说:"你听说过住所找好了才来拜见长者的吗?"

乐正子说:"我错了。"

7.25 孟子谓乐正子曰:"子之从于子敖来,徒餔啜也[1]。我不意子学古之道,而以餔啜也!"

【注释】

〔1〕餔(bù):吃。啜(chuò):喝。

【解读】孟子对乐正子说:"你跟随王子敖到这里,不过是为了吃喝罢了。我没想到,你学习古人治国之道,居然只是为了吃喝。"

7.26 孟子曰:"不孝有三,无后为大[1]。舜不告而娶,为无后也,君子以为犹告也。"

【注释】

〔1〕不孝有三,无后为大:对父母不孝的事有三种:其一,阿意曲从,陷亲不义;其二,家贫亲老,不为禄仕;其三,不娶无子,绝先祖祀。

【解读】孟子说："不孝的事情有三种，其中没有子嗣是最严重的。舜不禀告父母就娶了妻子，就是因为害怕没有子嗣，(这种孝心)在君子看来就相当于已经禀告父母了。"

7.27 孟子曰："仁之实，事亲是也。义之实，从兄是也。智之实，知斯二者弗去是也[1]。礼之实，节文斯二者是也[2]。乐之实，乐斯二者，乐则生矣。生则恶可已也[3]，恶可已，则不知足之蹈之、手之舞之。"

【注释】

〔1〕斯二者：指事亲、从兄之事。

〔2〕节：调节。文：修饰。

〔3〕已：停止。

【解读】孟子说："仁的实质是侍奉双亲；义的实质是顺从兄长；智的实质是懂得仁、义的含义并且不放弃；礼的实质是对仁、义加以调节和修饰；乐的实质是从仁、义中获取快乐，快乐由此产生。快乐一旦产生就无法遏止，无法遏止，人们就不知不觉地手舞足蹈起来。"

7.28 孟子曰："天下大悦而将归己。视天下悦而归己，犹草芥也，惟舜为然。不得乎亲，不可以为人。不顺乎亲，不可以为子。舜尽事亲之道，而瞽瞍厎豫[1]。瞽瞍厎豫而天下化。瞽瞍厎豫而天下之为父子者定。此之谓大孝。"

【注释】

〔1〕瞽瞍：舜的父亲。厎(zhǐ)：致，闽本监本毛本作"底"。豫：快乐。

【解读】

孟子说："天下人都很开心地将要归附自己，而又视天下的归附如草芥一般，只有舜能做到。不能使父母快乐，也就没有尽到做子女的责任；不能顺从父母的心意，也就没有资格做子女。舜尽心尽力地侍奉双亲，让父亲瞽瞍非常开心。瞽瞍开心了，天下的人也因此受到感化；瞽瞍高兴了，天下父子的伦理也就确定了。这就是大孝。"

孟子通释卷八

离娄章句下(凡三十三章)

【概说】《孟子》中所出现的“中国”和我们今天所熟知的“中国”这一概念,不可混为一谈。根据于省吾的考证,“中国这一伟大的名称,以周初何尊铭文和《书·梓材》相验证,其起源于武王时期是没有疑问的。”

“大人者,言不必信,行不必果,惟义所在。”孟子这一名句影响深远,但也容易使人误解。这其中牵涉到义与信的内在关系。首先,我们应当认识到儒家重视“信”。《论语·述而》记载,“子以四教:文,行,忠,信”。孟子也认为,“仁义忠信,乐善不倦,此天爵也”。与此同时,更要认识到,义是信背后隐伏的价值依托。理解了这一点,才能明白何以孔子说:“言必信,行必果,硁硁然小人哉!”孟子继承了孔子的看法,也认为:“言不必信,行不必果,惟义所在。”可见,“言信,行果”是一般要求,但如果和“义”发生矛盾,就应当采取权变策略,舍弃信、果,把是否符合义作为一切行为的根本准则。凡事合义,才是君子。其后宋代思想家继而认为义是本心所自发的天理,天理不离人情。人情之所安,便是天理之所在。

这一篇出现的“赤子之心”是一个重要的概念。根据焦循的《孟子正义》所论,“大人”和“赤子之心”有两种解释:其一,“大人”谓“君”,“赤子之心”谓“民心”。国君视民,当如赤子,不失其民心;其二,“赤子”指婴儿。少小之心,专一未变化,人能不失其赤子时心,则为君子。从孟子的整个思想体系分析,此处的“赤子之心”,是孟子在《尽心上》提到的“人之所不学而能”的“良能”和“所不虑而知的”的“良知”,即自然而然、纯真无伪、不需经过后天的学习和修养的自然本性。它和《老子》文本中的“婴儿”形象具有一致性。《老子》文本中的“婴儿”实际上分为两种类型:一是先天性的“自然婴儿”,不待修炼自然与道之“常德”合一;二是经过后天“绝圣弃智”、“绝仁弃义”、“绝巧弃利”等等“损之又损”修养,臻于“复归于婴儿”之“人文婴儿”。“自然婴儿”和“人文婴儿”虽有区别,但二者有一个共同的特征,就是不存在,或者是绝弃了后天沾染、学习或修养的东西,是人之本然状态,是人的生命的理想境界。从这点上说,老子的“婴儿”形象和孟子的“赤子之心”具有相通性。

8.1 孟子曰:“舜生于诸冯[1],迁于负夏,卒于鸣条,东夷之人也。文王生于岐周[2],卒于毕郢[3],西夷之人也。地之相去也,千有余里;世之相后也,千有余岁。得志行乎中国[4],若合符节[5]。先圣后圣,其揆一也[6]。”

【注释】

〔1〕诸冯:舜之生平事迹已难确考,诸冯、负夏、鸣条都是地名,大概在今天山东地区。朱熹《集注》:“诸冯、负夏、鸣条,皆地名,在东方夷服之地。”

〔2〕岐周:指岐山下周人的旧邑,在今陕西省岐山县一带。

〔3〕毕郢:地名,在今陕西省咸阳市一带。朱熹《集注》:“毕郢,近丰镐。今有文王墓。”

〔4〕中国:根据于省吾先生考证,“中国这一伟大的名称,以周初何尊铭文和《书·梓材》相验证,其起源于武王时期是没有疑问的”。

〔5〕符节:符与节都是古代信物。朱熹《集注》:“彼此各藏其半,有故则左右相合以为信也。若合符节,言其同也。”

〔6〕揆(kuí):度、度量,准则。

【解读】孟子说:“舜出生在诸冯,迁居到负夏,死在鸣条,是东方夷人。文王出生在岐周,死在毕郢,是西方边远地区的人。两地相距千里,时代也相差千年。他们都在中原地区实现自己的志向,仿佛符节一般吻合。前代的圣人与后代的圣人,他们所遵循的法度是一致的。”

8.2 子产听郑国之政[1]，以其乘舆济人于溱、洧。孟子曰："惠而不知为政[2]。岁十一月徒杠成[3]，十二月舆梁成[4]，民未病涉也。君子平其政，行辟人可也[5]，焉得人人而济之？故为政者，每人而悦之，日亦不足矣。"

【注释】

〔1〕子产：春秋时期郑国著名政治家，为相四十多年，深得孔子称许。听郑国之政：赵岐《注》曰："为政，听讼也。"

〔2〕惠：私恩小利。

〔3〕岁十一月：周十一月，即夏九月。徒杠：独木桥。

〔4〕舆梁：可以通车马的桥梁。

〔5〕辟：辟除。

【解读】子产主持郑国的政事，曾经用自己的车子帮助百姓渡过溱水和洧水。

孟子说："他很懂得施行恩惠，却并不懂得如何行政。(如果)十一月修好行人的桥，十二月修好行车的桥，百姓就不会为渡河发愁了。君子只要治理好政事，出行时让行人回避都是可以的，哪用得着一个个帮人渡河呢？所以治理政事的人，想一个一个地讨人欢心的话，时间哪里够用呢。"

8.3 孟子告齐宣王曰："君之视臣如手足[1]，则臣视君如腹心。君之视臣如犬马，则臣视君如国人[2]。君之视臣如土芥[3]，则臣视君如寇雠。"

王曰："礼[4]，为旧君有服[5]。何如斯可为服矣？"

曰："谏行言听[6]，膏泽下于民；有故而去，则君使人导之出疆[7]，又先于其所往；去三年不反，然后收其田里[8]。此之谓三有礼焉。如此，则为之服矣。今也为臣，谏则不行，言则不听，膏泽不下于民；有

故而去，则君搏执之[9]，又极之于其所往[10]；去之日，遂收其田里。此之谓寇雠。寇雠何服之有？”

【注释】

〔1〕视：看待。

〔2〕国人：路人、陌生人。朱熹《集注》曰：“犹言路人，言无怨无德也。”

〔3〕土：尘土。芥：小草。

〔4〕礼：指《仪礼》。

〔5〕旧君：曾经奉事过的君主。服：穿丧服。根据《仪礼·丧服传》记载，“为旧君者孰谓也？仕焉而已者也。”“为旧君有服”是对离职官员为曾经服侍过的君主服孝之规定。

〔6〕谏：劝谏。

〔7〕朱熹《集注》：“导之出疆，防剽掠也。”

〔8〕田里：田禄里居。

〔9〕搏执：扣押、逮捕。

〔10〕极：穷、使之穷困，使动用法。

【解读】孟子对齐宣王说：“君主把臣下视为自己的手足，臣下就会把君主看做自己的心腹；君主把臣下视为犬马，臣下就会把君主看做陌生人；君主把臣下视为泥土草芥，臣下就会把君主看做仇人。”

齐宣王说：“礼制中有规定，原来的君主死时，已经离职的旧臣也要为他服丧。要怎么做，臣下才会为君主服丧呢？”

孟子说：“（对于臣下，）接纳他的劝谏，听从他的建议，让人民感受到君主的恩泽；如果臣子有原因而离职，君主就派人引导他离开国境，并让人先到他的目的地安排好；离职三年后还不返回的话，才收回他的封地和住所。这就是所谓的‘三有礼’。这样一来，臣下自然会为君主服丧的。如今的臣下，君主不接纳他的劝谏，不听从他的建议；人民也感受不到君主的恩泽；有原因离职，君主就把他抓起来，派人到他所要去的地方刁难他；离开的当天，就收回他的封地和住所。这就叫仇敌。哪有人会为仇敌服丧呢？”

8.4 孟子曰：“无罪而杀士，则大夫可以去；无罪而戮民，则士可以徙。”

【解读】孟子说：“有无辜的士人被杀的话，大夫就可以离开了；有无辜的百姓被杀的话，士人就可以迁居了。”

8.5 孟子曰：“君仁，莫不仁。君义，莫不义。”

【解读】孟子说：“君主存心仁爱，就没有人会不奉行仁爱；君主信义，就没有人会不信义。”

8.6 孟子曰：“非礼之礼，非义之义，大人弗为。”

【解读】孟子说：“不符合礼制的礼，不符合信义的义，真正有德行的人是不做的。”

8.7 孟子曰：“中也养不中[1]，才也养不才[2]，故人乐有贤父兄也。如中也弃不中，才也弃不才，则贤不肖之相去，其间不能以寸[3]。”

【注释】

〔1〕中：中和之人。《白虎通·五行篇》云：“中，和也。中和居六德之首。”赵岐《注》曰：“中者，履中和之气所生，谓之贤。”朱熹认为：“无过不及之谓中。”养：朱熹《集注》：“谓涵育薰陶，俟其自化也。”

〔2〕才：赵岐《注》曰：“才者，谓人之有俊才者。”朱熹《集注》：“足以有为之谓才。”

〔3〕以寸：以寸丈量，这句话后面省略了动词“量”。

【解读】孟子说：“有德行的人可以教育没有德行的人，有才华的人可以熏陶没有才华的人，所以人们都以有贤德的父亲和兄长为乐。如果有德行的人不去教育没有德行的人，有才华的人嫌弃没有才华的人，那么贤德和不贤德之间的距离，也就微乎其微了。”

8.8 孟子曰："人有不为也，而后可以有为[1]。"

【注释】

〔1〕焦循《孟子正义》认为，"有不为"和"可以有为"取舍的标准是"义可为乃为之，义所不可为则不为"。

【解读】孟子说："人要有所不为，然后才能有所为。"

8.9 孟子曰："言人之不善，当如后患何[1]！"

【注释】

〔1〕陆象山指出："盖孟子道性善，故言人无有不善。今若言人之不善，彼将甘为不善，而以不善向汝，汝将何以待之？故曰：'当如后患何？'"(陆九渊著，钟哲点校：《陆九渊集》卷三十四《语录上》，北京：中华书局，1980年，第410页。)

【解读】孟子说："专爱说别人的坏话，由此带来后患怎么办呢？"

8.10 孟子曰："仲尼不为已甚者[1]。"

【注释】

〔1〕已：太。

【解读】孟子说："孔子是个做什么事情都不会过头的人。"

8.11 孟子曰："大人者，言不必信[1]，行不必果，惟义所在[2]。"

【注释】

〔1〕必：期、期许。

〔2〕朱熹《集注》："大人言、行，不先期于信、果。但义之所在，则必从之，卒亦未尝不信、果也。"

【解读】孟子说："有德行的人，说的话不一定都做到，做事也不一定善始善终，只要符合义就可以了。"

8.12 孟子曰:“大人者,不失其赤子之心者也[1]。”

【注释】

〔1〕赤子之心:纯一无伪之良心。赵岐《注》云:“赤子,婴儿也。少小之心,专一未变化,人能不失其赤子时心,则为贞正大人也。”

【解读】孟子说:“有德行的人,不会丧失婴儿般纯真的心灵。”

8.13 孟子曰:“养生者不足以当大事,惟送死可以当大事。”

【解读】孟子说:“奉养父母不能算做大事,为父母送终才算是大事。”

8.14 孟子曰:“君子深造之以道,欲其自得之也。自得之,则居之安。居之安,则资之深[1]。资之深,则取之左右逢其原[2]。故君子欲其自得之也。”

【注释】

〔1〕资:积蓄。段玉裁《说文解字注》说:“资者,积也。旱则资舟,水则资车,夏则资皮,冬则资絺绤,皆居积之谓。”

〔2〕原:同“源”。

【解读】孟子说:“君子用道来深造,就是希望自己能有所领悟。自己领悟,就能扎实地掌握它;扎实地掌握了它,就能积蓄深广、涵蕴深厚;积蓄深广,应用起来就能随心所欲、左右逢源。因此君子冀望自己对大道有所心得。”

8.15 孟子曰:“博学而详说之,将以反说约也[1]。”

【注释】

〔1〕朱熹《集注》:“言所以博学于文,而详说其理者,非欲以夸多而斗靡也;欲其融会贯通,有以反而说到至约之地耳。”

【解读】孟子说:“广博地学习,详细地解说,才能简明扼要地讲述其中要义。”

8.16 孟子曰："以善服人者[1]，未有能服人者也。以善养人[2]，然后能服天下。天下不心服而王者，未之有也。"

【注释】

〔1〕善：仁义礼智四端之心。

〔2〕养：熏陶。

【解读】孟子说："强行用善来让人信服，没有能使人信服的；用善来熏陶、涵养人们的德行，才能让天下人从心里折服。不使天下的人从心里信服却能够称王的人，从来没有出现过。"

8.17 孟子曰："言无实不祥。不祥之实，蔽贤者当之。"

【解读】孟子说："言而无当不好。这个不好的后果，将由埋没贤才的人来承担。"

8.18 徐子曰[1]："仲尼亟称于水[2]，曰：'水哉，水哉！'何取于水也？"

孟子曰："原泉混混[3]，不舍昼夜。盈科而后进[4]，放乎四海。有本者如是，是之取尔。苟为无本，七、八月之间雨集，沟浍皆盈[5]，其涸也，可立而待也。故声闻过情[6]，君子耻之。"

【注释】

〔1〕徐子：徐辟，孟子弟子。

〔2〕亟(qì)：多次。称：赞颂。

〔3〕原：同"源"，有的版本作"源"。混混：河水浩荡、奔流不息。

〔4〕盈科：注满坎洼之地。

〔5〕浍(kuài)：田间小道。

〔6〕声闻(wèn)：声誉、名望。情：情实。

【解读】徐子说："孔子多次称赞水，说：'水啊！水啊！'对于水，孔子取它的哪一点呢？"

孟子说:"有源头的江河水喷涌而出,昼夜不停。总是填满低洼的地方,又继续前进,一直奔流入大海。有源头的江河都是这样,孔子称许的就是这一点。如果是没有源头的江河水,就会像七八月间的磅礴雨水,虽然很快可以灌满沟渠,但它们的干涸也是立等可待的。所以,君子以名过其实为耻。"

8.19 孟子曰:"人之所以异于禽兽者几希[1],庶民去之,君子存之。舜明于庶物[2],察于人伦;由仁义行,非行仁义也[3]。"

【注释】

〔1〕几希:少。

〔2〕庶物:各种事物。

〔3〕朱熹《集注》:"由仁义行,非行仁义,则仁义已根于心,而所行皆从此出;非以仁义为美,而后勉强行之,所谓安而行之也。此则圣人之事,不待存之,而无不存矣。"

【解读】孟子说:"人不同于禽兽之处很少。平常百姓把四端之心丢弃了,君子护守着四端之心。舜懂得事物的原理,明察人伦的道理。遵循内在固有的仁义之心行事,而不是简单地推行仁义道德。"

8.20 孟子曰:"禹恶旨酒而好善言。汤执中[1],立贤无方[2]。文王视民如伤,望道而未之见[3]。武王不泄迩[4],不忘远。周公思兼三王[5],以施四事[6]。其有不合者,仰而思之,夜以继日;幸而得之,坐以待旦。"

【注释】

〔1〕执中:持守中正之道。

〔2〕方:常,《礼记·檀弓》说:"左右就养无方",《礼记·内则》又说:"博学无方",郑玄《注》云:"方,常也。"

〔3〕而:通"如"。

〔4〕泄:狎,亲近。迩:近。

〔5〕三王:夏商周三代君王。

〔6〕四事:禹、汤、周文王和周武王四人的事迹。

【解读】孟子说:“禹厌恶美酒却喜好善言。汤秉执中正之道,不拘一格地选拔人才。文王爱护百姓,仿佛他们都受了委屈(,总是同情安慰);虽秉执正道,仿佛从未见过一样(,仍然不懈追求)。武王既不过分亲近近臣,也不怠慢远臣。周公以三代圣王为榜样,实行四位明君的功业。一旦有与圣王之道不符合的地方,就抬着头日夜思考;一旦幸运地想通了,就坐着等待天亮去实行。”

8.21 孟子曰:“王者之迹熄而《诗》亡[1],《诗》亡然后《春秋》作。晋之《乘》,楚之《梼杌》,鲁之《春秋》[2],一也。‘其事则齐桓、晋文,其文则史。’孔子曰:‘其义则丘窃取之矣。’”

【注释】

〔1〕王者之迹熄而《诗》亡:迹,是“迒”字的误写。“迒”是古代君王派出的采诗官(遒人)。许慎《说文解字》曰:“迒,古之遒人以木铎记诗言。”程树德在《说文稽古篇》也认为:“考《左传》引夏书曰:‘遒人以木铎徇于路。’杜注:‘遒人,行人之官也。木铎,木舌金铃。徇于路,求歌谣之言。’”

〔2〕《乘(shèng)》、《梼杌(táo wù)》、《春秋》:分别是晋国、楚国和鲁国史官所记的史书的书名。朱熹《集注》:“古者列国皆有史官,掌记时事。此三者,皆其所记册书之名也。”

【解读】孟子说:“圣王采集民间歌谣的制度绝迹了,《诗》也就亡佚了。《诗》亡佚了之后,孔子便创作了《春秋》。晋国的《乘》、楚国的《梼杌》、鲁国的《春秋》,性质都是一样的。它们记载的是齐桓公、晋文公之类的事,用的就是史书的笔法。孔子说:‘《诗》三百篇褒善贬恶的大义都被我私下采用了。’”

8.22 孟子曰:“君子之泽[1],五世而斩[2]。小人之泽,五世而斩。予未得为孔子徒也,予私淑诸人也[3]。”

【注释】

〔1〕泽:恩泽。

〔2〕五世:朱熹《集注》:“父子相继为一世,三十年亦为一世。”斩:断绝。

〔3〕私淑:赵岐《注》云:“私善之于贤人。”淑:通“叔”,取。许慎《说文解字》曰:“叔,取也”。

【解读】孟子说:“君子的流风余韵只能绵延五代,小人的坏影响也只能延续五代。我没能有机会成为孔子的门徒,我是私下向他的门人学习的。”

8.23 孟子曰:“可以取,可以无取,取伤廉[1]。可以与,可以无与,与伤惠。可以死,可以无死,死伤勇[2]。”

【注释】

〔1〕廉:廉正、公平。

〔2〕朱熹《集注》:“过取固害于廉,然过与亦反害其惠,过死亦反害其勇,盖过犹不及之意也。林氏曰:‘公西华受五秉之粟,是伤廉也。冉子与之,是伤惠也。子路之死于卫,是伤勇也。’”

【解读】孟子说:“当可以取,也可以不取的时候,如果取走便有损廉正;当可以给,也可以不给的时候,如果给了便有损惠爱;当可以死,也可以不死的时候,如果死了便有损勇之精神。”

8.23 逄蒙学射于羿[1],尽羿之道,思天下惟羿为愈己[2],于是杀羿。孟子曰:“是亦羿有罪焉。”

公明仪曰:“宜若无罪焉。”

曰:“薄乎云尔[3],恶得无罪?郑人使子濯孺子侵卫[4],卫使庾公之斯追之[5]。子濯孺子曰:‘今日我疾作[6],不可以执弓。吾死矣夫!’问其仆曰[7]:‘追我者谁也?’其仆曰:‘庾公之斯也。’曰:‘吾生矣!’其仆曰:‘庾公之斯,卫之善射者也。夫子曰“吾生”,何谓也?’曰:‘庾公之斯学射于尹公之他,尹公之他学射于我。夫尹公之他,端人

也[8],其取友必端矣。'庾公之斯至,曰:'夫子何为不执弓?'曰:'今日我疾作,不可以执弓。'曰:'小人学射于尹公之他,尹公之他学射于夫子。我不忍以夫子之道反害夫子。虽然,今日之事,君事也,我不敢废。'抽矢,扣轮去其金[9],发乘矢[10],而后反。"

【注释】

〔1〕逄(páng)蒙:后羿的学生。羿:有穷国国君,羿善射,篡夏自立,后为家众所杀。

〔2〕愈:通"逾",超过。

〔3〕薄:轻。

〔4〕子濯孺子:郑国大夫。

〔5〕庾公之斯:卫国大夫。

〔6〕疾作:旧疾突发。

〔7〕仆:御、车夫。

〔8〕端:正,品行端正。

〔9〕金:镞、箭头。

〔10〕乘(shèng)矢:四支箭。

【解读】逄蒙向后羿学习射箭,完全学得了后羿的射术。他想天下就只有后羿超过自己,于是就杀死了后羿。孟子听了这个故事后,说:"这件事后羿也有罪过。"

公明仪说:"好像后羿没有什么罪过吧。"

孟子说:"罪过不大罢了,怎么能说没有罪过呢?郑国曾派子濯孺子领军侵犯卫国,卫国派庾公之斯追击他。子濯孺子说:'今天我患重病,拿不动弓箭,我要死在这里了!'问他的仆人:'追赶我的人是谁?'仆人说:'庾公之斯。'子濯孺子说:'我死不了了。'仆人问:'庾公之斯是卫国出名的射手,您说不会死了,是什么道理呢?'子濯孺子说:'庾公之斯向尹公之他学习射箭,尹公之他则是向我学习射术的。尹公之他是个心地端正的人,他选择的学生必定也很正派。'庾公之斯追了上来,问:'您为什么不拿弓箭?'子濯孺子说:

‘今天发病,拿不动弓箭。’庾公之斯说:‘尹公之他是我的老师,您是尹公之他的老师。我不忍心拿从您那里学来的技术害您。即便如此,今天的事情是君王交付的,我不能就此罢手。’于是他抽出箭,向车轮猛敲,去掉了箭头,射了四箭就回去了。”

8.25 孟子曰:“西子蒙不洁[1],则人皆掩鼻而过之。虽有恶人[2],齐戒沐浴[3],则可以祀上帝。”

【注释】

〔1〕西子:西施。蒙:受、沾。

〔2〕恶人:相貌丑陋之人。

〔3〕齐:通“斋”。

【解读】孟子说:“就算是西施,身上沾满了污垢,别人走过时也会掩着鼻子;即使相貌丑陋的人,经过斋戒沐浴,也可以祭神。”

8.26 孟子曰:“天下之言性也,则故而已矣[1],故者以利为本[2]。所恶于智者,为其凿也。如智者若禹之行水也,则无恶于智矣。禹之行水也,行其所无事也。如智者亦行其所无事,则智亦大矣。天之高也,星辰之远也,苟求其故,千岁之日至[3],可坐而致也。”

【注释】

〔1〕故:人性之本然。赵岐《注》云:“言天下万物之情性,常顺其故则利之也。改戾其性,则失其利矣。若以杞柳为桮棬,非杞柳之性也。”

〔2〕利:顺。

〔3〕日至:夏至和冬至。

【解读】孟子说:“天下人所谈论的人性,是人性的自然之理,我们首先应当顺从人性的本然。人们厌恶所谓的智者,是因为他们穿凿附会、违背自然之理。如果智者都像禹疏导洪水一样,人们也就不会厌恶他们的聪明了。禹疏导洪水,不过是因势利导罢了。如果智者的行为也是因势利导、顺其自然,那么也就会更加聪明了。天如此之高，星辰如此遥远，如果推求它们的本原，那么千年以后的夏至、冬至也可以坐在家里推算出来。”

8.27 公行子有子之丧[1]，右师往吊[2]。入门，有进而与右师言者，有就右师之位而与右师言者。孟子不与右师言，右师不悦，曰：“诸君子皆与驩言，孟子独不与驩言，是简驩也[3]。”孟子闻之，曰：“礼：朝廷不历位而相与言[4]，不逾阶而相揖也。我欲行礼，子敖以我为简，不亦异乎？”

【注释】

〔1〕公行子：齐国大夫。

〔2〕右师：一种官职。在此指前文已提及的王驩王子敖。

〔3〕简：怠慢。

〔4〕历位：越位。

【解读】公行子的儿子死了，右师前去吊唁。进了门，就有人走向右师跟他说话，（坐下后，）又有人靠近他的坐席跟他说话。孟子却不与右师说话，右师很不高兴，说：“各位都同我说话，只有孟子不跟我说话，这怠慢我了。”

孟子听了，说：“礼制规定：在朝廷上，不能跨越位次交谈，也不能跨过台阶来作揖。我按照礼制行事，子敖却认为我怠慢了他，这不是很奇怪吗？”

8.28 孟子曰：“君子所以异于人者，以其存心也[1]。君子以仁存心，以礼存心。仁者爱人，有礼者敬人。爱人者，人恒爱之。敬人者，人恒敬之。有人于此，其待我以横逆[2]，则君子必自反也[3]：‘我必不仁也，必无礼也，此物奚宜至哉[4]？’其自反而仁矣，自反而有礼矣，其横逆由是也[5]，君子必自反也：‘我必不忠。’自反而忠矣，其横逆由是也，君子曰：‘此亦妄人也已矣。如此，则与禽兽奚择哉[6]？于禽兽又何难焉[7]！’是故君子有终身之忧，无一朝之患也。乃若所忧

则有之：舜，人也；我，亦人也。舜为法于天下，可传于后世，我由未免为乡人也，是则可忧也。忧之如何？如舜而已矣。若夫君子所患[8]，则亡矣。非仁无为也，非礼无行也。如有一朝之患，则君子不患矣。”

【注释】

〔1〕心：仁义礼智四端之心。

〔2〕横逆：强暴不顺理。

〔3〕自反：自我反省。

〔4〕物：事。奚宜：为什么。

〔5〕由：通“犹”。

〔6〕奚择：有何区别。

〔7〕难：计较。

〔8〕若夫：至于。

【解读】孟子说：“君子不同于一般人的地方，就是他们居心不同。君子心里存在着仁爱和礼义。仁人爱护别人，守礼的人恭敬他人。爱别人的人，别人也总是爱他；恭敬别人的人，别人也总是尊敬他。假设这里有个人，他对我蛮横粗暴，那么君子就会自我反省：我一定有不仁或者无礼的行为，不然，对方怎么会出现这种态度呢？自省之后，自己更仁爱了，更守礼了，而对方的无礼却仍旧不改。君子必定再一次反省：我一定不忠。自省之后，待人更忠敬了，但对方的无礼依旧不改。君子就会说：‘这个人不过是个狂妄之徒罢了！既然如此，此人又和禽兽有什么区别呢？你又能责备禽兽什么呢？’所以君子有终身的忧患，却没有一时的担心。终身的忧患是有的：舜是人，我也是人。舜作为天下人的楷模，德泽流传后世，我却免不了是一个普通人。这才是值得忧虑的事。忧虑了又能怎么样呢？像舜那样去做罢了。至于别的担心，君子就没有了。不仁爱的事不做，不合礼义的事不做。就算有一时的祸患，君子也不认为值得担心。”

8.29 禹、稷当平世[1]，三过其门而不入，孔子贤之。颜子当乱世，居于陋巷。一箪食，一瓢饮。人不堪其忧，颜子不改其乐，孔子贤之。孟子曰："禹、稷、颜回同道[2]。禹思天下有溺者，由己溺之也[3]。稷思天下有饥者，由己饥之也，是以如是其急也。禹、稷、颜子，易地则皆然。今有同室之人斗者，救之，虽被发缨冠而救之[4]，可也。乡邻有斗者，被发缨冠而往救之，则惑也，虽闭户可也。"

【注释】

〔1〕平世：太平之世。

〔2〕朱熹《集注》："圣贤之道，进则救民，退则修己，其心一而已矣。"

〔3〕由：通"犹"。

〔4〕被：同"披"。缨：系帽绳。

【解读】禹、稷生活在太平时代，三次经过自己的家门都不进入，孔子认为他们有圣贤之德。颜回生活在乱世，居住在简陋的巷子里，一筐饭、一瓢水，别人都忍受不了这种清苦的生活，颜回却乐在其中，孔子认为他是贤人。孟子说："禹、稷、颜回遵循同样的道理。禹想到天下有溺水的人，就好像是自己使他们溺水一样；稷想到天下有饥饿的人，就好像是自己使他们挨饿一样，因此才如此急切。如果禹、稷和颜子交换了位置，也会像对方一样行事。如果有同屋的人在厮打，为了去救他们，就算披散着头发就戴上帽子匆匆忙忙上去解救，也是可以理解的。如果乡里的邻居在厮打，也披散着头发戴上帽子去救，那就糊涂了；(对于这种事)即使关门闭户(不去管它)也是可以的。"

8.30 公都子曰："匡章[1]，通国皆称不孝焉。夫子与之游，又从而礼貌之[2]，敢问何也？"

孟子曰："世俗所谓不孝者五：惰其四支[3]，不顾父母之养，一不孝也。博弈好饮酒[4]，不顾父母之养，二不孝也。好货财，私妻子，不顾父母之养，三不孝也。从耳目之欲[5]，以为父母戮[6]，四不孝也。好

勇斗很[7],以危父母,五不孝也。章子有一于是乎?夫章子,子父责善而不相遇也[8]。责善,朋友之道也。父子责善,贼恩之大者[9]。夫章子岂不欲有夫妻子母之属哉?为得罪于父,不得近。出妻屏子[10],终身不养焉。其设心以为不若是,是则罪之大者,是则章子已矣[11]。"

【注释】

〔1〕匡章:齐国人。

〔2〕礼貌:敬,以礼相待。

〔3〕四支:四肢。

〔4〕博弈:棋类游戏。焦循认为,"按谓博与弈异是也。博盖即今之双陆,弈为围棋,今仍此名矣……赵氏以《论语》博、弈连言,故以博释弈,其实弈为围之专名,与博同类而异事也。"

〔5〕从:同"纵",放纵。

〔6〕戮:羞辱。

〔7〕很:通"狠",凶狠。

〔8〕遇:合。

〔9〕贼:害。

〔10〕屏(bǐng):退,疏远。

〔11〕朱熹《集注》:"言章子非不欲身有夫妻之配、子有子母之属,但为身不得近于父,故不敢受妻子之养,以自责罚。其心以为不如此,则具罪益大也。此章之旨,于众所恶而必察焉,可以见圣贤至公至仁之心矣。"

【解读】公都子说:"匡章这人,整个国家上下都说他不孝,您却跟他来往,还以礼相待,这是为什么呢?"

孟子说:"人们所说的不孝有五种:四体不勤,不赡养父母,这是一种;喜欢喝酒下棋,不照顾父母的生活,是第二种;贪图钱财,偏爱妻子儿女,不体贴父母,是第三种;放纵于声色犬马,让父母蒙羞,是第四种;逞强斗勇,让父母处于危险的境地,是第五种。匡章有过这五种中的任何一种吗?他不过是与父亲以善相责而把关系弄僵罢了。以善相责,是朋友相处的办法;父子之间这么做,是很伤感情的。匡章难道不希望与父母妻子团聚吗？只是因为得罪了父亲，不能亲近他，就把妻室儿女都赶走，终身不要他们侍奉。他以为如果不这么自我责罚，那罪过就更大了，这就是匡章的为人。”

8.31 曾子居武城[1]，有越寇[2]。或曰：“寇至，盍去诸[3]？”曰：“无寓人于我室[4]，毁伤其薪木。”寇退，则曰：“修我墙屋，我将反。”寇退，曾子反。左右曰[5]：“待先生如此其忠且敬也，寇至则先去以为民望[6]，寇退则反，殆于不可。”沈犹行曰[7]：“是非汝所知也。昔沈犹有负刍之祸[8]，从先生者七十人，未有与焉[9]。”

子思居于卫，有齐寇。或曰：“寇至，盍去诸？”子思曰：“如伋去，君谁与守？”

孟子曰：“曾子、子思同道。曾子，师也，父兄也。子思，臣也，微也。曾子、子思易地则皆然。”

【注释】

〔1〕武城：鲁国邑名，故城在今山东省费县西南。

〔2〕越寇：越国灭吴后，与鲁国接壤，所以时常有越国强盗杀人越货。

〔3〕盍：何不。

〔4〕寓：寄、居住。

〔5〕左右：曾子弟子。

〔6〕民望：朱熹《集注》：“言使民望而效之。”

〔7〕沈犹行：曾子弟子。

〔8〕负刍之祸：历史上有几种说法，赵岐《注》认为：“时有作乱者曰负刍，来攻沈犹氏。”他将“负刍”理解为人名；朱熹则认为：“曾子尝舍于沈犹氏，时有负刍者作乱，来攻沈犹氏，曾子率其弟子去之。”朱熹以“负刍”为背草之人，代表一个社会阶层。

〔9〕与：参与。朱熹《集注》：“言曾子尝舍于沈犹氏，时有负刍者作乱，来攻沈犹氏；曾子率其弟子去之，不与其难。言师宾不与臣同。”

【解读】曾子居住在武城，有越国敌寇来进犯。有人说：“敌寇来了，何不先离开这里呢？”曾子说：“不要让人住在我的屋子里，毁坏了那些树木。”敌寇退走后，曾子说：“修缮一下我的房子，我要回来了。”敌寇离开后，曾子就回来了。身边人说：“武城人对待先生如此忠心，毕恭毕敬，敌人来了，先生早早就离开，给百姓做了个坏榜样；敌人退走了，先生就回来了，这不好吧。”沈犹行说：“这就不是你们所懂得的。以前，(先生曾住在我家时，)发生了负刍之乱，跟随先生的七十多人，陪同先生早早离开了。”

子思住在卫国，有齐国敌寇来犯。有人说：“敌人来了，何不离开这里呢？”子思说：“如果我走了，国君与谁一起守城呢？”

孟子说：“曾子和子思遵循同样的道理。曾子是老师，是长辈；子思是臣下，地位卑微。如果曾子和子思交换了地位，也会像对方一样行事。”

8.32 储子曰[1]：“王使人瞯夫子[2]，果有以异于人乎？”孟子曰：“何以异于人哉？尧、舜与人同耳。”

【注释】

〔1〕储子：齐国人。

〔2〕瞯：窥视。

【解读】储子说：“国君派人来窥探您，观察您是否真有什么异于常人之处。”

孟子说：“哪有什么异于常人的地方呢？即使尧、舜也跟普通人一样啊。”

8.33 齐人有一妻一妾而处室者。其良人出[1]，则必餍酒肉而后反[2]。其妻问所与饮食者，则尽富贵也。其妻告其妾曰：“良人出，则必餍酒肉而后反。问其与饮食者，尽富贵也，而未尝有显者来[3]。吾将瞯良人之所之也。”蚤起[4]，施从良人之所之[5]，遍国中无与立谈者。卒之东郭墦间[6]，之祭者，乞其馀；不足，又顾而之他，此其为餍足之道也。其妻归，告其妾曰：“良人者，所仰望而终身也。今若

此！"与其妾讪其良人[7]，而相泣于中庭。而良人未之知也，施施从外来[8]，骄其妻妾。由君子观之，则人之所以求富贵利达者，其妻妾不羞也，而不相泣者，几希矣[9]！

【注释】

〔1〕良人：丈夫。

〔2〕餍：饱。

〔3〕显者：富贵之人。

〔4〕蚤：通"早"。

〔5〕施(yǐ)：通"迤"，斜，这里指走小道。

〔6〕墦(fán)：坟墓。

〔7〕讪：讥讽。

〔8〕施施：喜笑颜开。

〔9〕朱熹《集注》："孟子言自君子而观，今之求富贵者，皆若此人耳。使其妻妾见之，不羞而泣者少矣，言可羞之甚也。"

【解读】齐国有一户一妻一妾住在一起的人家，丈夫每次外出，必定是饱餐酒肉之后回家。妻子问他跟什么人一起吃喝，他回答说都是些富贵之人。他的妻子对他的妾说："丈夫每次出门，总是饱餐酒肉回家；问他跟什么人吃饭，他都说是富贵之人，但咱们家从来没有显贵登门拜访，我要暗地里察看丈夫的行踪。"

(第二天)一早起来，妻子远远地尾随着丈夫，走遍全城也没有一个人停下来跟丈夫说话。最后走到东郊的墓地，丈夫向祭坟的人讨要祭祀剩下的残羹剩饭，不够的话，就又东张西望向别人乞讨，这就是他吃饱喝足的办法。

妻子回到家，告诉妾说："丈夫是咱们仰望而终身依靠的人，如今他竟然这样不知羞耻。"妻妾二人讥讽丈夫，在庭中相对而泣。而丈夫还不知道事已败露，高高兴兴从外面回来，向他的妻妾夸耀。

在君子看来，人们用来追求升官发财的手段，能使他们的妻妾不感到羞耻、不相对而泣的，实在是太少了！

孟子通释卷九

万章章句上（凡九章）

【概说】禅让学说本是墨家的核心思想，却在口口声声骂墨家是“禽兽”的孟子哲学中得到了发扬光大。先秦诸子在相互攻讦的背后，又隐伏着历时性哲学与文化的相通与相融。在社会政治制度层面上，禅让是一种与宗法制度相对立的政权转移制度。要想冲破宗法制度与宗法关系之牢笼，在现存的政治制度之外构建新的政治体制，就必须对这种新的制度的正当性与合法性作辩护。《孟子·梁惠王下》云：“《书》曰：‘天降下民，作之君，作之师，惟曰其助上帝宠之。四方有罪无罪惟我在，天下曷敢有越厥志？’一人衡行于天下，武王耻之。”这种有别于汉代“君权神授”的理论认为，“天”是社会的最高立法者与最高主宰，地上王权的合法性源于上天之意志。孟子认为，禅让制度不仅存在着理论上的合法性、道义上的正当性，而且有深厚的历史文化资源作为其存在合理性的历史根据。譬如，尧舜禅让就是一颇具代表性的事件。本篇载弟子万章问：尧将天下予舜，是否信史？孟子答：天子无权把天下给予他人。万章问：舜得天下，谁予之？孟子答：“天与之。”万章接着问：天是通过何种方式将天下给予舜呢？孟子答：天不言，天借助于行为与事实表达其意志。“天子能荐人于天，不能使天与之天下；诸侯能荐人于天子，不能使天子与之诸侯；大夫能荐人于诸侯，不能使诸侯与之大夫。昔者，尧荐舜于天，而天受之；暴之于民，而民受之；故曰，天不言，以行与事示之而已矣。”万章问:何以验证呢?孟子说:“天与之,人与之,故曰,天子不能以天下与人……”师生之间的这段对话说明禅让学说不是区分儒墨差异之标识。孟子仁义学说旨在为社会建构道德基础,禅让学说实际上就是孟子“义”最高原则在社会政治领域的体现。

9.1 万章问曰[1]:“舜往于田[2],号泣于旻天[3],何为其号泣也?”

孟子曰:“怨慕也[4]。”

万章曰:“‘父母爱之,喜而不忘。父母恶之,劳而不怨’[5]。然则舜怨乎?”

曰:“长息问于公明高曰[6]:‘舜往于田,则吾既得闻命矣。号泣于旻天,于父母,则吾不知也。’公明高曰:‘是非尔所知也。’夫公明高以孝子之心,为不若是恝[7]。‘我竭力耕田,共为子职而已矣[8]。父母之不我爱,于我何哉?’帝使其子九男二女[9],百官牛羊仓廪备,以事舜于畎亩之中[10]。天下之士多就之者,帝将胥天下而迁之焉[11]。为不顺于父母[12],如穷人无所归。天下之士悦之,人之所欲也,而不足以解忧。好色,人之所欲,妻帝之二女,而不足以解忧。富,人之所欲;富有天下,而不足以解忧。贵,人之所欲,贵为天子,而不足以解忧。人悦之、好色、富、贵,无足以解忧者,惟顺于父母,可以解忧。人少,则慕父母;知好色,则慕少艾[13];有妻子,则慕妻子;仕则慕君,不得于君则热中[14]。大孝,终身慕父母。五十而慕者,予于大舜见之矣[15]。”

【注释】

〔1〕万章:孟子弟子。

〔2〕舜往于田:舜到田里去干农活。相传舜耕于历山。

〔3〕旻(mín):秋天,旻同时又隐含仁爱怜悯之意。朱熹《集注》:“仁覆闵下,谓之旻天。”

〔4〕怨慕:自责与思慕。朱熹《集注》:“怨己之不得其亲而思慕也。”

〔5〕以上四句出自《礼记·祭义》与《大戴礼记·曾子大孝》曾子语。劳：忧虑。

〔6〕长息：公明高弟子。公明高：曾子弟子。

〔7〕恝(jiá)：无忧无虑。

〔8〕共：通“恭”，恭敬。

〔9〕帝：尧。二女：尧将二女嫁给舜之事见于《尚书·尧典》。

〔10〕畎(quǎn)亩：田地。

〔11〕胥：尽、皆。迁之：交给舜。

〔12〕顺：悦。

〔13〕少艾：年轻美貌的女孩。

〔14〕热中：躁急而心热。

〔15〕朱熹《集注》：“言常人之情，因物有迁，惟圣人为能不失其本心也。”

【解读】万章问道：“舜到田地里，向仁慈的上天诉说、哭泣，他为什么诉说、哭泣呢？”

孟子说：“因为自我责备，也因为对父母怀恋不已。”

万章说：“父母喜欢他，就欢喜而不忘怀；父母不喜欢他，虽忧愁但不埋怨。那么，舜埋怨父母吗？”

孟子说：“长息问公明高说：‘舜到田地里去，我已经听您说过了；但他向天诉说、哭泣，这样对待父母，我却还不理解。’公明高说：‘这不是你能懂得的。’公明高是说，以孝子的心理，是不能这样满不在乎的：我尽力耕田，尽我做儿子的职责；父母不喜爱我，我又有什么办法呢？尧让他的九个儿子两个女儿，带着百官、牛羊和粮食，到田野里去侍奉舜，天下的士人投奔舜的也很多，尧也把天下让给了他。但舜却因为父母不喜欢他，便像穷苦的人找不到依靠一样。天下的士人都爱戴自己，这是很多人所欲求的，对舜来说却不足以解忧；美丽的姑娘，也是谁都喜欢的，舜娶了尧的两个女儿，却也不足以解忧；财富，是人人想得到的，舜富有天下，却也不足以解忧；尊贵，也是谁都想要的，舜尊贵到身为天子，却仍不足以解忧。

众人的爱戴、美丽的姑娘、财富、尊贵都不足以解忧，只有父母的喜爱才能够解除忧愁。人小的时候，就依恋父母；懂得美貌了，就喜欢漂亮姑娘；娶了妻子，便爱恋妻子儿女；做了官，就爱戴君主，不讨君主喜欢就五内俱焚。真正的孝子是终生恋慕父母的。到了五十岁还恋慕父母，我在伟大的舜的身上见到了。”

9.2 万章问曰：“《诗》云[1]：‘娶妻如之何？必告父母。’信斯言也[2]，宜莫如舜。舜之不告而娶，何也？”

孟子曰：“告则不得娶。男女居室，人之大伦也。如告，则废人之大伦，以怼父母[3]，是以不告也。”

万章曰：“舜之不告而娶，则吾既得闻命矣。帝之妻舜而不告[4]，何也？”

曰：“帝亦知告焉则不得妻也。”

万章曰：“父母使舜完廪[5]，捐阶[6]，瞽瞍焚廪[7]。使浚井[8]，出，从而揜之[9]。象曰[10]：‘谟盖都君咸我绩[11]。牛羊，父母。仓廪，父母。干戈，朕。琴，朕。弤[12]，朕。二嫂，使治朕栖[13]。’象往入舜宫，舜在床琴。象曰：‘郁陶思君尔[14]。’忸怩[15]。舜曰：‘惟兹臣庶[16]，汝其于予治[17]。’不识舜不知象之将杀己与？”

曰：“奚而不知也[18]？象忧亦忧，象喜亦喜。”

曰：“然则舜伪喜者与？”

曰：“否。昔者有馈生鱼于郑子产，子产使校人畜之池[19]。校人烹之，反命曰[20]：‘始舍之，圉圉焉[21]；少则洋洋焉[22]，攸然而逝。’子产曰：‘得其所哉！得其所哉！’校人出，曰：‘孰谓子产智？予既烹而食之，曰：“得其所哉，得其所哉。”’故君子可欺以其方[23]，难罔以非其道[24]。彼以爱兄之道来，故诚信而喜之，奚伪焉？”

【注释】

〔1〕《诗》云：所引诗句出自《诗经·齐风·南山》。

〔2〕信：诚。

〔3〕怼(duì)：怨恨。朱熹《集注》："舜父顽母嚚，常欲害舜。告则不听其娶，是废人之大伦，以雠怨于父母也。"

〔4〕妻：把女儿嫁给舜。

〔5〕完廪：修缮谷仓。

〔6〕捐阶：去掉梯子。捐，拿走。阶，梯子。

〔7〕瞽瞍(gǔ sǒu)：舜的父亲。

〔8〕浚(jùn)井：淘井。

〔9〕揜：同"掩"，掩盖。

〔10〕象：舜的异母弟。

〔11〕谟盖：谋害。谟，通"谋"。盖，通"害"，焦循引阮元《释盖》曰："孟子'谟盖都君'，此兼井廪言之，盖亦当训为'害'也。若专以谋盖为盖井而不兼焚廪，则'咸我绩''咸'字无所著矣。"都君：舜。朱熹《集注》："舜所居三年成都，故谓之都君。"咸：都。绩：功绩。

〔12〕弤(dǐ)：弓。

〔13〕栖：床。

〔14〕郁陶(yáo)：思念。

〔15〕忸怩：惭愧不安。

〔16〕惟：思念。兹：此。

〔17〕于：为。王引之《经传释词》云："于，为也。为，助也。"

〔18〕奚而：如何，怎么。

〔19〕校(xiào)人：管理池沼的小吏。

〔20〕反命：回报。

〔21〕圉圉(yǔ)：气息奄奄。

〔22〕洋洋：悠然自得。

〔23〕方：合乎情理的方法。

〔24〕罔：诳骗、蒙蔽。

【解读】万章问道："《诗》说：'娶妻的事怎么办？一定要事先禀告父母。'一定没有人比舜更相信这句话。但舜却没有禀告父母就娶妻,这是为什么呢?”

孟子说:“因为禀告了就娶不了妻子了。男女婚姻,是人与人之间重大的伦理关系。如果禀告了父母(就娶不成妻),这重大的关系就要废弃掉,结果必然会怨恨父母,所以才没有禀告。”

万章说:“舜不禀告父母就娶妻,这道理我已经懂了;那么尧把女儿嫁给舜,也没有告诉舜的父母,又是为什么呢?”

孟子说:“尧也知道告诉了他们就嫁不成了。”

万章说:“舜的父母让他去修粮仓,等舜上了仓顶,就拿走梯子,父亲还放火烧粮仓。又让舜去淘井,等到其他人都出来了,便用土填埋井口。舜的兄弟象说:‘谋害舜都是我的功劳,(舜的)牛羊分给父母,粮仓也给父母,兵器归我,琴归我,弓箭归我,两位嫂子就替我铺床叠被。’象往舜的房间走去,却看到舜在床上弹琴。象说:‘我好想念你啊!’但神情非常羞愧。舜说:‘我惦记着这些臣下和百姓,你就替我管理他们吧。’我不明白,舜难道不知道象要杀他吗?”

孟子说:“哪能不知道呢?只是象忧愁,他也忧愁;象高兴,他也高兴。”

万章说:“那么舜是假装高兴吗?”

孟子说:“不是的。从前有个人送了条活鱼给郑国的子产,子产让管理池塘的人放进池塘养起来,那人却偷偷把鱼煮熟吃了,并回来禀报说:‘一开始放进池塘,它半死不活的;没多久就摇着尾巴悠然游走,突然间就不知去向了。’子产说:‘它找到了好地方啊!找到了好地方啊!’管池塘的人退了出来,说:‘谁说子产聪明?我已经把鱼吃了,他还说鱼找到了好地方。’所以,对于君子,可以用合乎情理的方法欺骗他,不能用违反道理的办法愚弄他。象既然装做敬爱兄长的样子,舜也就真诚地相信他并感到高兴,这怎么是假装的呢?”

9.3 万章问曰："象日以杀舜为事。立为天子，则放之[1]，何也？"

孟子曰："封之也，或曰'放焉'。"

万章曰："舜流共工于幽州[2]，放驩兜于崇山[3]，杀三苗于三危[4]，殛鲧于羽山[5]，四罪而天下咸服，诛不仁也。象至不仁，封之有庳[6]。有庳之人奚罪焉？仁人固如是乎？在他人则诛之，在弟则封之。"

曰："仁人之于弟也，不藏怒焉，不宿怨焉[7]，亲爱之而已矣。亲之欲其贵也，爱之欲其富也。封之有庳，富贵之也。身为天子，弟为匹夫，可谓亲爱之乎？"

"敢问'或曰放'者，何谓也？"

曰："象不得有为于其国，天子使吏治其国，而纳其贡税焉，故谓之'放'。岂得暴彼民哉？虽然，欲常常而见之，故源源而来。'不及贡，以政接于有庳[8]。'此之谓也。"

【注释】

〔1〕放：放逐。

〔2〕共工：尧之臣，一说共工是水官名。幽州：在今北京密云东北，此泛指北方边远地区。

〔3〕驩(huān)兜：尧之臣，与共工一起作恶而被放逐。崇山：在今湖北崇阳县南，此泛指南方边远地区。

〔4〕杀：《尚书·尧典》作"窜"，驱赶。三苗：一说为古国名，另一说为远古三凶(浑敦、穷奇、饕餮)。三危：山名，在今甘肃省敦煌一带，此泛指西方边远地区。

〔5〕殛：诛杀。鲧：禹的父亲。羽山：山名，在今江苏省赣榆县，此泛指东方边远地区。

〔6〕有庳(bì)：古代地名，或说在今湖南省道县一带。朱熹《集注》："或曰：'今道州鼻亭，即有庳之地也。'未知是否？"

〔7〕宿怨：留蓄其怨。

〔8〕不及贡，以政接于有庳：这两句可能出自《尚书》逸篇。

【解读】万章问道："象每天都谋划着杀害舜，等到舜做了天子，却只是流放了他，为什么呢？"

孟子说："其实是封他做了诸侯，但也有人说是流放。"

万章说："舜把共工流放到幽州，把驩兜发配到崇山，把三苗驱赶到三危，把鲧诛杀在羽山，将这四人治罪之后，天下人就都归顺了舜，因为他讨伐的都是不仁之人。但象是最不仁的人，却封给他有庳。有庳的百姓有什么过错呢？难道仁者就是这样的吗——对外人就惩处，对弟弟就加封？"

孟子说："仁者对待弟弟，不隐藏愤怒，不积累怨恨，只是亲近爱护他罢了。亲近他，就希望他地位尊贵；爱护他，就希望他富裕。把有庳分封给他，是让他尊贵富裕。舜是天子，弟弟却是平民，这能称得上亲近爱护吗？"

万章问："那请问，有人说这是流放，又是什么意思呢？"

孟子说："象不能在他的封地上为所欲为，天子派遣官吏治理有庳，并且他还要缴纳贡税，所以有人说是流放。象怎么能残暴地对待百姓呢？即使如此，舜还是希望常常见到象，因此象经常来朝见舜。所谓'不必等到朝贡的时候，平时也以政事的名义接见有庳的君长'，说的就是这件事。"

9.4 咸丘蒙问曰[1]："语云[2]：'盛德之士，君不得而臣，父不得而子。'舜南面而立，尧帅诸侯北面而朝之，瞽瞍亦北面而朝之。舜见瞽瞍，其容有蹙[3]。孔子曰：'于斯时也，天下殆哉！岌岌乎[4]！'不识此语诚然乎哉？"

孟子曰："否。此非君子之言，齐东野人之语也[5]。尧老而舜摄也。《尧典》曰[6]：'二十有八载，放勋乃徂落[7]。百姓如丧考妣[8]。三年，四海遏密八音[9]。'孔子曰[10]：'天无二日，民无二王。'舜既为天子矣，又帅天下诸侯以为尧三年丧，是二天子矣。"

咸丘蒙曰:“舜之不臣尧,则吾既得闻命矣。《诗》云[11]:‘普天之下,莫非王土。率土之滨[12],莫非王臣。’而舜既为天子矣,敢问瞽瞍之非臣,如何?”

曰:“是诗也,非是之谓也。劳于王事,而不得养父母也。曰:‘此莫非王事,我独贤劳也[13]。’故说《诗》者,不以文害辞[14],不以辞害志[15];以意逆志[16],是为得之。如以辞而已矣,《云汉》之诗曰[17]:‘周余黎民,靡有孑遗[18]。’信斯言也,是周无遗民也。孝子之至,莫大乎尊亲。尊亲之至,莫大乎以天下养。为天子父,尊之至也。以天下养,养之至也。《诗》曰[19]:‘永言孝思[20],孝思维则。’此之谓也。《书》曰[21]:‘祗载见瞽瞍[22],夔夔齐栗[23],瞽瞍亦允若[24]。’是为父不得而子也。”

【注释】

〔1〕咸丘蒙:孟子弟子。

〔2〕语:语是古代一种著作体例,主要用于记述古人言论行事。

〔3〕蹙(cù):局促不安。

〔4〕岌岌:危险。此处所引孔子言论又见于《墨子》与《韩非子》。

〔5〕齐东野人:朱熹《集注》:“齐国之东鄙也。”

〔6〕《尧典》曰:以下数句见于今文《尚书·舜典》。

〔7〕放勋:尧的称号。徂落:死亡。朱熹《集注》:“徂,升也。落,降也。人死则魂升而魄降,故古者谓死为徂落。”

〔8〕考妣:父死为考,母死为妣。

〔9〕遏:止。密:静。八音:金、石、丝、竹、匏、土、革、木,此处泛指各种乐器。

〔10〕孔子曰:此处引语,又见于《礼记》之《曾子问》、《坊记》。

〔11〕《诗》云:此处诗句引自《诗经·小雅·北山》。

〔12〕率:循。

〔13〕贤劳:劬劳、劳苦。宋翔凤《孟子赵注补正》云:“《小尔雅》,‘贤,多也。’《诗》,‘大夫不均,我从事独贤’,‘独贤’犹言‘独多’。《孟子》说诗为‘贤劳’,正是‘多劳’之义。”

〔14〕文：字。辞：语。

〔15〕志：《毛诗序》云：“诗者，志之所之也。在心为志，发言为诗。”

〔16〕逆：推求、推测。《周礼正义》卷二十一《乡师》郑玄注：“逆，犹钩考也。”

〔17〕《云汉》：《诗经·大雅》篇名。

〔18〕孑(jié)：遗。朱熹《集注》：“言说《诗》之法，不可以一字而害一句之义，不可以一句而害设辞之志，当以己意迎取作者之志，乃可得之。”

〔19〕《诗》曰：此处诗句引自《诗经·大雅·下武》。

〔20〕永：长。

〔21〕《书》曰：《尚书》逸篇，伪古文《尚书》将其辑入《大禹谟》。

〔22〕祗：敬。载：事。

〔23〕夔夔(kuí)齐栗：敬谨恐惧之貌。

〔24〕允：信、确实。若：顺。

【解读】咸丘蒙问道：“古书上说：‘德行很高的人，君主不能把他当做臣下，父亲也不能把他当做儿子。’舜做了天子，尧带领诸侯朝拜他，舜的父亲瞽瞍也一起朝拜。舜见了父亲，神色不安。孔子说：‘这个时候，天下岌岌可危啊！’不知道这话是真的吗？”

孟子说：“不是。这不是君子说的话，而是齐国东部乡野之人说的话。尧年老的时候，让舜代理自己的职权。《尧典》上记载：‘二十八年后，尧才去世，百姓像死了父母一样，服丧三年，全天下停止奏乐。’孔子说：‘天上不能有两个太阳，人间也不能有两个天子。’舜已经做了天子，同时又带领天下诸侯为尧服丧三年，这就同时有两个天子了。”

咸丘蒙说：“舜不以尧为臣，我已经明白了。《诗》说：‘普天之下，莫不是天子的土地；四海之内，莫不是天子的臣民。’既然舜做了天子，瞽瞍却不是他的臣民，请问这是为什么呢？”

孟子说：“这首诗说的不是那个意思，而是作者感慨劳于国事而无法侍奉父母。他说：‘这些事都是天子派下的任务啊，为什么让我独自操劳呢？'所以解释《诗》的人，不能拘泥于文字而误解了诗句，也不要拘泥于诗句而误解了大意。结合自己切身的体会去推测作者的本意，这样才能把握诗意。如果拘泥于诗句，(那么)《云汉》这首诗说：'周朝剩余的百姓，没有一个存活。'相信这句话，就会认为周朝没有一个人留存了。孝子的极致，莫过于使双亲尊贵；使双亲尊贵的极致，莫过于用天下来奉养父母。瞽瞍身为天子的父亲，可以说是尊贵到极点；舜用天下来奉养他，也可以说是奉养的极致了。《诗》说：'永远谨守孝道，孝道是天下的准则。'说的就是这个意思。《书》说：'舜小心恭敬地见父亲，谨敬而又畏惧，瞽瞍也就顺理而行了。'这难道是'父亲不能把他当儿子'吗？"

9.5　万章曰："尧以天下与舜[1]，有诸？"

孟子曰："否。天子不能以天下与人。"

"然则舜有天下也，孰与之？"

曰："天与之。"

"天与之者，谆谆然命之乎[2]？"

曰："否。天不言，以行与事示之而已矣。"

曰："以行与事示之者如之何？"

曰："天子能荐人于天，不能使天与之天下。诸侯能荐人于天子，不能使天子与之诸侯。大夫能荐人于诸侯，不能使诸侯与之大夫。昔者尧荐舜于天而天受之，暴之于民而民受之[3]。故曰：'天不言，以行与事示之而已矣。'"

曰："敢问荐之于天而天受之，暴之于民而民受之，如何？"

曰："使之主祭而百神享之，是天受之。使之主事而事治，百姓安之，是民受之也。天与之，人与之，故曰：'天子不能以天下与人。'舜相尧，二十有八载，非人之所能为也，天也。尧崩，三年之丧毕，舜避尧之子于南河之南[4]。天下诸侯朝觐者，不之尧之子而之舜；讼狱

者，不之尧之子而之舜；讴歌者，不讴歌尧之子而讴歌舜。故曰："天也。"夫然后之中国[5]，践天子位焉[6]。而居尧之宫，逼尧之子，是篡也，非天与也。《太誓》曰[7]：'天视自我民视，天听自我民听。'此之谓也。"

【注释】

〔1〕天下：朱熹《集注》："天下者，天下之天下，非一人之私有故也。"

〔2〕谆谆：反复叮嘱。

〔3〕暴(pù)：显露、公开。

〔4〕南河：黄河。《史记正义》引《括地志》："河在尧都之南，故曰南河。"

〔5〕中国：都城。

〔6〕践：即位。

〔7〕《太誓》曰：所引文句出自《尚书》逸篇，伪古文《尚书》将其辑入《太誓》。朱熹《集注》："天无形，其视听皆从于民主视听。民之归舜如此，则天与之可知矣。"

【解读】万章说："尧把天下让给了舜，有这回事吗？"

孟子说："没有。天子不能把天下让给别人。"

万章问："那么舜获得了天下，是谁授予的呢？"

孟子说："天授予的。"

问："天授予的，是反复嘱咐要他接受吗？"

孟子回答："不是。天不说话，只是通过行动和事实来表示而已。"

问："天是如何通过行动和事实来表示呢？"

孟子说："天子能把人推荐给天，却不能强迫上天把天下授予这个人；诸侯能把人推荐给天子，却不能强迫天子把诸侯之位授予这个人；大夫能把人推荐给诸侯，却不能强迫诸侯把大夫之位授予这个人。从前，尧向天推荐了舜，天接受了；把舜介绍给百姓，百姓也接受了。所以说，天不说话，只是通过行动和事实来表示而已。"

万章问："那么推荐给天，天接受了；介绍给百姓，百姓接受了，这是怎么回事呢？”

孟子说："让舜主持祭祀，神灵都来享用祭品，这就是天接受了；让舜主管政事，政事处理得很好，百姓安居乐业，就是百姓接受了。这地位是天授予的，百姓授予的，所以说，天子不能把天下授予别人。舜辅佐尧二十八年，这不是一个人的意志决定的，而是天决定的。尧死后，舜结束了三年的服丧，(为了)躲避尧的儿子，到了南河的南面。但天下来朝见的诸侯，都不到尧的儿子那里去，而到舜这里来；有冤屈来打官司的，也都到舜这里来而不到尧的儿子那里去；民间的歌谣歌颂舜，却不歌颂尧的儿子。所以说，舜当天子是天意。这样，舜才回到国都，登上了天子之位。(如果)舜是自己住进尧的宫室，逼迫尧的儿子让位，这就是篡位，而不是天授予的。《太誓》说：'天视自我民视，天听自我民听。'说的就是这个意思。"

9.6 万章问曰："人有言'至于禹而德衰，不传于贤而传于子'，有诸？"

孟子曰："否，不然也。天与贤，则与贤；天与子，则与子。昔者舜荐禹于天，十有七年，舜崩。三年之丧毕，禹避舜之子于阳城[1]。天下之民从之，若尧崩之后，不从尧之子而从舜也。禹荐益于天，七年，禹崩。三年之丧毕，益避禹之子于箕山之阴[2]。朝觐讼狱者不之益而之启[3]，曰：'吾君之子也。'讴歌者不讴歌益而讴歌启，曰：'吾君之子也。'丹朱之不肖[4]，舜之子亦不肖；舜之相尧、禹之相舜也，历年多，施泽于民久。启贤，能敬承继禹之道。益之相禹也，历年少，施泽于民未久。舜、禹、益，相去久远。其子之贤不肖，皆天也，非人之所能为也。莫之为而为者，天也。莫之致而至者，命也。匹夫而有天下者，德必若舜、禹，而又有天子荐之者，故仲尼不有天下。继世以有天下，天之所废，必若桀、纣者也，故益、伊尹、周公不有天下。伊尹相汤以王于天下[5]。汤崩，太丁未立[6]，外丙二年[7]，仲壬四年[8]。太

甲颠覆汤之典刑[9],伊尹放之于桐[10]。三年,太甲悔过,自怨自艾[11],于桐处仁迁义。三年,以听伊尹之训已也,复归于亳[12]。周公之不有天下,犹益之于夏,伊尹之于殷也。孔子曰:"唐、虞禅,夏后、殷、周继,其义一也[13]。"

【注释】

〔1〕阳城:地名,夏朝都城之一,在今河南省登封县一带。

〔2〕箕山:山名,在今河南省登封县东南。阴:山南为阳,山北为阴。

〔3〕启:禹的儿子。

〔4〕丹朱:尧的儿子。朱熹《集注》:"尧、舜之子皆不肖,而舜、禹之为相久,此尧、舜之子所以不有天下而舜、禹有天下也。禹之子贤,而益相不久,此启所以有天下而益不有天下也。然此皆非人力所为而自为,非人力所致而自至者。盖以理言之谓之天,自人言之谓之命,其实则一而已。"

〔5〕伊尹:商汤之贤相,辅佐商汤伐桀。

〔6〕太丁:商汤的儿子,未立而亡。《四部丛刊》本"太"作"大"。

〔7〕外丙:太丁的弟弟。卜辞作"卜丙"。

〔8〕仲壬:太丁的弟弟。卜辞作"中壬"。

〔9〕太甲:太丁的儿子。典刑:法典。

〔10〕桐:朱熹《集注》:"汤墓所在。"据《史记正义》引《太康地记》,桐在今河南偃师县西南。

〔11〕自怨自艾(yì):自我责备、自我改过。艾,治。

〔12〕亳(bó):商汤国都,在今河南偃师县西。

〔13〕朱熹《集注》:"或禅或继,皆天命也。圣人岂有私意于其间哉？尹氏曰:'孔子曰:"唐、虞禅,夏后、殷、周继,其义一也。"孟子曰:"天与贤,则与贤。天与子,则与子。"知前圣之心者,无如孔子。继孔子者,孟子而已矣。'"

【解读】万章问道:"有人说:'到了禹的时代,道德就衰败了,他没有把天下传给贤者,而是传给了自己的儿子。'有这回事吗？"

孟子说:"不,不是这样的。上天把天下传给贤人就传给贤人,上天把天下传给儿子就传给儿子。过去,舜向天推荐了禹,十七年后,舜去世了。三年的服丧结束后,禹躲避舜的儿子到了阳城,天下百姓都跟着到了阳城，就像尧死后大家都跟从舜而不跟从尧的儿子一样。禹向天推荐了益，七年后，禹去世了。三年的服丧结束后，益躲避禹的儿子到了箕山之北。但朝见和打官司的人不到益那里而到了启那里，说：'（他是）我们君王的儿子。'民间的歌谣不歌颂益，而是歌颂启，说：'（他是）我们君王的儿子。'（尧的儿子）丹朱不成器，舜的儿子也不成器。舜辅佐尧，禹辅佐舜，经历了很多年，施与百姓恩泽也很久。启很贤明，能够恭敬地继承禹的传统。益辅佐禹的时间不长，施与百姓恩泽也不久。舜、禹、益相距时间的长短，他们儿子的贤能与否，都是上天决定的，不是人的意志决定的。没有人授意他们做，他们却做到了，就是天意；没有人招它来，它却来了，这是命。以一介平民的身份获得天下，德行必定像尧舜一样，还要有天子推荐他。因此，孔子就没能得到天下。世代相传而得到了天下，但天却废弃了他的地位，这人必定是像桀、纣那样残暴。因此，益、伊尹、周公（虽然贤能，但他们遇到的君主并非那样残暴，）就没能得到天下。伊尹辅佐汤称王天下，汤死后，太丁没能继位就死了，外丙在位两年，仲壬在位四年。后来，太甲颠覆了汤立下的法度，伊尹把他流放到桐地。三年之后，太甲悔过，自我检讨，自己改过，在桐地遵从仁义。三年之后，能听从伊尹的教诲了，才又回到都城亳（做天子）。周公没能获得天下，和夏代的益、商代的伊尹是一样的情况。孔子说：'尧、舜以天下让贤，夏、商、周实行世袭，遵循的道理是一样的。'"

9.7 万章问曰："人有言'伊尹以割烹要汤[1]'，有诸？"

孟子曰："否，不然。伊尹耕于有莘之野[2]，而乐尧、舜之道焉。非其义也，非其道也，禄之以天下，弗顾也，系马千驷，弗视也。非其义也，非其道也，一介不以与人[3]，一介不以取诸人。汤使人以币聘

之[4]，嚣嚣然曰[5]：'我何以汤之聘币为哉？我岂若处畎亩之中，由是以乐尧、舜之道哉？'汤三使往聘之[6]。既而幡然改曰[7]：'与我处畎亩之中[8]，由是以乐尧、舜之道，吾岂若使是君为尧、舜之君哉？吾岂若使是民为尧、舜之民哉？吾岂若于吾身亲见之哉？天之生此民也，使先知觉后知[9]，使先觉觉后觉也。予，天民之先觉者也。予将以斯道觉斯民也，非予觉之而谁也？'思天下之民，匹夫匹妇有不被尧、舜之泽者，若己推而内之沟中[10]。其自任以天下之重如此，故就汤而说之以伐夏救民。吾未闻枉己而正人者也，况辱己以正天下者乎？圣人之行不同也，或远或近，或去或不去，归洁其身而已矣。吾闻其以尧、舜之道要汤，未闻以割烹也。《伊训》曰[11]：'天诛造攻自牧宫[12]，朕载自亳[13]。'"

【注释】

〔1〕伊尹以割烹要汤：据《史记·殷本纪》、《墨子·尚贤》、《吕氏春秋·本味》记载，伊尹擅长烹饪之道，以美味佳肴获得商汤重用。朱熹《集注》："按《史记》：'伊尹欲行道，以致君而无由，乃为有莘氏之媵臣，负鼎俎，以滋味说汤，致于王道。'盖战国时有为此说者。"割烹：割肉而烹。要：求、干求、邀结。

〔2〕有莘(shēn)：古代国名，古称国名常在前加"有"，有莘国在今山东省曹县北。

〔3〕介：同"芥"，细小。

〔4〕币：束帛。《说文》云"币，帛也"。

〔5〕嚣嚣然：赵岐《注》曰："自得之志，无欲之貌也。"

〔6〕古汉语中"三"多指概数，意为多次。因而此处的"三"和"三思而行"、"三缄其口"同义。

〔7〕幡：同"翻"，改变。

〔8〕与：与其。

〔9〕觉：悟。通"寤"，醒。朱熹《集注》："知，谓识其事之所当然。觉，谓悟其理之所以然。觉后知后觉，如呼寐者而使之寤也。"

〔10〕内：通"纳"。

〔11〕《伊训》:《尚书》逸篇名,伪古文《尚书》将其采入《伊训》。

〔12〕造:开始。牧宫:夏桀的宫殿。

〔13〕朕:伊尹自称。载:开始。

【解读】万章问道:"有人说:'伊尹通过烹饪来获得汤的重用。'有这回事吗?"

孟子说:"不,不是这样的。伊尹在有莘国郊外耕种,以遵行尧舜之道为乐。如果不合道义,就算把天下作为俸禄给他,他也不理睬;即便送给他四千匹良马,他也不会看一眼。如果不合道义,即使是一点东西也不给别人,也不会从别人那里获取一点点东西。汤派人带着礼物聘请他,他满不在乎地说:'我为什么要接受汤的聘礼呢?这哪里比得上我在这田野之中,以尧舜之道为乐呢?'汤又多次派人聘请,不久他突然改变了态度,说:'与其住在田野里,以尧舜之道为乐,为何不使当今的君主成为尧舜一样的圣君?为何不让现在的百姓成为尧舜时代的百姓?何不使我亲眼看到这些呢?上天创造民众,就是要让先知者来使后知后觉的人觉悟。我,就是百姓中的先知者,我要用尧舜之道来让人们有所觉悟。如果我不去让他们觉悟,还有谁能呢?'伊尹想,在天下人中,如果有一个男人或一个女人没有感受到尧舜之道的恩泽,就好像是自己把他们推进了山沟一样。他就这样把天下的重担挑在肩上,因此到了汤那里,就劝说他讨伐夏桀,拯救百姓。我没有听说过自己不正却能够匡正别人的,更何况屈辱自己来匡正天下的呢?圣人的行为有所不同,有的疏远君主,有的接近君主,有的远离朝廷,有的却留恋朝廷。归根结底,他们都要让自己干干净净,不染脏污。我只听说伊尹用尧舜之道获得汤的任用,没有听说过他靠烹饪去干谒。《伊训》里说:'上天的诛杀,祸端最初是从夏桀自身开始的,而我只是从亳都开始谋划罢了。'"

9.8 万章问曰："或谓孔子于卫主痈疽[1]，于齐主侍人瘠环[2]，有诸乎？"

孟子曰："否，不然也。好事者为之也。于卫主颜雠由[3]。弥子之妻与子路之妻[4]，兄弟也。弥子谓子路曰：'孔子主我，卫卿可得也。'子路以告。孔子曰：'有命。'孔子进以礼，退以义，得之不得曰'有命'。而主痈疽与侍人瘠环，是无义无命也。孔子不悦于鲁、卫。遭宋桓司马将要而杀之[5]，微服而过宋。是时孔子当阨[6]，主司城贞子[7]，为陈侯周臣[8]。吾闻观近臣[9]，以其所为主；观远臣[10]，以其所主。若孔子主痈疽与侍人瘠环，何以为孔子？"

【注释】

〔1〕主："以……为主人"，动词。朱熹《集注》："谓舍于其家，以之为主人也。"痈疽：卫灵公宠信的宦官，《史记·孔子世家》作"雍渠"，《韩非子》作"雍钼"，《说苑》作"雍雎"，皆同音通借。

〔2〕侍人：宦官。瘠环：宦官名，齐国国君的宠臣。

〔3〕颜雠由：卫国的贤大夫，《史记》作颜浊邹。

〔4〕弥子：即卫灵公幸臣弥子瑕。

〔5〕桓司马：宋大夫司马桓魋（tuí）。要（yāo）：拦截。

〔6〕阨（è）：困厄。

〔7〕司城贞子：根据《史记·孔子世家》记载，此人当是陈国人。朱熹《集注》："按《史记》：'孔子为鲁司寇，齐人馈女乐以间之，孔子遂行。适卫月余，去卫适宋。司马魋欲杀孔子，孔子去，至陈，主于司城贞子。'孟子言孔子虽当阨难，然犹择所主，况在齐、卫无事之时，岂有主痈疽、侍人之事乎？"

〔8〕陈侯周：陈国国君，名周。

〔9〕近臣：在朝之臣。

〔10〕远臣：从远方来的臣子。朱熹《集注》："君子、小人，各从其类。故观其所为主与其所主者，而其人可知。"

【解读】万章问道："有人说，在卫国的时候孔子住在宦官痈疽的家里，在齐国的时候住在宦官瘠环的家里。有这回事吗？"

孟子说："不，不是这样的，这是好事之徒编造出来的。孔子在卫国的时候，住在颜雠由的家里。弥子瑕的妻子和子路的妻子是姐妹，弥子瑕对子路说：'孔子住在我家里，卫国卿相的地位就可以得到了。'子路把这话告诉了孔子，孔子说：'由命决定。'孔子进退都依照礼义行事，把是否能得到官位称作'由命决定'。如果他住在痈疽和瘠环的家里，那就无视道义和命运了。孔子在鲁国和卫国不受欢迎，宋国的桓司马又企图截杀他，因此他改换服装悄悄离开宋国。那时候，孔子处境艰难，于是住在司城贞子的家里，做了陈国国君周的臣子。我听说，观察在朝的臣子的品行，要看他所接待的客人；观察外来的臣子，看他寄居之处的主人。如果孔子住在痈疽和瘠环的家里，怎么还能算是孔子呢？"

9.9 万章问曰："或曰：'百里奚自鬻于秦养牲者五羊之皮[1]。食牛[2]，以要秦穆公。'信乎？"

孟子曰："否，不然。好事者为之也。百里奚，虞人也[3]。晋人以垂棘之璧与屈产之乘[4]，假道于虞以伐虢[5]。宫之奇谏[6]，百里奚不谏，知虞公之不可谏而去[7]。之秦，年已七十矣，曾不知以食牛干秦穆公之为汙也[8]，可谓智乎？不可谏而不谏，可谓不智乎？知虞公之将亡而先去之，不可谓不智也。时举于秦，知穆公之可与有行也而相之[9]，可谓不智乎？相秦而显其君于天下，可传于后世，不贤而能之乎？自鬻以成其君，乡党自好者不为，而谓贤者为之乎？"

【注释】

〔1〕百里奚：原为虞国大夫，后成为秦国大夫，辅佐秦穆公成就霸业。鬻：卖。

〔2〕食(sì)牛：赵岐《注》云："为人养牛。"

〔3〕虞：周初所封诸侯国名，故地在今山西平陆。公元前655年被晋所灭。

〔4〕垂棘：晋国地名，今未详所在。屈：晋国地名，今未详所在。

〔5〕假道：借道。晋以垂棘之璧玉与屈产之良马向虞借路伐虢之事，发生

在公元前658年。

〔6〕宫之奇：虞国大夫。

〔7〕朱熹《集注》："晋欲伐虢，道经于虞，故以此物借道，其实欲并取虞。宫之奇，亦虞之贤臣，谏虞公令勿许。虞公不用，遂为晋所灭。百里奚知其不可谏，故不谏而去之。"

〔8〕曾：竟然、居然。

〔9〕有行：有所作为。

【解读】 万章问道："有人说：'百里奚以五张羊皮的价格把自己卖给秦国养牲口的人，通过替人家养牛来获得秦穆公的任用。'这是真的吗？"

孟子说："不，不是这样的，这是好事之徒编造出来的。百里奚是虞国人，晋国人用垂棘所产的美玉和屈地所产的良马向虞国借路去攻打虢国。宫之奇进谏(虞国国君，求他不可答应此事)，但百里奚没有进谏。他知道国君不会听从劝告，因此离开虞国去了秦国，那时他已经七十岁了。(如果)他不知道用替人养牛的办法接近秦穆公是一种污浊的行为，这能说他聪明吗？(他知道虞君)不会听从劝告就不去劝告，这能说他不聪明吗？他预料到虞国要灭亡所以提前离开，不能说他不明智。当他在被秦国任用的时候，发现秦穆公是位能够有所作为的君主，于是就辅佐他，这难道不明智吗？做了秦国的卿相，让他的君主显赫于天下，名声流传后世，不是贤者能做到吗？以出卖自身来成全君主，乡里洁身自爱的人都不会去干，难道贤者会这么做吗？"

孟子通释卷十

万章章句下（凡九章）

【**概说**】“友”这一概念在本篇中反复出现。“友”范畴在先秦时期存在着一个在内涵与外延上由小到大、向外膨胀的逻辑演变过程。《大戴礼记·曾子制言》：“父母之仇，不与同生；兄弟之仇，不与聚国；朋友之仇，不与聚乡；族人之仇，不与聚邻。”朋友这一概念至迟在春秋中晚期已经从“族人”中分化、独立出来，王聘珍注：“同门曰朋，同志曰友。”由此可见，凡志同道合者皆为友。孟子社会政治思想中的“友”应当是“同志”之友，而非“友，亲也”之友，煞费苦心地将君臣关系论证为以德相交的“友”，表面上看似乎与西周时代的“孝友合一”趋近，因而出现了“返祖”现象。但是，孟子的真实目的是为其民本主义政治学说立论。胡适认为，“因为他把个人的人格，看得如此之重，因为他以为人性都是善的，所以他有一种平等主义。”并且评论说：“孟子的政治学说很带有民权的意味。”梁启超也将孟子定位为民权主义者，主张统治者应以民意为进退，以顺从民心为标准。

10.1　孟子曰：“伯夷[1]，目不视恶色，耳不听恶声。非其君不事，非其民不使。治则进，乱则退。横政之所出[2]，横民之所止，不忍居也。思与乡人处，如以朝衣朝冠坐于涂炭也[3]。当纣之时，居北海

之滨，以待天下之清也。故闻伯夷之风者，顽夫廉[4]，懦夫有立志。

“伊尹曰：‘何事非君？何使非民？’治亦进，乱亦进。曰：‘天之生斯民也，使先知觉后知，使先觉觉后觉。予，天民之先觉者也。予将以此道觉此民也。’思天下之民，匹夫匹妇有不与被尧、舜之泽者，若己推而内之沟中，其自任以天下之重也。

“柳下惠不羞污君[5]，不辞小官。进不隐贤，必以其道。遗佚而不怨[6]，阨穷而不悯[7]。与乡人处，由由然不忍去也[8]。‘尔为尔，我为我，虽袒裼裸裎于我侧[9]，尔焉能浼我哉[10]？’故闻柳下惠之风者，鄙夫宽[11]，薄夫敦[12]。

“孔子之去齐，接淅而行[13]。去鲁，曰：‘迟迟吾行也！’去父母国之道也。可以速而速，可以久而久，可以处而处，可以仕而仕，孔子也。”

孟子曰：“伯夷，圣之清者也。伊尹，圣之任者也[14]。柳下惠，圣之和者也[15]。孔子，圣之时者也。孔子之谓集大成[16]。集大成也者，金声而玉振之也[17]。金声也者，始条理也。玉振之也者，终条理也。始条理者，智之事也。终条理者，圣之事也。智，譬则巧也。圣，譬则力也。由射于百步之外也[18]，其至，尔力也；其中，非尔力也。”

【注释】

〔1〕伯夷：古代著名隐士，商朝末年孤竹君的长子。孤竹国君去世后，伯夷与其弟叔齐相互谦让，不登王位，后来兄弟俩逃往周朝。他们反对周武王伐纣王，武王得天下后，伯夷与叔齐不食周粟，饿死于首阳山。

〔2〕横(hèng)政：暴政。横，专横、暴虐。

〔3〕涂：泥泞之地。炭：炭灰。

〔4〕顽夫：贪婪之人。顽，贪。赵岐《注》曰：“顽贪之夫更思廉洁。”陈器之进一步指出：“《孟子》‘顽夫廉’，‘顽’字古皆是‘贪’字。”

〔5〕柳下惠：春秋时期鲁国大夫，后来隐遁，成为“逸民”。柳下惠品行廉正，有关他“坐怀不乱”的故事在历代广为传颂。

〔6〕遗佚：被君王遗弃未重用。

〔7〕悯：忧愁。

〔8〕由由然：悠然自适。

〔9〕袒裼(tǎn xī)裸裎(chéng)：赤身露体。

〔10〕浼(měi)：污染。

〔11〕鄙夫：心胸狭隘之人。

〔12〕薄夫：刻薄之人。

〔13〕淅：淘米。赵岐《注》曰："淅，渍米也。"朱熹《集注》："淅，渍米水也。渍米将炊，而欲去之速，故以手承水取米而行，不及炊也。"

〔14〕任：朱熹《集注》："孔氏曰：'任者，以天下为己责也。'"

〔15〕和：朱熹《集注》："张子曰：'无所杂者清之极，无所异者和之极。勉而清，非圣人之清。勉而和，非圣人之和。所谓圣者，不勉不思而至焉者也。'"

〔16〕集大成：古称乐曲一终为一成。朱熹《集注》："此言孔子集三圣之事，而为一大圣之事。犹作乐者，集众音之小成而为一大成也。"

〔17〕金声而玉振：金，指钟类乐器。玉，指磬类乐器。古代奏乐以钟声起音，以磬声收尾。朱熹《集注》："八音之中，金、石为重，故特为众音之纲纪。又，金始震而玉终诎然也。故并奏八音，则于其未作，而先击镈钟以宣其声；俟其既阕，而后击特磬以收其韵。宣以始之，收以终之。二者之间脉络通贯，无所不备，则合众小成而为一大成，犹孔子之知无不尽而德无不全也。"

〔18〕由：通"犹"。

【解读】孟子说："伯夷，眼睛不看丑恶的东西，耳朵不听丑恶的声音。不是他理想中的君主，就不去侍奉；不是他理想中的百姓，就不去使唤。政治清平，就入朝做官；天下大乱，就退而隐居。暴政横行的国家，暴民居住的地方，他不愿去居住。他觉得与乡下的暴民相处，就好像穿着朝服戴着礼帽坐在泥土炭灰上一样。纣王在位时，他住在北海边，等待着政治清平的时代。所以，听说了伯夷的高风亮节，贪婪的人也变得廉洁了，懦弱的人也能立志了。

"伊尹说：'哪个君主不能侍奉？哪个百姓不能使唤？'政治清平

的时候入朝做官，天下大乱的时候也出来做官，他说：'上天创生这些百姓，就是让其中的先知先觉者帮助后知后觉者觉悟。我就是百姓中的先觉者，我要用尧舜之道来觉悟百姓。'想到天下百姓中的一男或一女还没有感受到尧舜之道的恩泽，就好像是自己把他们推进山沟里似的。他就是这样把天下的重担挑在肩上。

"柳下惠不以侍奉昏君为耻，也不因为官小而辞职。入朝为官不隐藏自己的才能，必定按照自己的准则来做事；自己不被重视也并不怨恨，处境困窘也不忧愁。与乡下人相处，总是悠然自得而不忍离开。'你是你，我是我，就算你在我身边赤身裸体，又怎么能玷污我呢？'所以，听说了柳下惠的高风亮节，心胸狭窄的人会变得宽容，刻薄的人也会变得敦厚。

"孔子离开齐国时，捞起正在淘洗的米就匆匆忙忙上路；离开鲁国时却说：'慢慢走吧！'这是离开祖国的态度。该快点儿离开时就快离开，该慢点儿离开时就慢慢离开。该归隐时就归隐，该出仕时就出仕，这就是孔子。"

孟子说："伯夷，是圣人中的清高者；伊尹，是圣人中的尽责者；柳下惠，是圣人中的谦和者；孔子，是圣人中的合时宜者。孔子可以说是集大成者。所谓集大成，就好像奏乐时先用钟声起音，最后用磬声收尾一样。先敲钟，示意旋律节奏的开始；以磬收尾，示意旋律节奏的结束。开始奏出旋律，靠的是智慧；最后奏出旋律，靠的是圣德。智慧好比技巧，圣德好比气力。就像在百步之外射箭，射到靶子，靠的是气力；射中靶心，就不全靠气力了。"

10.2 北宫锜问曰[1]："周室班爵禄也[2]，如之何？"

孟子曰："其详不可得闻也。诸侯恶其害己也，而皆去其籍[3]。然而轲也尝闻其略也。天子一位，公一位，侯一位，伯一位，子、男同

一位，凡五等也。君一位，卿一位，大夫一位，上士一位，中士一位，下士一位，凡六等[4]。天子之制，地方千里，公侯皆方百里，伯七十里，子、男五十里，凡四等。不能五十里[5]，不达于天子，附于诸侯，曰附庸。天子之卿，受地视侯[6]，大夫授地视伯，元士受地视子、男[7]。大国地方百里，君十卿禄，卿禄四大夫，大夫倍上士，上士倍中士，中士倍下士，下士与庶人在官者同禄，禄足以代其耕也。次国地方七十里，君十卿禄，卿禄三大夫，大夫倍上士，上士倍中士，中士倍下士，下士与庶人在官者同禄，禄足以代其耕也。小国地方五十里，君十卿禄，卿禄二大夫，大夫倍上士，上士倍中士，中士倍下士，下士与庶人在官者同禄，禄足以代其耕也。耕者之所获，一夫百亩，百亩之粪[8]，上农夫食九人，上次食八人，中食七人，中次食六人，下食五人。庶人在官者，其禄以是为差[9]。”

【注释】

〔1〕北宫锜(qí)：卫国人。

〔2〕班：列、排比。

〔3〕籍：文书档案。

〔4〕朱熹《集注》：“此班爵之制也，五等通于天下，六等施于国中。”

〔5〕不能：不足。

〔6〕视：比、比照。

〔7〕元士：上士。

〔8〕粪：施肥。

〔9〕差：等级、等差。

【解读】北宫锜问：“周朝规定的官位和俸禄的等级，是怎么样的呢？”

孟子说：“详细的情况已经不知道了，诸侯都认为那些制度对自己不利，把相关的文献典籍都销毁了。但我曾听说过大概的情况，天子一级，公一级，侯一级，伯一级，子和男一级，一共五个等级。(在诸侯国中,)君一级,卿一级,大夫一级,上士一级,中士一级,下士一级,一共六个等级。天子所辖疆域方圆千里,公、侯都是方圆百里,伯是七十里,子、男都是五十里,一共四个等级。封地疆域不到五十里的,不直接受天子管理,只能依附于诸侯,叫做附庸。天子之卿的封地等级与侯相同,大夫封地等级与伯相同,元士封地等级与子、男相同。大的诸侯国方圆百里,其君主的俸禄是卿的十倍,卿的俸禄是大夫的四倍,大夫的俸禄是上士的两倍,上士的俸禄是中士的两倍,中士的俸禄是下士的两倍,下士的俸禄和在官府当差的百姓相同,这俸禄足够代替他们耕种的收入。中等诸侯国方圆七十里,其君主的俸禄是卿的十倍,卿的俸禄是大夫的三倍,大夫的俸禄是上士的两倍,上士的俸禄是中士的两倍,中士的俸禄是下士的两倍,下士的俸禄和在官府当差的百姓相同,这俸禄足够代替他们耕种的收入。小诸侯国方圆五十里,其君主的俸禄是卿的十倍,卿的俸禄是大夫的两倍,大夫的俸禄是上士的两倍,上士的俸禄是中士的两倍,中士的俸禄是下士的两倍,下士的俸禄和在官府当差的百姓相同,这俸禄足够代替他们耕种的收入。种田人的收入,是一个农夫分到百亩耕地,这一百亩地经过施肥耕种,上等的农夫能养活九人,差一点的能养活八人,中等的农夫能养活七人,再差一点的能养活六人,下等的农夫能养活五人。在官府当差的百姓,其俸禄也依照这个等级来区分。"

10.3 万章问曰:"敢问友。"

孟子曰:"不挟长[1],不挟贵,不挟兄弟而友[2]。友也者,友其德也,不可以有挟也。孟献子[3],百乘之家也,有友五人焉:乐正裘、牧仲,其三人则予忘之矣。献子之与此五人者友也,无献子之家者也。此五人者,亦有献子之家,则不与之友矣。非惟百乘之家为然也,虽

小国之君亦有之。费惠公曰[4]:‘吾于子思,则师之矣。吾于颜般,则友之矣。王顺、长息,则事我者也。’非惟小国之君为然也,虽大国之君亦有之。晋平公之于亥唐也[5],入云则入,坐云则坐,食云则食。虽疏食菜羹[6],未尝不饱,盖不敢不饱也。然终于此而已矣,弗与共天位也,弗与治天职也,弗与食天禄也。士之尊贤者也,非王公之尊贤也。舜尚见帝[7],帝馆甥于贰室[8],亦飨舜,迭为宾主,是天子而友匹夫也。用下敬上[9],谓之贵贵。用上敬下,谓之尊贤。贵贵、尊贤,其义一也[10]。”

【注释】

〔1〕挟:依仗。

〔2〕兄弟:历代解释不一,赵岐《注》曰:“长,年长。贵,贵势。兄弟,兄弟有富贵者。”焦循又进而列举其他两种不同解释,“江氏永《群经补义》云:‘古人以婚姻为兄弟,如张子之于二程,程允夫之于朱子,皆有中表之亲,既为友则有师道,不可谓我与彼为姻亲,有疑不肯下问也。挟兄弟而问,与挟故而问相似。俗解为不挟兄弟多人而友,兄弟多人有何可挟乎?须辨别之。’赵氏佑《温故录》云:‘兄弟,等夷之称。必其人之与己等夷而后友之,则不肯与胜己处,不能不耻下问矣。兄弟有富贵者,则仍挟贵意耳。’”

〔3〕孟献子:鲁国大夫仲孙蔑,献是谥号。

〔4〕费惠公:费国国君。费,国名,故地在今山东省费县北。

〔5〕晋平公:春秋时期晋国国君,名彪。亥唐:晋国贤人、隐士。朱熹《集注》:“亥唐,晋贤人也。平公造之,唐言‘入’,公乃入;言‘坐’,乃坐;言‘食’,乃食也。”

〔6〕疏食:粗糙的饭食。疏,《诸子集成》本作“蔬”。

〔7〕尚:通“上”。

〔8〕甥:女婿。贰室:副宫。

〔9〕用:以。

〔10〕朱熹《集注》:“贵贵、尊贤,皆事之宜者。然当时但知贵贵,而不知尊

贤,故孟子曰'其义一也'。 此言朋友人伦之一,所以辅仁,故以天子友匹夫而不为诎,以匹夫友天子而不为僭。此尧、舜所以为人伦之至,而孟子言必称之也。"

【解读】万章问道:"请问怎样交朋友?"

孟子说:"不倚仗自己年纪大,不倚仗自己地位高,也不倚仗兄弟的富贵去交友。交朋友,是同他的品德交友,而不要去倚仗什么。孟献子,是一位拥有百辆车马的大夫,他有五位朋友:乐正裘、牧仲,另外三位我忘记是谁了。献子与这五位朋友相交,并不依仗着自己尊贵的地位。这五个人,如果都看重献子尊贵的地位,也就不会成为他的朋友了。并不只是拥有百辆车马的士大夫这样,小国的国君也是如此。费惠公说过:'子思对于我来说,是一位老师;颜般对于我来说,是一位朋友;而王顺、长息这样的人,只是侍奉我的人而已。'并不是只有小国的国君这样,大国的国君也是如此。晋平公对于亥唐(非常尊敬),亥唐让他进门他就进门,让他坐下他就坐下,让他吃他就吃,虽说吃的是粗茶淡饭,但从来没有吃不饱,因为不敢不吃饱。晋平公也就是做到这样罢了,并不与他分享尊贵的地位,不和他一起治理国家,不与他分享俸禄,这是一般士人尊敬贤者的态度,不是王公贵族尊敬贤者的态度。舜朝见尧的时候,尧把这位女婿安排在副宫里住下,并且款待他,两人互为宾主,这是天子和百姓交朋友。地位低的人尊敬地位高的人,这叫尊重贵人;地位高的人尊敬地位低的人,这叫尊敬贤者。尊重贵人和尊敬贤者,道理是一样的。"

10.4 万章问曰:"敢问交际何心也[1]?"

孟子曰:"恭也。"

曰:"'却之却之为不恭[2]',何哉?"

曰:“尊者赐之,曰:‘其所取之者,义乎?不义乎?’而后受之,以是为不恭,故弗却也。”

曰:“请无以辞却之,以心却之,曰:‘其取诸民之不义也。’而以他辞无受,不可乎?”

曰:“其交也以道,其接也以礼,斯孔子受之矣。”

万章曰:“今有御人于国门之外者[3],其交也以道,其餽也以礼,斯可受御与?”

曰:“不可。《康诰》曰[4]:‘杀越人于货[5],闵不畏死[6],凡民罔不憝[7]。’是不待教而诛者也。殷受夏,周受殷,所不辞也。于今为烈[8],如之何其受之?”

曰:“今之诸侯取之于民也,犹御也。苟善其礼际矣,斯君子受之。敢问何说也?”

曰:“子以为有王者作,将比今之诸侯而诛之乎[9]? 其教之不改而后诛之乎? 夫谓非其有而取之者盗也,充类至义之尽也[10]。孔子之仕于鲁也,鲁人猎较[11],孔子亦猎较。猎较犹可,而况受其赐乎?”

曰:“然则孔子之仕也,非事道与?”

曰:“事道也[12]。”

“事道奚猎较也?”

曰:“孔子先簿正祭器[13],不以四方之食供簿正。”

曰:“奚不去也?”

曰:“为之兆也[14]。兆足以行矣,而不行,而后去,是以未尝有所终三年淹也[15]。孔子有见行可之仕,有际可之仕[16],有公养之仕[17]。于季桓子[18],见行可之仕也。于卫灵公,际可之仕也。于卫孝公[19],公养之仕也。”

【注释】

〔1〕交际:交往。际,接。朱熹《集注》:“交际,谓人以礼仪币帛相交接也。”

焦循《正义》说:"《尔雅释诂》云:'际,捷也。'捷与接通。《说文》手部云:'接,交也。'是际亦交也。谓诸侯以礼仪币帛与士相交接。"

〔2〕却:推辞不接受。

〔3〕御:拦截。朱熹《集注》:"御,止也。止人而杀之,且夺其货也。国门之外,无人之处也。"

〔4〕《康诰》:今文《尚书》篇名。

〔5〕越:抢劫。赵岐《注》云:"越,于,皆于也。杀于人,取于货。"根据殷墟新出卜辞分析,卜辞"越"字,像人一手持钺、一手摆动往前急走之形,有强行夺取之义。

〔6〕闵:强横。

〔7〕憝(duì):怨、怨恨。

〔8〕于今为烈:从"殷受夏"到"于今为烈"十四字,朱熹认为是衍文,可略而不论。

〔9〕比:连。

〔10〕充类至义:充其类,极其义,指把标准提升到最高点。

〔11〕猎较(jué):古代打猎时,相互炫耀所猎获的猎物,并用于祭祀。

〔12〕事道:以行道为志向。朱熹《集注》:"事道者,以行道为事也。"

〔13〕簿正祭器:根据已有"簿书"的规定,选择祭祀的器物和祭品。赵岐《注》曰:"孟子曰,孔子仕于衰世,不可卒暴改戾,故以渐正之。先为簿书,以正其宗庙祭祀之器。"

〔14〕兆:始、开端。

〔15〕淹:淹留。

〔16〕际可:以礼交接。朱熹《集注》:"接遇以礼也。"

〔17〕公养:国君以礼待贤。朱熹《集注》:"国君养贤之礼也。"

〔18〕季桓子:名斯,执擅鲁国大权季氏家族成员。

〔19〕卫孝公:朱熹认为此人可能是卫出公。朱熹《集注》:"《春秋》、《史记》皆无之,疑出公辄也。"

【解读】万章问道:"请问同别人交往的时候,心思应该是怎样的呢？”

孟子说：“内心要恭敬。”

万章问：“(有人说：)‘一再拒绝别人的礼物是不恭敬的。’这是为什么呢？”

孟子说：“如果地位尊贵的人赏赐礼物给你，你却要先想想他得到这东西的途径究竟是不是符合道义，想好了之后才接受，这是不恭敬的，所以不应该推却。”

万章问：“如果不用言辞拒绝，只在心里拒绝，心想：‘这是从百姓那里掠夺来的，不符合道义。’然后用其他的托辞拒绝接受，难道不可以吗？”

孟子说：“如果他与人交往遵守道义，和别人接触也按照礼节，就算是孔子，也会接受的。”

万章说：“现在有个在城外拦路抢劫的盗贼，他也遵守道义和我交往，按照礼节送我礼物，难道我可以接受他抢来的东西吗？”

孟子说：“不可以。《康诰》里说：‘杀人抢劫、蛮横不怕死的人，百姓没有不痛恨的。’这种人是不需教育就可以杀掉的。(这条规定，)从夏朝到商朝，从商朝到周朝，都得到了沿袭。如今杀人越货的事情越来越多，怎么能接受这些赃物呢？”

万章说：“现在的诸侯从百姓那里掠夺财物，跟拦路抢劫没什么区别。但他们只要遵守礼节，君子也就可以接受他们的礼物了。这又是什么道理呢？”

孟子说：“你认为如果现在有位圣王出现，他对于如今这些诸侯，会直接杀掉呢，还是等到屡教不改之后再杀掉呢？而且，拿走了不属于自己的东西就是抢劫，这是把‘抢劫’一词的含义扩大到了极致。孔子在鲁国做官的时候，鲁国人有个风俗，打猎时可以相互争夺猎物，孔子因此也去争夺猎物。争夺猎物都是可以的，何况接受馈赠呢？”

万章说：“那么孔子做官，不是为了推行仁道吗？”

孟子说：“是为了推行仁道。”

（万章问：）“推行仁道何必去争夺猎物呢？”

孟子说：“孔子先用文书规定好祭祀用的祭器和祭品，不用争夺来的猎物做祭品。”

万章说：“孔子为什么不辞官离开呢？”

孟子说：“他要以此作为推行仁道的开始。如果这个开始能够行得通，但君王不肯推行，这才离开那里。所以孔子没有在任何一个朝廷停留超过三年。孔子做官，有时候是因为可以推行仁道，有时候是因为国君对他以礼相待，也有时候是因为国君能供养贤士。在季桓子那里做官，是因为可以推行仁道；在卫灵公那里做官，是因为灵公对他以礼相待；在卫孝公那里做官，是因为孝公能供养贤士。”

10.5 孟子曰：“仕非为贫也，而有时乎为贫。娶妻非为养也，而有时乎为养。为贫者，辞尊居卑，辞富居贫。辞尊居卑，辞富居贫，恶乎宜乎？抱关击柝[1]。孔子尝为委吏矣[2]，曰：‘会计当而已矣’。尝为乘田矣[3]，曰：‘牛羊茁壮，长而已矣。’位卑而言高，罪也。立乎人之本朝，而道不行，耻也。”

【注释】

〔1〕抱关：守门人。击柝(tuò)：巡夜打更的人。柝，梆子。

〔2〕委吏：管理仓库的小官。朱熹《集注》：“委吏，主委积之吏也。”

〔3〕乘田：管理牲畜的小官。朱熹《集注》：“乘田，主苑囿刍牧之吏也。

【解读】孟子说：“做官不是因为贫穷，但有时是因为贫穷；娶妻不是为了奉养父母，但有时是为了奉养父母。因为贫穷而做官的，就应该拒绝高官而做小官，拒绝厚禄而领取薄俸。拒绝高官厚禄，接受卑职薄俸，那什么样的职位才合适呢？像守门打更这样的职位就可以。孔子曾经做过管理仓库的小官，说：‘核算得当就可以了。’他也曾当过管理牲畜的小官，说：‘牛羊长得壮实就可以了。’地位卑微的人好议论朝政，这是错的；在朝廷上任要职，自己的主张却不能推行，这是耻辱。”

10.6 万章曰：“士之不托诸侯[1]，何也？”

孟子曰：“不敢也。诸侯失国，而后托于诸侯，礼也。士之托于诸侯，非礼也。”

万章曰：“君馈之粟，则受之乎？”

曰：“受之。”

“受之何义也？”

曰：“君之于氓也[2]，固周之[3]。”

曰：“周之则受，赐之则不受，何也？”

曰：“不敢也。”

曰：“敢问其不敢何也？”

曰：“抱关击柝者，皆有常职以食于上。无常职而赐于上者[4]，以为不恭也。”

曰：“君馈之，则受之，不识可常继乎？”

曰：“缪公之于子思也[5]，亟问[6]，亟馈鼎肉[7]。子思不悦，于卒也，摽使者出诸大门之外[8]，北面稽首再拜而不受[9]。曰：‘今而后知君之犬马畜伋[10]！’盖自是台无馈也[11]。悦贤不能举，又不能养也，可谓悦贤乎？”

曰：“敢问国君欲养君子，如何斯可谓养矣？”

曰：“以君命将之[12]，再拜稽首而受。其后廪人继粟[13]，庖人继肉[14]，

不以君命将之。子思以为鼎肉，使己仆仆尔亟拜也[15]，非养君子之道也。尧之于舜也，使其子九男事之，二女女焉，百官牛羊仓廪备，以养舜于畎亩之中，后举而加诸上位[16]。故曰：王公之尊贤者也。”

【注释】

〔1〕托：依附。朱熹《集注》：“谓不仕而食其禄也。”

〔2〕氓：从他国来侨居本国的百姓。

〔3〕周：周济。

〔4〕赐于上：朱熹《集注》：“赐，谓予之禄，有常数，君所以待臣之礼也。”

〔5〕缪公：鲁缪公。

〔6〕亟(qì)：屡次。

〔7〕鼎肉：生肉。《礼记·少仪》郑玄《注》云：“‘鼎肉’谓牲体已解，可升于鼎。’则以为生肉。”

〔8〕摽(biāo)：撵走。

〔9〕稽(qǐ)首再拜：古代跪坐，相见行礼时，双手交叠，拜头至地谓之稽首；既跪而拱手，而头俯至于手，与心平，谓之拜。再拜，拜两次。‘再拜稽首’，谓之吉拜，表示接受礼物；‘稽首再拜’，谓之凶拜。可见，稽首和拜是两种不同的礼节，出现的先后顺序不同，所表达的含义也有差异。

〔10〕犬马畜：朱熹《集注》：“言不以人礼待己也。”

〔11〕台：地位低贱的仆役。

〔12〕将：送。

〔13〕廪人：管理仓库的小官。

〔14〕庖人：厨师。

〔15〕仆仆：劳顿不已。

〔16〕加：居。

【解读】万章说：“士人不能依附于诸侯，这是为什么呢？”

孟子说：“是因为不敢。如果诸侯失去了自己的国家，然后依附于别的诸侯，这是符合礼制的。但是，如果士人依附于诸侯，是不合礼制的。”

万章说:“如果君主赐给士人粮食,能接受吗?”

孟子说:“能接受。”

“这能接受又是什么道理呢?”

孟子说:“君主对于流亡之人,本来就应该周济。”

万章说:“周济就能接受,赏赐不能接受,这是为什么呢?”

孟子说:“因为不敢。”

万章问:“请问为什么不敢呢?”

孟子说:“守门打更的人都有他的职责,有职责才能接受俸禄。没有固定的职位,却接受君主的赏赐,这是不恭敬的。”

万章说:“君主赠予的就接受,不知道可以经常这样吗?”

孟子说:“过去鲁缪公对待子思,常常问候,多次送给他鼎肉。子思很不高兴,甚至最后把使者赶出了大门。子思朝北磕头拜谢,拒绝接受,说:‘如今才知道国君把我当犬马来喂养。’从此之后缪公就不给子思送礼了。喜欢贤者,却不重用他,又不能依照礼节供养他,这能说是喜欢贤者吗?”

万章问:“请问国君要供养君子, 怎样才算是有礼节的奉养呢?”

孟子说:“先以国君的名义送他礼物,他磕头拜谢然后接受。以后再派管粮仓的小吏经常送去粮食,派厨师经常送去肉食,而不再以国君的名义去送。子思认为,为了一些肉便让自己一次次地磕头拜谢,这不是奉养君子之道。尧对待舜,派自己的九个儿子去侍奉他,把两个女儿嫁给他,给他备好官吏、牛羊和仓库,在田野中供养他,然后推举他担任很高的职位。所以说,这是王公尊敬贤者的正确方法。”

10.7 万章曰:“敢问不见诸侯,何义也?”

孟子曰："在国曰市井之臣，在野曰草莽之臣，皆谓庶人。庶人不传质为臣[1]，不敢见于诸侯，礼也。"

万章曰："庶人，召之役，则往役；君欲见之，召之，则不往见之。何也？"

曰："往役，义也。往见，不义也。且君之欲见之也，何为也哉？"

曰："为其多闻也，为其贤也。"

曰："为其多闻也，则天子不召师，而况诸侯乎？为其贤也，则吾未闻欲见贤而召之也。缪公亟见于子思，曰：'古千乘之国以友士，何如？'子思不悦，曰：'古之人有言，曰："事之云乎[2]？"岂曰"友之云乎"？'子思之不悦也，岂不曰：'以位，则子君也，我臣也，何敢与君友也？以德，则子事我者也，奚可以与我友？'千乘之君，求与之友而不可得也，而况可召与？齐景公田，招虞人以旌[3]，不至，将杀之。'志士不忘在沟壑，勇士不忘丧其元[4]。'孔子奚取焉？取非其招不往也。"

曰："敢问招虞人何以？"

曰："以皮冠[5]。庶人以旃[6]，士以旂[7]，大夫以旌[8]。以大夫之招招虞人，虞人死不敢往。以士之招招庶人，庶人岂敢往哉？况乎以不贤人之招招贤人乎？欲见贤人而不以其道，犹欲其入而闭之门也。夫义，路也；礼，门也。惟君子能由是路，出入是门也。《诗》云[9]：'周道如底[10]，其直如矢[11]。君子所履，小人所视[12]。'"

万章曰："孔子'君命召，不俟驾而行[13]'。然则孔子非与？"

曰："孔子当仕有官职，而以其官召之也。"

【注释】

〔1〕质：通"贽"，古时见面时所送的礼物。朱熹《集注》："质者，士执雉，庶人执鹜，相见以自通者也。"

〔2〕云乎：句末语气词，无义。

〔3〕虞人：管理猎场的小吏。

〔4〕元：头颅。

〔5〕皮冠：打猎时所戴的皮帽子。

〔6〕旃(zhān)：古代一种没有装饰，用全幅红绸做的曲柄旗。《说文》云："旗曲柄也，所以表士众。"朱熹《集注》又云："通帛曰旃。"

〔7〕旂(qí)：带有铃铛的旗子，上有二龙相交图案。朱熹《集注》："交龙为旂。"

〔8〕旌：用羽毛装饰杆头的旗子。焦循《孟子正义》云："析羽而注于旗干之首曰旌。"

〔9〕《诗》云：以下所引诗句出自《诗经·小雅·大东》。

〔10〕底：通"砥"，《诗经》作"砥"，磨刀石。

〔11〕矢：平直。

〔12〕视：效法。

〔13〕君命召，不俟驾而行：见《论语·乡党》篇。

【解读】万章问："请问士人不去拜见诸侯，这是什么道理呢？"

孟子说："住在城里的士人叫做市井之臣，住在乡野的士人叫做草莽之臣，他们都是平民百姓。平民百姓不向诸侯送礼称臣，所以不敢去拜见诸侯，这是符合礼制的。"

万章说："平民百姓，被君主召去服役，便去服役；然而君主想见他，召他去，他却不去见。这是为什么呢？"

孟子说："去服役，是应该的；去拜见，就不应该了。况且君主想见他，是为了什么呢？"

万章说："因为他博学多识，因为他贤能。"

孟子说："如果是因为他博学多识，那么连天子都不能召唤老师到自己这里来，更何况诸侯呢？如果是因为他贤能，那我从未听说过想见到贤者却用召唤这一方式的。缪公屡次去拜访子思，说：'古代拥有千辆兵车的国君跟士人交朋友，是怎样的呢？'子思不高兴，说：‘古人所说的是侍奉吧，怎么能说是交朋友呢？’子思之所以不高兴，难道不是说：‘按照地位，你是君主，我是臣下，臣下怎么敢和君主交朋友？论德行，你应该侍奉我，又怎么能和我做朋友呢？’有千辆兵车的国君想和他交朋友都不行，更何况召唤他来见面呢？齐景公打猎，用旌旗召唤猎场管理员，他却不来，齐景公准备杀了他。(孔子称赞他说：)‘志士不怕弃尸沟壑，勇士不怕丧失头颅。’孔子看中他哪一点呢？看中的是他不回应不符合礼制的召唤方式。”

万章问：“那应该怎样召唤猎场管理员呢？”

孟子说：“应该用皮帽子。召唤百姓要用红绸的旗子，召唤士人用带铃铛的旗子，召唤大夫才用带羽毛装饰的旗子。用召唤大夫的旗子召唤猎场管理员，他死也不能回应；用召唤士人的旗子召唤平民百姓，百姓难道敢去吗？更何况用召唤不贤之人的方式召唤贤者呢？想见贤者却不用合适的方式，就好像请他进来却又关着大门。义，好比是路；礼，就像是门。只有君子才能顺着这条路走，从这扇门进入。《诗》里说：‘大路像磨刀石一样平整，像箭一样笔直；这是君子所走的道路，小人则在一旁注视。’”

万章说：“孔子曾经说过：‘听到君主召唤，不等车马备好就动身前往。’那么，孔子做错了吗？”

孟子说：“孔子当时有官职在身，君主是按照他的官职召唤他的。”

10.8 孟子谓万章曰：“一乡之善士，斯友一乡之善士。一国之善士，斯友一国之善士。天下之善士，斯友天下之善士〔1〕。以友天下之善士为未足，又尚论古之人〔2〕。颂其诗〔3〕，读其书〔4〕，不知其人，可乎？是以论其世也。是尚友也。”

【注释】

〔1〕赵岐《注》云：“各以大小来相友，自为畴匹也。”朱熹的观点与赵岐有

所不同,“言己之善盖于一乡,然后能尽友一乡之善士。推而至于一国、天下皆善,随其高下以为广狭也。”

〔2〕尚:上。

〔3〕颂:诵。

〔4〕读:此字于此包含两层含义,一是断其章句,二是抽绎其义。

【解读】孟子对万章说:“一乡中的优秀人士,会和这一乡的优秀人士交朋友;一国中的优秀人士,会和整个国家的优秀人士交朋友;天下的优秀人士,就和全天下的优秀人士交朋友。觉得和全天下的优秀人士交朋友还不够,就去追溯历史,评论古代的贤士。吟唱他们的诗歌,阅读他们的著作,却不了解他们的为人,这样可以吗?所以要研究他们所处的时代背景。这就是与古人交友。”

10.9 齐宣王问卿。

孟子曰:“王何卿之问也?”

王曰:“卿不同乎?”

曰:“不同。有贵戚之卿〔1〕,有异姓之卿。”

王曰:“请问贵戚之卿。”

曰:“君有大过则谏,反覆之而不听,则易位〔2〕。”

王勃然变乎色。

曰:“王勿异也。王问臣,臣不敢不以正对〔3〕。”

王色定,然后请问异姓之卿。

曰:“君有过则谏,反覆之而不听,则去〔4〕。”

【注释】

〔1〕贵戚之卿:与异姓之卿对文,指同姓的卿。焦循《正义》说:“贵戚之卿,以亲而任,故云内外亲族也。异姓之卿,以贤而任,故云有德命为三卿也。”

〔2〕易位：朱熹《集注》："易位，易君之位，更立亲戚之贤者。盖与君有亲亲之恩，无可去之义；以宗庙为重，不忍坐视其亡，故不得已而至于此也。"

〔3〕正：诚。杨伯峻指出："《论语·述而》篇：'正唯弟子不能学也。'郑玄《注》云：'鲁读"正"为"诚"。此处亦当读为'诚'。"

〔4〕朱熹《集注》："君臣义合，不合则去。此章言大臣之义，亲疏不同，守经行权，各有其分。"

【解读】齐宣王向孟子询问关于卿的事情。孟子说："大王问的是哪种卿呢？"

王说："卿难道还不一样吗？"

孟子说："不一样。有(和国君同宗的)贵戚之卿，有异姓之卿。"

王说："请问贵戚之卿(应该如何)。"

孟子说："(作为贵戚之卿，)君王犯了大错的时候就要劝谏，屡次劝谏，王仍然不听从，就另立国君。"

齐宣王突然变了脸色。

孟子说："大王不要觉得奇怪。您问我，我不敢不以实相告。"

王的脸色恢复了正常，又问异姓之卿(应该如何)。

孟子说："(作为异姓之卿，)君王犯了错误就劝谏。屡次劝谏，王仍然不改正错误，异姓之卿就去职离开。"

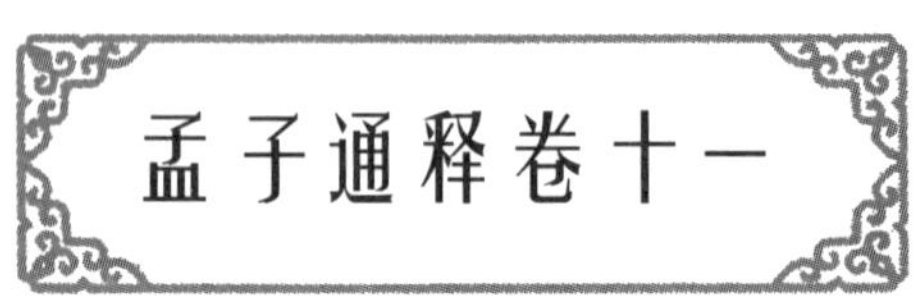

孟子通释卷十一

告子章句上(凡二十章)

【概说】在本篇中,孟子从两个方面论证人性有善端:

其一,证诸人类普遍情感经验。其二,形式逻辑证明。

孟子论性善并不是通过形式逻辑来证明,“而主要是通过生命体验启发人们对于自己良心本心的体悟,只要体悟到了自己有良心本心,就会相信良心本心是人所固有的,就会对性善论坚信不疑”。与其说性善论是一种生命体验,毋宁可以说性善论是一种精神信仰。这一精神信仰作为一种人类常识,无法也无需通过逻辑手段加以证明。孟子性善说尽管在形式逻辑上不完善,但在人类常识意义上却无法否认。

11.1 告子曰[1]:“性[2],犹杞柳也[3]。义,犹桮棬也[4]。以人性为仁义,犹以杞柳为桮棬[5]。”

孟子曰:“子能顺杞柳之性而以为桮棬乎?将戕贼杞柳而后以为桮棬也[6]?如将戕贼杞柳而以为桮棬,则亦将戕贼人以为仁义与?率天下之人而祸仁义者,必子之言夫[7]!”

【注释】

〔1〕告子:告,姓;子,男子的尊称。曾经向孟子学习,对心性之学多有研

究。

〔2〕朱熹《集注》:“性者,人生所禀之天理也。”

〔3〕杞(qǐ)柳:杨柳科植物,落叶丛生灌木,枝条柔软,可编器物。

〔4〕桮棬(bēi quān):桮,同杯。棬,未经雕饰的木制饮器。泛指杯盘类的容器。

〔5〕朱熹《集注》:“告子言人性本无仁义,必待矫揉而后成,如荀子‘性恶’之说也。”

〔6〕戕贼:毁伤、残害。

〔7〕朱熹《集注》:“言如此,则天下之人皆以仁义为害性而不肯为,是因子之言而为仁义之祸也。”

【解读】告子说:“人的本性如同杞柳,仁义如同杯盘。把人的本性归于仁义,犹如将杞柳直接视同为杯盘。”

孟子说:“你是顺着杞柳的本性来做杯盘呢,还是要毁伤杞柳的本性,然后来做成杯盘呢?如果要毁伤杞柳的本性来制作杯盘,那么也将毁伤人的本性来成就仁义。率领天下之人损害仁义的,一定是你的这种言论吧!”

11.2 告子曰:“性犹湍水也[1],决诸东方则东流,决诸西方则西流。人性之无分于善不善也,犹水之无分于东西也[2]。”

孟子曰:“水信无分于东西[3],无分于上下乎?人性之善也,犹水之就下也。人无有不善,水无有不下。今夫水,搏而跃之[4],可使过颡[5];激而行之[6],可使在山。是岂水之性哉?其势则然也。人之可使为不善,其性亦犹是也。”

【注释】

〔1〕湍水:激流。

〔2〕朱熹《集注》:“告子因前说而小变之,近于扬子‘善恶混’之说。”

〔3〕信:确实。

〔4〕搏:拍击。

〔5〕颡(sǎng):额头。

〔6〕激:堵住水流,使水位提高。

【解读】告子说:"人的本性犹如急流,在东方开一缺口就往东流,在西方开一缺口就往西流。人的本性没有善与不善的区分,犹如水没有东流西流的定向。"

孟子说:"水确实没有东流西流的定向,难道也没有向上或者向下的定向吗?人的本性是善的,犹如水向低处流一样。人的本性没有不善的,水没有不向低处流的。如果水受拍击而飞溅起来,它可以高过人的额头;阻挡它使它倒流,它能流上山岗。这难道是水的本性吗?是情势使它如此罢了。人之所以做出不善的行为,也是因为他的本性受到了外在情势的影响。"

11.3 告子曰:"生之谓性[1]。"

孟子曰:"生之谓性也,犹白之谓白与?"

曰:"然。"

"白羽之白也,犹白雪之白;白雪之白,犹白玉之白与?"

曰:"然。"

"然则犬之性,犹牛之性;牛之性,犹人之性与?"

【注释】

〔1〕生:"生"与"性"古音相同,《说文》云:"象草木生出土上。"徐复观《中国人性论史》认为:"告子的人性论,是以'生之谓性'为出发点。生之谓性,即是说凡生而即有的欲望,便是性。"

【解读】告子说:"天生的资质叫做本性。"

孟子说:"天生的资质就是本性,如同所有白色的东西都叫做白吗?"

告子说:"是的。"

孟子说:"那么白羽毛的白和白雪的白是一样的,白雪的白和白玉的白也是一样的吗?"

告子说："是的。"

孟子说："那么，犬的本性和牛的本性相同，牛的本性和人的本性也相同吗？"

11.4 告子曰："食色[1]，性也。仁，内也，非外也。义，外也，非内也。"

孟子曰："何以谓仁内义外也[2]？"

曰："彼长而我长之[3]，非有长于我也。犹彼白而我白之[4]，从其白于外也，故谓之外也。"

曰："异于白马之白也[5]，无以异于白人之白也。不识长马之长也，无以异于长人之长与？且谓长者义乎？长之者义乎？"

曰："吾弟则爱之，秦人之弟则不爱也。是以我为悦者也，故谓之内。长楚人之长，亦长吾之长，是以长为悦者也，故谓之外也[6]。"

曰："耆秦人之炙[7]，无以异于耆吾炙。夫物则亦有然者也，然则耆炙亦有外与？"

【注释】

〔1〕食色：《礼记·礼运》篇云："饮食男女，人之大欲存焉。"《礼记》作者这一观点，与告子相同。

〔2〕仁内义外：《管子·戒》篇云："仁从中出，义由外作。"《管子·戒篇》作者这一观点，与告子相同。

〔3〕彼长而我长之：第一个"长"指年长，第二个"长"指尊敬。

〔4〕白之：朱熹《集注》："我以彼为白也。"

〔5〕异于：这两字或许是衍文。朱熹《集注》："张氏曰：'上"异于"二字疑衍。'李氏曰：'或有阙文焉。'"俞樾《古书疑义举例·以一字作两读例》提出新的观点，他认为此句中最前之"白"字当重读，全句读为"异于白，白马之白也无以异于白人之白也。"

〔6〕朱熹《集注》："'白马'、'白人'，所谓'彼白而我白之'也。'长马'、'长人'。所谓'彼长而我长之'也。'白马'、'白人'不异，而'长马'、'长人'不同，

是乃所谓义也。义不在彼之长,而在我长之之心,则义之非外,明矣。"

〔7〕耆:同"嗜"。

【解读】告子说:"饮食男女,这是人的本性。仁是内在的,不是外在的;义是外在的,不是内在的。"

孟子说:"为什么说仁是内在的,而义是外在的呢?"

告子回答说:"他年长所以我尊敬他,并不是我内心本来就尊敬他。正如白色的东西我认为它白,是根据它外表的白色,所以说义是外在的。"

孟子说:"白马的白和白人的白没有什么不同,但是不知道对老马的怜悯心和对老者的恭敬心,是不是也没有什么不同呢?再说,你认为义是在长者那里呢,还是在尊敬长者的人那里呢?"

告子说:"我的弟弟我就爱他,秦国人的弟弟我就不爱他,(爱与不爱)是由我的内心决定的,所以说仁是内在的。尊敬楚人的长辈,也尊敬我自己的长辈,这是由对方年长所决定的,所以说是外在的。"

孟子说:"爱吃秦国人的烤肉,和爱吃自己的烤肉没有什么区别,其他事物也有这样的情形。那么,喜爱吃烤肉的心也是外在的吗?"

11.5 孟季子问公都子曰〔1〕:"何以谓义内也?"

曰:"行吾敬,故谓之内也。"

"乡人长于伯兄一岁,则谁敬?"

曰:"敬兄。"

"酌则谁先〔2〕?"

曰:"先酌乡人。"

"所敬在此,所长在彼,果在外,非由内也。"

公都子不能答,以告孟子。

孟子曰："敬叔父乎？敬弟乎？彼将曰：'敬叔父。'曰：'弟为尸[3]，则谁敬？'彼将曰：'敬弟。'子曰：'恶在其敬叔父也[4]？'彼将曰：'在位故也。'子亦曰：'在位故也。'庸敬在兄[5]，斯须之敬在乡人[6]。"

季子闻之，曰："敬叔父则敬，敬弟则敬，果在外，非由内也。"

公都子曰："冬日则饮汤，夏日则饮水，然则饮食亦在外也？"

【注释】

〔1〕孟季子：其人不详，也有学者认为此人可能是孟子的从兄弟。

〔2〕酌：斟酒。

〔3〕尸：古代祭祀时，以儿童作为受祭的神主。何休注《春秋公羊传·宣公八年》"祭之明日也"："祭必有尸者，节神也。礼，天子以卿为尸，诸侯以大夫为尸，卿大夫以下以孙为尸。"朱熹《集注》又云："祭祀所主以象神。虽子弟为主，然敬之当如祖考也。"

〔4〕恶：怎么。

〔5〕庸：平常。

〔6〕斯须：暂时。

【解读】孟季子问公都子说："为什么说义是内在的？"

公都子回答说："(义是)表达我的敬意，所以说是内在的。"

孟季子问："如果有一个同乡人比你的兄长大一岁，那你敬重谁呢？"

公都子说："敬重兄长。"

孟季子说："饮酒时给谁先斟呢？"

公都子说："先给那个同乡人斟酒。"

孟季子说："内心敬重的是兄长，斟酒时却尊敬同乡人，可见义果然是外在的，不是从内心发出来的。"

公都子不能应答，将这番话告诉了孟子。

孟子说："你问他：'你是敬重叔父呢，还是敬重弟弟呢？'他会说：'敬重叔父。'(你再)问他：'弟弟担任了受祭的尸，那敬重谁呢？'他会说：'敬重弟弟。'你便说：'那为什么又说敬重叔父呢？'

他会说：'这是因为弟弟处在尸位的缘故。'那你也就说：'因为(那个同乡人)处在客人之位的缘故。平时敬重的是哥哥，暂时敬重的是同乡人。'"

季子听说了这番话，说："该敬重叔父时就敬重叔父，该敬重弟弟时就敬重弟弟。可见义果真是外在的，不是出自内心。"

公都子说："冬天喝热水，夏天喝凉水，那么，饮食也是外在的吗？"

11.6 公都子曰："告子曰：'性无善无不善也。'或曰：'性可以为善，可以为不善。是故文、武兴，则民好善；幽、厉兴，则民好暴。'或曰：'有性善，有性不善。是故以尧为君而有象，以瞽瞍为父而有舜，以纣为兄之子且以为君，而有微子启、王子比干[1]。'今曰'性善'，然则彼皆非与？"

孟子曰："乃若其情[2]，则可以为善矣，乃所谓善也。若夫为不善，非才之罪也[3]。恻隐之心，人皆有之。羞恶之心，人皆有之。恭敬之心，人皆有之。是非之心，人皆有之。恻隐之心，仁也。羞恶之心，义也。恭敬之心，礼也。是非之心，智也。仁、义、礼、智，非由外铄我也[4]，我固有之也，弗思耳矣。故曰：'求则得之，舍则失之。'或相倍蓰而无算者[5]，不能尽其才者也。《诗》曰[6]：'天生蒸民[7]，有物有则[8]。民之秉夷[9]，好是懿德[10]。'孔子曰：'为此诗者，其知道乎！故有物必有则，民之秉夷也，故好是懿德。'"

【注释】

〔1〕微子启、王子比干：根据《孟子》所记载，微子启和王子比干都是纣王的叔父。但是，《史记》认为微子启是纣王的庶兄，王子比干是纣王的亲戚。

〔2〕乃若：发语词，表示转折。情：戴震《孟子字义疏证》云："情犹素也，实也。"郑玄注《大学》"无情者"："情犹实也。"冯友兰《中国哲学史》将"情"译为"事之实也"。牟宗三也认为："'乃若其情'之情非性情对言之情。情，实也，犹言实情(real case)。"

〔3〕才:人的初生之材质。《说文》:“才,草木之初也。”

〔4〕铄(shuò):美、美饰。《尔雅·释诂》云:“铄,美也。”

〔5〕蓰(xǐ):五倍。

〔6〕《诗》曰:出自《诗经·大雅·烝民》。

〔7〕蒸:《诗经》作“烝”,众。

〔8〕物:事。则:法。

〔9〕秉:执。夷:《诗经》作“彝”,常道。

〔10〕懿:美。

【解读】公都子说:“告子说:‘人的本性没有善与不善之分。’有人说:‘本性可以成为善,可以成为不善。所以,文王、武王在位,百姓就崇尚善;幽王、厉王在位,百姓就喜欢暴虐。’也有人说:‘有些人本性善良,有些人本性不善良。所以,尧做君主的时候,却有象这样的暴民;瞽瞍这样的坏父亲,却有舜这样的好儿子;纣这样的恶侄子和暴君,却有微子启、王子比干这样的仁人。’如今您说‘性善’,那么,他们的说法都不对吗?”

孟子说:“从天生的资质看,是可以使它为善的,这就是我所说的人性善。至于有些人不善,不能归罪于他的资质。怜悯之心人人都有,羞耻之心人人都有,恭敬之心人人都有,是非之心人人都有。怜悯之心就是仁,羞耻之心就是义,恭敬之心就是礼,是非之心就是智。仁、义、礼、智不是从外面强加给我的,是我心本来就有的,只不过人们没有好好思考它罢了。所以说:‘求索就得到, 放弃就失去。’人与人之间有相差一倍、五倍甚至无数倍的,就是因为不能充分发挥他们天生的资质。《诗》里说:‘上天生育万民,事物都有法则。民众把握常规,崇尚美好品德。’孔子说:‘作这首诗的人真懂得道啊!因此,有事物必定有法则,百姓把握了这些亘古不变的法则,所以才崇尚美好的品德。’”

11.7 孟子曰:“富岁,子弟多赖[1];凶岁,子弟多暴。非天之降

才尔殊也，其所以陷溺其心者然也。今夫麰麦[2]，播种而耰之[3]，其地同，树之时又同，浡然而生，至于日至之时[4]，皆熟矣。虽有不同，则地有肥硗[5]，雨露之养，人事之不齐也。故凡同类者，举相似也，何独至于人而疑之？圣人与我同类者。故龙子曰：'不知足而为屦[6]，我知其不为蒉也[7]。'屦之相似，天下之足同也。口之于味，有同耆也。易牙先得我口之所耆者也[8]。如使口之于味也，其性与人殊，若犬、马之与我不同类也，则天下何耆皆从易牙之于味也？至于味，天下期于易牙，是天下之口相似也。惟耳亦然。至于声，天下期于师旷[9]，是天下之耳相似也。惟目亦然。至于子都[10]，天下莫不知其姣也[11]。不知子都之姣者，无目者也。故曰：口之于味也，有同耆焉；耳之于声也，有同听焉；目之于色也，有同美焉。至于心，独无所同然乎[12]？心之所同然者何也？谓理也，义也。圣人先得我心之所同然耳。故理、义之悦我心，犹刍豢之悦我口[13]。"

【注释】

〔1〕赖：同"懒"，焦循《孟子正义》引阮元曰："'赖'即'懒'。"

〔2〕麰(móu)麦：大麦。

〔3〕耰(yōu)：农具名。名词动用，指用耰平土，掩盖种子。

〔4〕日至之时：朱熹《集注》："谓当成熟之期也。"

〔5〕硗(qiāo)：瘠薄。

〔6〕屦：草鞋。

〔7〕蒉(kuì)：草编的土筐。

〔8〕易牙：齐桓公的宠臣，擅长烹饪。

〔9〕师旷：春秋时代晋国著名的乐师。

〔10〕子都：古代著名的美男子。《诗经·郑风·山有扶苏》中有："不见子都，乃见狂且。"朱熹《集注》："子都，古之美人也。"

〔11〕姣：美好。

〔12〕然：这样、如此。焦循引毛奇龄《剩言补》云："'至于心，独无所同然'，承上'同耆'、'同听'言，谓同如是耳，与前'惟耳亦然'诸然字相应。"

〔13〕刍豢:朱熹《集注》:“草食曰刍,牛羊是也。谷食曰豢,犬豕是也。”这里泛指各种牲畜。

【解读】孟子说:“丰年,子弟大多懒惰;灾年,子弟大多横暴,并不是天生的资质不同,而是由于他们的内心受到了外物的迷惑。比如种大麦,撒下种子,用土盖好,如果土质相同,播种时间又相同,麦苗就蓬勃地生长起来,到了夏至前后都成熟了。即使有所不同,也是因为土地的肥瘠、雨露的滋养、人工的管理不一致的缘故。所以,凡是同类的东西大体相同,为何唯独对于人就疑惑了呢?圣人和我们是同类。所以龙子说:‘不知道脚的模样就做草鞋,我知道他绝不会做成一个草筐。’草鞋相似,因为普天下脚的形状是相似的。口对于滋味,有相同的嗜好,易牙最先领会了我们口味上的共同嗜好。假如口对于味道,人人不同,就像狗和马与我们人类的口味不相同一样,那么,为什么天下的人都追随易牙的口味呢?一讲到口味,天下人都希望尝到易牙烹制的菜肴,这是因为天下人的口味是相似的。耳朵也是这样,说到声音,天下人都希望能听到师旷演奏的乐曲,这是因为天下人的耳朵都差不多。眼睛也是这样,说到子都,天下人没有不知道他健美的。不知道子都健美的,是不长眼睛的人。所以说,口对于滋味有相同的嗜好,耳对于声音有相同的听觉,眼对于容貌有相同的美感。讲到内心,唯独没有相同之处吗?内心的相同之处是什么呢?是理,是义。圣人最先懂得了我们内心的相同之处。所以,理义能使我们的内心愉悦,正像肉食能愉悦我们的口味一样。”

11.8 孟子曰:“牛山之木尝美矣[1]。以其郊于大国也[2],斧斤伐之,可以为美乎?是其日夜之所息[3],雨露之所润,非无萌蘖之生焉[4],牛羊又从而牧之,是以若彼濯濯也[5]。人见其濯濯也,以为未尝有材焉,此岂山之性也哉?虽存乎人者,岂无仁义之心哉?其所以放其良

心者[6]，亦犹斧斤之于木也，旦旦而伐之，可以为美乎？其日夜之所息，平旦之气[7]，其好恶与人相近也者几希[8]，则其旦昼之所为[9]，有梏亡之矣[10]。梏之反复，则其夜气不足以存[11]。夜气不足以存，则其违禽兽不远矣。人见其禽兽也，而以为未尝有才焉者，是岂人之情也哉？故苟得其养，无物不长；苟失其养，无物不消。孔子曰：'操则存[12]，舍则亡；出入无时，莫知其乡[13]。'惟心之谓与！"

【注释】

〔1〕牛山：山名，在齐国都城临淄附近。

〔2〕郊：名词动用，"位于……郊"。朱熹《集注》："邑外谓之郊。"

〔3〕息：生长、滋生。

〔4〕萌蘖(niè)：嫩芽。朱熹《集注》："萌，芽也。蘖，芽之旁出者也。"

〔5〕濯濯(zhuó)：荒凉。赵岐《注》云："无草木之貌。"

〔6〕放：丧失。良心：心之善端。朱熹《集注》："良心者，本然之善心，即所谓仁义之心也。"

〔7〕平旦：清晨。

〔8〕几希：少。

〔9〕旦昼：白天。赵岐《注》云："旦昼，昼日也。"

〔10〕梏(gù)：束缚。孙奭《疏》云："梏，手械也。利欲之制善，使不得为，犹梏之制手也。"

〔11〕夜气：夜晚通过反思，对初生四端之心的复原。

〔12〕操：护守。

〔13〕乡：向。焦循《正义》曰："近读乡为向。"

【解读】孟子说："牛山的树木曾经非常茂盛。牛山位于大都市的郊外，如果总有人用斧子去砍伐它，还能长得茂盛吗？当然，它日日夜夜在生长着，享受着雨水、露珠的润泽，不是没有新条、嫩芽生长出来，可是人们又年复一年在这里放牧牛羊，所以才变成光秃秃的了。人们看见那光秃秃的样子，便以为牛山不曾有过水草茂盛的样子，这难道是牛山本来的样子吗？在每一个人身上，本来都有仁义之心。他之所以丢失了他的善心,也正像斧子砍伐树木一样,天天砍伐它,能使它茂盛吗?他平常萌生的善心,以及在清晨呼吸到的清新之气,使得他的好恶跟一般人也有了少许的接近,可是白天的所作所为又使良心受到束缚并逐渐泯灭了。良心反复遭到束缚而消亡,那么夜晚萌生的善心就不足以留存;夜晚萌生的善心不能存留,那他就和禽兽相差无几了。人们见他的言行如同禽兽,便以为他从来就缺乏好的资质,这难道是人的本来情状吗?所以,假如善性得到应有的养育,人性光辉就会发扬光大;假如善性失去应有的滋养,没有什么不会消亡。孔子说:'护守它,就存在;放弃它,就丧失。出入没有定时,没人知道它的去向。'这指的就是人心吧?"

11.9 孟子曰:"无或乎王之不智也[1]。虽有天下易生之物也,一日暴之[2],十日寒之,未有能生者也。吾见亦罕矣,吾退而寒之者至矣,吾如有萌焉何哉?今夫弈之为数[3],小数也。不专心致志[4],则不得也。弈秋[5],通国之善弈者也。使弈秋诲二人弈。其一人专心致志,惟弈秋之为听。一人虽听之,一心以为有鸿鹄将至[6],思援弓缴而射之[7]。虽与之俱学,弗若之矣。为是其智弗若与?曰:非然也。"

【注释】

〔1〕或:通"惑"。

〔2〕暴:同"曝",晒。

〔3〕数:技艺。赵岐《注》云:"技也。"

〔4〕致:极、尽。

〔5〕弈秋:朱熹《集注》:"弈秋,善弈者,名秋也。"

〔6〕鸿鹄(hú):天鹅。

〔7〕援:拿。缴(zhuó):系着丝绳的箭。朱熹《集注》:"以绳系矢而射也。"

【解读】孟子说:"大王的不明智,不足奇怪。纵使有天下最容易生长的植物,晒它一天,冻它十天,也没有能够生长的。我和大王相见的次数也太少了,我一离开,那些给他泼冷水的小人就到了。他即使有了善心的萌芽，我又能怎么样呢？（比如下棋，）下棋在各种技艺当中属于很小的技艺，可是，如果不专心致志地学习，就学不到手。弈秋是全国最擅长下棋的人，让他教两个学生下棋。其中一个学生专心致志，一心只听弈秋的讲授。另一位学生虽然也在听，却一心想着有只天鹅就要飞来，准备拿起弓箭去射它，虽然他和另一位学生在一起学下棋，却不如那人学得好。是因为他的智力不如那个人吗？不是这样的。”

11.10 孟子曰：“鱼，我所欲也。熊掌，亦我所欲也。二者不可得兼，舍鱼而取熊掌者也。生，亦我所欲也。义，亦我所欲也。二者不可得兼，舍生而取义者也。生亦我所欲，所欲有甚于生者，故不为苟得也[1]。死亦我所恶，所恶有甚于死者，故患有所不辟也[2]。如使人之所欲莫甚于生，则凡可以得生者，何不用也？使人之所恶莫甚于死者，则凡可以辟患者，何不为也？由是则生，而有不用也。由是则可以辟患，而有不为也。是故所欲有甚于生者，所恶有甚于死者。非独贤者有是心也，人皆有之，贤者能勿丧耳。

“一箪食[3]，一豆羹[4]，得之则生，弗得则死。嘑尔而与之[5]，行道之人弗受；蹴尔而与之[6]，乞人不屑也。万钟则不辨礼义而受之[7]，万钟于我何加焉？为宫室之美、妻妾之奉、所识穷乏者得我与[8]？乡为身死而不受[9]，今为宫室之美为之；乡为身死而不受，今为妻妾之奉为之；乡为身死而不受，今为所识穷乏者得我而为之，是亦不可以已乎！此之谓失其本心[10]。”

【注释】

〔1〕苟得：用不义的手段获取。《礼记·曲礼上》有：“临财毋苟得。”孔颖达《疏》曰：“非义而取，谓之苟得。”朱熹《集注》：“欲生恶死者，虽众人利害之常情，而欲、恶有甚于生、死者，乃秉彝、义理之良心。是以欲生而不为苟得，恶死而有所不避也。”

〔2〕辟：通“避”，逃避。

〔3〕箪(dān):古代盛饭的圆形竹器。

〔4〕豆:古代盛羹汤的木制器皿。

〔5〕嘑(hū)尔:呵斥。

〔6〕蹴(cù):踢、踏。朱熹《集注》:“言虽饮食之急,而犹恶无礼,有宁死而不食者。是其羞恶之本心,欲、恶有甚于生、死者,人皆有之也。”

〔7〕万钟:俸禄丰厚。钟,古代计量单位。

〔8〕得:通“德”,动词,感激。

〔9〕乡:通“向”,昔日、以往。

〔10〕朱熹《集注》:“此章言羞、恶之心,人所固有。或能决死生于危迫之际,而不免计丰约于宴安之时,是以君子不可顷刻而不省察于斯焉。”

【解读】孟子说:“鱼是我想要的,熊掌也是我想要的;如果两者不能同时得到,便舍弃鱼而取熊掌。生命是我所喜欢的,义也是我所喜欢的,如果两者不能并有,舍弃生命而选择义。生命是我所喜欢的,但是还有比生命更为我所喜欢的,所以我不干苟且偷生的事;死亡是我所厌恶的,但是还有比死亡更为我所厌恶的,所以有的祸患我不躲避。如果人们所喜欢的没有超过生命的,那么,所有能够求生的手段,有什么不能用的呢?如果人们所厌恶的没有超过死亡的,那么,所有能够躲避祸患的方法,哪有不能用的呢?然而,有的人这样做就可以生存却不去做,有的人这样做就可以躲避祸患却不去做。由此可见,人所想要的有胜过生命的,人所厌恶的有胜过死亡的。不仅贤者有这样的心思,每个人都有,只是贤者能不失去它罢了。一筐饭、一碗汤,得到便能活下去,得不到便会死亡,(但如果)呵斥着施舍给别人,路上饥饿的人都不肯接受;(如果)用脚践踏乞丐再给他食物,乞丐都不屑接受。万钟的俸禄,(有人)不分清礼义就接受了。万钟的俸禄对我有什么好处呢?是为了得到华丽的住宅、妻妾的侍奉和我所认识的贫苦的人对我的感激吗?过去宁肯死亡而不接受的,现在却为了华美的住宅而接受了;过去宁肯死亡而不接受的,现在却为了妻妾的侍奉而接受了;过去宁肯死亡而不接受的,现在却为了我所认识的贫苦人的感激而接受了。这些行为还不应该停止吗?这就叫做丧失了自己的本性。"

11.11 孟子曰,"仁,人心也[1]。义,人路也[2]。舍其路而弗由,放其心而不知求[3],哀哉!人有鸡犬放,则知求之;有放心而不知求。学问之道无他,求其放心而已矣[4]。"

【注释】

〔1〕朱熹《集注》:"仁者,心之德,程子所谓'心如谷种,仁则其生之性'是也。然但谓之仁,则人不知其切于己,故反而名之曰'人心',则可以见其为此身酬酢万变之主,而不可须臾失矣。"

〔2〕朱熹《集注》:"义者,行事之宜。谓之'人路',则可以见其为出入往来必由之道,而不可须臾舍矣。"

〔3〕放:丢失、放弃。

〔4〕朱熹《集注》:"学问之事,固非一端,然其道则在于求其放心而已。盖能如是,则志气清明,义理昭著,而可以上达;不然则昏昧放逸,虽曰从事于学,而终不能有所发明矣。故程子曰:'圣贤千言万语,只是欲人将已放之心约之,使反复入身来,自能寻向上去,下学而上达也。'此乃孟子开示切要之言,程子又发明之,曲尽其指,学者宜服膺而勿失也。"

【解读】孟子说:"仁,源于人的心;义,是人的正路。舍弃了正路而不走,丢失了善心而不知道去寻找,可悲啊!人们有鸡和狗走失了,还知道去寻找;可是有人丢失了善心,却不知道去寻找。学问之道没有别的,就是把丢失的善心找回来罢了。"

11.12 孟子曰:"今有无名之指,屈而不信[1],非疾痛害事也。如有能信之者,则不远秦、楚之路,为指之不若人也[2]。指不若人,则知恶之;心不若人,则不知恶。此之谓不知类也[3]。"

【注释】

〔1〕信:通"伸"。

〔2〕若：及。《礼记·檀弓》云："丧礼，与其哀不足而礼有余也，不若礼不足而哀有余也。"

〔3〕不知类：赵岐《注》曰："心不若人，可恶之大者也。而反恶指，故曰不知其类也。"朱熹《集注》又云："言其不知轻重之等也。"

【解读】孟子说："现在有个人，他的无名指弯曲而不能伸直，虽然不痛苦，也不碍事，但如果有人能够使它伸直，就是到秦国、楚国去医治，他都不会认为路途遥远，为的是手指不如别人。手指不如别人，都知道厌恶（而去医治）；心性不及别人，却不知道厌恶（而去弥补）。这就叫做不知轻重本末。"

11.13 孟子曰："拱把之桐、梓[1]，人苟欲生之，皆知所以养之者。至于身，而不知所以养之者。岂爱身不若桐、梓哉？弗思甚也。"

【注释】

〔1〕拱：双手合握。把：一手握满。赵岐《注》曰："拱，合两手也。把，以一手把之也。"

【解读】孟子说："细小的桐树、梓树，人们如果想让它生长，都知道怎样去养护。对于自身心性却不知道怎样去保养，难道爱护自己还不如爱护桐树、梓树吗？实在是缺乏反省啊。"

11.14 孟子曰："人之于身也，兼所爱。兼所爱，则兼所养也。无尺寸之肤不爱焉，则无尺寸之肤不养也。所以考其善不善者，岂有他哉？于己取之而已矣。体有贵贱[1]，有小大[2]。无以小害大，无以贱害贵。养其小者为小人，养其大者为大人。今有场师[3]，舍其梧、槚[4]，养其樲棘[5]，则为贱场师焉。养其一指，而失其肩背而不知也，则为狼疾人也[6]。饮食之人[7]，则人贱之矣，为其养小以失大也。饮食之人无有失也，则口腹岂适为尺寸之肤哉？"

【注释】

〔1〕贵贱：心志为贵，口腹之欲为贱。

〔2〕小大：朱熹《集注》："贱而小者，口腹也。贵而大者，心志也。"

〔3〕场师：管理场圃的人。朱熹《集注》："场师，治场圃者。"

〔4〕梧：梧桐。檟(jiǎ)：楸树。

〔5〕樲(èr)：酸枣树。棘：荆棘。

〔6〕狼疾：同"狼藉"。赵岐《注》曰："谓医养人疾，治其一指，而不知其肩背之有疾，以至于害之，此为狼籍乱不知治疾之人也。"焦循《正义》进一步解曰："赵氏读'狼疾'为'狼籍'，而以乱释之。"

〔7〕饮食之人：朱熹《集注》："饮食之人，专养口腹者也。"

【解读】孟子说："人对于身体，每一部分都很爱护。因为每一部分都很爱护，所以便都加以保养。没有一尺一寸的肌肤不爱护，那么就没有一尺一寸的肌肤得不到保养。考察他保养得好或者不好，难道有别的方法吗？只是看他所注重的是身体的哪一部分罢了。身体有重要的部分，有次要的部分，有小的部分，有大的部分。不要因为小的部分而损害大的部分，不要因为次要部分而损害重要部分。保养小的部分的就是小人，保养大的部分的就是君子。假如有这样一个园丁，他舍弃了梧桐、楸树，而去精心培育酸枣、荆棘，那么他就是一个不称职的园丁。如果有人只保养他的一个手指，却忽略了肩膀背脊，自己还不知道，那他就是个糊涂透顶的人。只知道吃喝的人为人们所鄙视，因为他只顾保养小的部分而遗忘了大的部分。如果喜爱饮食之人也注重品德的修养，那么满足口腹之欲，难道仅仅是为了保养一尺一寸的肌肤吗？"

11.15 公都子问曰："钧是人也〔1〕，或为大人，或为小人，何也？"

孟子曰："从其大体〔2〕，为大人〔3〕。从其小体〔4〕，为小人。"

曰："钧是人也，或从其大体，或从其小体，何也？"

曰："耳目之官不思〔5〕，而蔽于物，物交物〔6〕，则引之而已矣。心之官则思，思则得之，不思则不得也。此天之所与我者，先立乎其大

者，则其小者不能夺也。此为大人而已矣。”

【注释】

〔1〕钧：通“均”，同。

〔2〕从：循、随。

〔3〕大体：心志。

〔4〕小体：耳目口腹之欲。

〔5〕官：器官、官能。赵岐《注》曰：“官，精神所在也。谓人有五官六府。”

〔6〕物交物：第一个“物”指外物，第二个“物”指耳目之官。朱熹《集注》：“耳司听，目司视，各有所职而不能思，是以蔽于外物。既不能思而蔽于外物，则亦一物而已。又以外物交于此物，其引之而去不难矣。心则能思，而以思为职。凡事物之来，心得其职，则得其理，而物不能蔽；失其职，则不得其理，而物来蔽之。此三者，皆天之所以与我者，而心为大。若能有以立之，则事无不思，而耳目立欲不能夺之矣。此所以为大人也。”

【解读】公都子问道：“同样是人，有些是君子，有些是小人，这是为什么呢？”

孟子答道：“以顺从心志为追求的人就成了君子，以满足耳目口腹之欲为目标的人就成了小人。”

公都子说：“同样是人，有的人热衷于顺从心志，有的人热衷于满足耳目口腹之欲，这是为什么呢？”

孟子说：“耳朵、眼睛这些器官是不能思考的，容易为事物所蒙蔽。一旦与事物相接触，容易被引入歧途。心这个器官会思考，有反思就会有所得，不思考就一无所获，这是上天赐予我们人类的精神财富。先确立大体，那些耳目口腹之欲就不能与之抗衡了。这样就可以成为君子。”

11.16　孟子曰：“有天爵者[1]，有人爵者[2]。仁、义、忠、信，乐善不倦，此天爵也。公卿大夫，此人爵也。古之人修其天爵，而人爵从之。今之人修其天爵，以要人爵[3]；既得人爵，而弃其天爵，则惑之

甚者也,终亦必亡而已矣[4]。”

【注释】

〔1〕天爵:仁义礼智诸善端。赵岐《注》曰:“天爵以德,人爵以禄。”

〔2〕人爵:世俗社会的官禄富贵。朱熹《集注》:“人之所贵,谓人以爵位加己而后贵也。”

〔3〕要:求。

〔4〕朱熹《集注》:“修天爵以要人爵,其心固已惑矣。得人爵而弃天爵,则其惑又甚焉,终必并其所得之人爵而亡之也。”

【解读】孟子说:“有天然的爵位,有人为的爵位。仁义忠信是天爵,以奉行仁义忠信为乐,且不知疲倦。公卿大夫,这是人为的爵位。古代的人修养他们天然的爵位,人为的爵位也随之而来了。现在的人修养他们天然的爵位,是为了追求公卿大夫爵位;一旦得到了人为的爵位,便舍弃天然的爵位,那就太糊涂了,最终富贵荣华也必然会丧失。”

11.17 孟子曰:“欲贵者,人之同心也。人人有贵于己者[1],弗思耳矣。人之所贵者,非良贵也。赵孟之所贵[2],赵孟能贱之[3]。《诗》云[4]:‘既醉以酒,既饱以德。’言饱乎仁义也,所以不愿人之膏粱之味也[5]。令闻广誉施于身[6],所以不愿人之文绣也[7]。”

【注释】

〔1〕贵于己者:朱熹《集注》:“贵于己者,谓天爵也。”

〔2〕赵孟:春秋时晋国执政大臣赵盾,字孟。此处用以指有权势者。

〔3〕朱熹《集注》:“能以爵禄与人而使之贵,则亦能夺之而使之贱矣。若良贵,则人安得而贱之哉?”

〔4〕《诗》云:以下所引出自《诗经·大雅·既醉》。

〔5〕愿:羡慕。膏:肥肉。粱:精米。

〔6〕令:善。闻:与誉同,名望、荣誉。

〔7〕文绣:绣有花纹的官服。朱熹《集注》:“文绣,衣之美者也。尹氏曰:‘言在我者重,则外物轻。’”

【解读】孟子说："慕求尊贵，这是人们的共同心理。每个人都存有比生命更可贵的东西，只是自己没有反思罢了。他人所尊贵的，不一定真正值得尊贵。赵孟所尊贵的，有朝一日赵孟也能使之卑贱。《诗》说：'既请我喝美酒，又以德泽润我心。'这是说，自身仁义具足，就不羡慕别人的肉食美味了；众人的称誉施加在我的身上，也就不羡慕别人的锦衣绣裳了。"

11.18 孟子曰："仁之胜不仁也，犹水胜火。今之为仁者，犹以一杯水，救一车薪之火也；不熄，则谓之水不胜火，此又与于不仁之甚者也[1]。亦终必亡而已矣！"

【注释】

〔1〕与：帮助。

【解读】孟子说："仁能战胜不仁，就像水能胜过火一样。如今行仁的人，好比用一杯水去救一车柴木燃起的大火；一旦扑灭不了火，就说水不能战胜火，这反而助长了不仁之人的气焰。最终，连这一点点的仁也必定会消亡。"

11.19 孟子曰："五谷者[1]，种之美者也。苟为不熟，不如荑稗[2]。夫仁，亦在乎熟之而已矣。"

【注释】

〔1〕五谷：古代中原地区称黍、稷、麦、菽、麻为"五谷"。

〔2〕荑(tí)稗(bài)：荑，通"稊"，类似稗之类的杂草，结出的米粒很小，可食。朱熹《集注》："荑稗，草之似谷者，其实亦可食，然不能如五谷之美也。"

【解读】孟子说："五谷是庄稼中的好品种。但是，五谷如果不成熟，反而不及稊米和稗子。仁，也在于使之成熟而已。"

11.20 孟子曰："羿之教人射，必志于彀[1]；学者亦必志于彀。大匠诲人，必以规矩；学者亦必以规矩[2]。"

【注释】

〔1〕志:期望。彀(gòu):把弓拉满。

〔2〕朱熹《集注》:“此章言事必有法,然后可成。师舍是则无以教,弟子舍是则无以学。曲艺且然,况圣人之道乎?”

【解读】孟子说:“羿教人射箭,一定要求拉满弓;学习射箭的人也必须致力于拉满弓。高明的工匠教人手艺,必定遵循规矩,学习的人也必须要遵循规矩而行。”

孟子通释卷十二

告子章句下(凡十六章)

【概说】本篇“故天将降大任于是人也,必先苦其心志,劳其筋骨,饿其体肤,空乏其身,行拂乱其所为,所以动心忍性,曾益其所不能”这段话已是妇孺皆知。但是要真正读懂这段话,也不是一件容易的事。这段话中的“动心忍性”四字,值得仔细品味。什么叫做“忍”?《广雅·释言》云:“忍,耐也。”《荀子·非十二子》有“忍性情”,杨倞注:“忍,谓违矫其性也。”

“诐辞知其所蔽,淫辞知其所陷,邪辞知其所离,遁辞知其所穷。”人之言,皆“生于其心”,朱熹称之为“皆本于心”。人心正,则言语平正通达;人心不正,则言语邪僻偏颇。孟子的“知言”,恰好证明崔东壁所论性与善有“深浅醇漓之分”。

在孟子思想中,另外一对值得注意的概念为“大体”与“小体”:“体有贵贱,有小大。无以小害大,无以贱害贵。养其小者为小人,养其大者为大人。”“大体”指“心志”,小体指“口腹”等自然欲求。“大体”与“小体”同存在于人之身心,好比人兼具四肢与五脏六腑。君子与小人的区别在哪?孟子说,两者区别在于“从”,“从其大体为大人,从其小体为小人。”“从”与不“从”的精微区别在于“思”,“思”在《孟子》文本中出现27次,出现频率比较高。“思”有两层含义:其一,“思”是对自身天生禀赋之肯定,“心之官则思,思则得之,不思则不得也”。“思”人心有“善端”，并扩而充之，“立乎其大者”，则为君子；其二，“思”意味着对自身天生禀赋之否定。需明确的一个观点为：人性兼具“大体”与“小体”。“大体”贵，“小体”贱；“大体”善，“小体”恶。理解了这一点，才能理解清代陈澧为什么说“孟子所谓性善者，谓人人之性皆有善也，非谓人人之性，皆纯乎善也”。人性皆有善端，并不意味着人性已“纯乎善”。人之性除了“皆有善”之外，实际上也有恶端。关键在于是“立乎其大”，还是立其“小者”？实际上，孟子并没有否定性有恶端，也未否定“恶”源自心性。恶是心性中一客观存在的事实，人性有恶端是真理，恶具有实质义。

12.1 任人有问屋庐子曰[1]：“礼与食孰重？”

曰：“礼重。”

“色与礼孰重？”

曰：“礼重。”

曰：“以礼食，则饥而死；不以礼食，则得食，必以礼乎？亲迎[2]，则不得妻；不亲迎，则得妻，必亲迎乎？”

屋庐子不能对，明日之邹，以告孟子。

孟子曰：“於答是也何有[3]？不揣其本而齐其末[4]，方寸之木可使高于岑楼[5]。金重于羽者，岂谓一钩金与一舆羽之谓哉[6]？取食之重者与礼之轻者而比之，奚翅食重[7]？取色之重者与礼之轻者而比之，奚翅色重[8]？”往应之曰：“紾兄之臂而夺之食[9]，则得食；不紾，则不得食，则将紾之乎？逾东家墙而搂其处子[10]，则得妻；不搂则不得妻，则将搂之乎？”

【注释】

〔1〕任(rén)：周初诸侯国名，风姓，故地在今山东省济宁市。屋庐子：孟子弟子，名连。

〔2〕亲迎：古代婚姻六礼(纳采、问名、纳吉、纳徵、请期和亲迎)之一。根据古代礼制，夫婿需亲自到女家迎娶新娘入室，这里泛指正式的婚礼。

〔3〕於答是也何有：这句句式与《论语·雍也》“於从政乎何有”相同。

〔4〕揣(chuǎi):衡量。

〔5〕岑(cén)楼:尖顶高楼。朱熹《集注》:"本,谓下。末,谓上。方寸之木,至卑,喻食、色。岑楼,楼之高锐似山者,至高,喻礼。若不取其下之平,而升寸木于岑楼之上,则寸木反高,岑楼反卑多。"

〔6〕一钩金:一点点金子。钩:带钩。

〔7〕奚翅:何但。翅,与"啻"通,古字通用,只、仅。

〔8〕朱熹《集注》:"礼食、亲迎,礼之轻者也。饥而死以灭其性,不得妻而废人伦,食、色之重者也。言其相去悬绝,不但有轻重之差而已。"

〔9〕紾(zhěn):扭。

〔10〕搂:牵。处子:处女。

【解读】有个任国人问屋庐子说:"礼仪和饮食哪样更重要?"

屋庐子回答说:"礼仪重要。"

(那人又问:)"娶妻和礼仪哪个重要?"

屋庐子答:"礼仪重要。"

任国人又问:"如果按照礼仪去谋食,就会饿死;不按照礼仪去谋食,便会得到食物,那一定要按照礼仪行事吗?如果按照亲迎礼娶亲,就娶不到妻子;如果不按照亲迎礼娶亲,便会娶到妻子,那一定要行亲迎礼吗?"

屋庐子不能应答,第二天去邹国,向孟子请教如何回答这一问题。

孟子说:"回答这个问题有什么困难呢?不去度量根基的高低,而只比较它们的顶端,那么一寸厚的小木块都可以使它高过尖顶的高楼。我们说金子重于羽毛,难道是就一丁点金子相对于一车子羽毛而言吗?选取饮食的重要方面与礼仪的轻微方面相比较,何止是饮食重要?选取婚姻的重要方面与礼仪的细枝末节相比较,何止是婚姻重要?你这样去答复他吧:'扭折哥哥的胳膊,抢夺他的食物，便得到食物；不扭，就得不着食物，你会去扭吗？翻越东邻的墙头，去搂抱邻居家的闺女就能娶到妻子；不搂抱邻居家的闺女就娶不到妻子，你会去搂抱吗？'"

12.2 曹交问曰[1]："'人皆可以为尧舜'，有诸？"

孟子曰："然。"

"交闻文王十尺[2]，汤九尺，今交九尺四寸以长，食粟而已，如何则可？"

曰："奚有于是？亦为之而已矣。有人于此，力不能胜一匹雏[3]，则为无力人矣。今曰举百钧，则为有力人矣。然则举乌获之任[4]，是亦为乌获而已矣。夫人岂以不胜为患哉？弗为耳。徐行后长者谓之弟，疾行先长者谓之不弟。夫徐行者，岂人所不能哉？所不为也。尧舜之道，孝弟而已矣。子服尧之服，诵尧之言，行尧之行，是尧而已矣。子服桀之服，诵桀之言，行桀之行，是桀而已矣。"

曰："交得见于邹君，可以假馆，愿留而受业于门。"

曰："夫道，若大路然，岂难知哉？人病不求耳。子归而求之，有馀师[5]。"

【注释】

〔1〕曹交：曹国国君的弟弟，名交。公元前487年，曹国被宋灭。

〔2〕尺：战国时期齐鲁一带的尺度，一尺约合今15.76厘米。

〔3〕雏：小鸡。

〔4〕乌获：古代著名的大力士。

〔5〕朱熹《集注》："言道不难知，若归而求之事亲敬长之间，则性分之内，万理皆备，随处发见，无不可师，不必留此而受业也。曹交事长之礼既不至，求道之心又不笃，故孟子教之以孝弟，而不容其受业。盖孔子'余力学文'之意，亦不屑之教诲也。"

【解读】曹交问孟子道:"人人都可以成为尧舜，有这样的说法吗?"

孟子说:"有。"

曹交说:"我听说周文王身高十尺,成汤身高九尺。如今我也有九尺四寸多高,只会饱食终日,像我这样的人也能成为尧舜吗?"

孟子说:"这有什么关系呢?只要去做就可以了。假如有个人,他的力气提不起一只小鸡,那么他就是个没力气的人;假如他能举起三千斤,那么他就是个大力士。如果他能举得起乌获所能举的重量,那他也就成为乌获了。人难道应该为不能胜任而担心吗?只是不去做罢了。慢慢地走在长者之后叫做悌,飞快地抢在长者之前叫做不悌。慢慢地走,难道是人所不能的吗?只是不那样做罢了。尧舜之道,不过就是孝和悌而已。你穿上尧的衣服,说尧所说的话,做尧所做的事,这样就成为尧了。你穿上桀的衣服,说桀所说的话,做桀所做的事,这样就成为桀了。"

曹交说:"我去拜见邹国国君,就向他借个住处,希望留在这里受业于先生门下。"

孟子说:"(尧舜之)道就像大路一样,哪里是难以明晓的呢?只怕人不肯去寻求罢了。你回去自己努力寻求吧,会有很多老师的。"

12.3 公孙丑问曰:"高子曰[1]:'《小弁》[2],小人之诗也。'"

孟子曰:"何以言之?"

曰:"怨。"

曰:"固哉[3],高叟之为《诗》也!有人于此,越人关弓而射之[4],则己谈笑而道之;无他,疏之也。其兄关弓而射之,则己垂涕泣而道之;无他,戚之也[5]。《小弁》之怨,亲亲也。亲亲,仁也。固矣夫,高叟之为《诗》也!"

曰:"《凯风》何以不怨[6]?"

曰:“《凯风》,亲之过小者也。《小弁》,亲之过大者也。亲之过大而不怨,是愈疏也。亲之过小而怨,是不可矶也[7]。愈疏,不孝也。不可矶,亦不孝也。孔子曰:‘舜其至孝矣!五十而慕。’”

【注释】

〔1〕高子:齐国人,年长于孟子,所以孟子下文称其为“高叟”。

〔2〕《小弁(pán)》:《诗经·小雅》篇名。朱熹《集注》:“周幽王娶申后,生太子宜臼。又得褒姒,生伯服,而黜申后,废宜臼。于是宜臼之傅为作此诗,以叙其哀痛迫切之情也。”

〔3〕固:执滞不通。

〔4〕关:通“弯”。

〔5〕戚:亲。

〔6〕《凯风》:《诗经·邶风》篇名。朱熹《集注》:“卫有七子之母,不能安其室,七子作此以自责也。”

〔7〕矶(jī):激,激怒。朱熹《集注》:“不可矶,言微激之而遽怒也。”

【解读】公孙丑问道:“高子说:‘《小弁》是小人所作的诗。’”

孟子说:“为什么这么说呢?”

公孙丑说:“因为诗篇中有怨恨之情。”

孟子说:“高老先生解释《诗》未免太固陋了!如果有个人,越国人拉弓去射他,那么他会谈笑着陈述此事,这没有别的原因,只是因为和越国人关系疏远。如果他的兄长拉弓要射他,那么他就哭泣着讲述此事,这没有别的原因,只是因为和兄长关系亲近。《小弁》的怨恨,是出于对亲人的爱护。爱亲是仁的源头活水。高老先生解释《诗》,未免太呆板了!

公孙丑又问:“《凯风》这首诗为什么没有怨恨之情呢?”

孟子答道:“《凯风》是由于亲人的过错小,《小弁》是由于亲人的过错大。父母的过错很大却不怨恨,这是越发疏远他们了;父母的过错小却怨恨不已,这是受不了一点儿刺激。越发疏远是不孝,受不了一点儿刺激也是不孝。孔子说：'舜真是最孝的人，到了五十岁还眷恋父母。'"

12.4　宋轻将之楚[1]，孟子遇于石丘[2]。曰："先生将何之[3]？"

曰："吾闻秦、楚构兵[4]，我将见楚王说而罢之。楚王不悦，我将见秦王说而罢之。二王我将有所遇焉[5]。"

曰："轲也请无问其详，愿闻其指。说之将何如？"

曰："我将言其不利也。"

曰："先生之志则大矣，先生之号则不可[6]。先生以利说秦、楚之王，秦、楚之王悦于利，以罢三军之师，是三军之士乐罢而悦于利也。为人臣者，怀利以事其君；为人子者，怀利以事其父；为人弟者，怀利以事其兄：是君臣、父子、兄弟终去仁义，怀利以相接；然而不亡者，未之有也。先生以仁义说秦、楚之王，秦、楚之王悦于仁义，而罢三军之师，是三军之士乐罢而悦于仁义也。为人臣者，怀仁义以事其君；为人子者，怀仁义以事其父；为人弟者，怀仁义以事其兄：是君臣、父子、兄弟去利，怀仁义以相接也。然而不王者，未之有也。何必曰利？"

【注释】

〔1〕宋轻(kēng)：宋国人，又名宋钘，战国时期著名思想家，《荀子·非十二子》将其与墨子归为一类。朱熹《集注》："时宋轻方欲见楚王，恐其不悦，则将见秦王也。按《庄子》书'有宋钘者，禁攻寝兵，救世之战，上说下教，强聒不舍。'《疏》云：'齐宣王时人。'以事考之，疑即此人也。"

〔2〕石丘：地名，未详所在。据钱穆先生考证，公元前312年左右，孟子与宋钘相会于石丘。

〔3〕先生：赵岐《注》曰："学士年长者，故谓之先生。"焦循《正义》解曰："《齐策》云：'孟尝君谳坐，谓三先生'，注云：'先生，长老先己以生者也。'轻盖年长于孟子，故孟子以先生称之而自称名。"

〔4〕构兵:交战。

〔5〕遇:合。

〔6〕号:名义、说法。

【解读】宋牼打算去楚国,孟子在石丘遇见他,问道:“先生将要去哪里?”

宋牼说:“我听说秦楚交战,我要去进见楚王,劝说他罢兵。如果楚王不听,我就去进见秦王,劝说他罢兵。在两个君王中,总会有一个能听从我的劝告。”

孟子说:“我不想问得那么详细,只希望聆听它的大要,你打算怎样劝说他们呢?”

宋牼说:“我打算陈述交战的不利之处。”

孟子说:“先生的志向是宏大的,但您的说法行不通。您用利来劝说秦、楚的君王,秦、楚的君王因为喜欢利而停止了三军的行动,这样也使军队的官兵们因为追求利才乐意停战。做臣子的,怀着求利的观念去服事君主,做儿子的怀着求利的观念去服事父亲,做弟弟的怀着求利的观念去服事哥哥,这就会使君臣、父子、兄弟之间完全舍弃仁义,为了利而互相计较,如此而国家不灭亡的,还没有过。您若以仁义来劝说秦王和楚王,秦王、楚王因喜爱仁义而停止了三军的行动,这就会使军队的官兵们因为喜欢仁义而乐意停战。做臣子的怀着仁义之心去侍奉他的君主,做儿子的怀着仁义之心去侍奉他的父亲,做弟弟的怀着仁义之心去侍奉他的兄长,这会使君臣、父子、兄弟之间都去掉求利的念头,心怀仁义来打交道,这样还不能称王天下的,从来没有过。为什么一定要谈利呢?”

12.5 孟子居邹。季任为任处守[1],以币交,受之而不报。处于平陆[2],储子为相[3],以币交,受之而不报[4]。他日由邹之任,见季子;由平陆之齐,不见储子。屋庐子喜曰:“连得间矣[5]。”

问曰："夫子之任见季子，之齐不见储子，为其为相与？"

曰："非也。《书》曰[6]：'享多仪[7]，仪不及物，曰不享，惟不役志于享[8]。'为其不成享也。"屋庐子悦。或问之，屋庐子曰："季子不得之邹，储子得之平陆[9]。"

【注释】

〔1〕季任：任国国君之弟。赵岐《注》曰："季任，任君之弟。任君朝会于邻国，季任为之居守其国也。"

〔2〕平陆：地名，齐国的下邑，故城在今山东省汶上县。

〔3〕储子：齐国国相。

〔4〕报：回报。朱熹《集注》："不报者，来见则当报之，但以币交，则不必报也。"

〔5〕间：差错。朱熹《集注》："屋庐子知孟子之处此必有义理，故喜得其间隙而问之。"朱子释"间"为"间隙"，恐误。

〔6〕《书》曰：以下文句出自《尚书·周书·洛诰》。

〔7〕享：享献之礼。多：美、贵。仪：礼法。

〔8〕役：用。

〔9〕朱熹《集注》："徐氏曰：'季子为君居守，不得往他国以见孟子，则以币交而礼意已备。储子为齐相，可以至齐之境内，而不来见，则虽以币交，而礼意不及其物也。'"

【解读】孟子住在邹的时候，季任代理任国的国政，派人送礼物来结交孟子，孟子接受了礼物但不回谢。孟子住在平陆的时候，储子担任齐国的国相，派人送礼物来结交孟子，孟子接受了礼物也不回谢。后来，孟子从邹到了任国，拜访了季子；从平陆到了齐国，却没有去拜访储子。屋庐子高兴地说："我终于发现老师的过错了。"

屋庐子于是问孟子："老师到了任国，拜访了季子；到了齐国，却不拜访储子，是因为储子只是国相吗？"

孟子说："不是。《书》上说：'进献之礼推重礼法，如果礼节与礼品不相配，就不算是进献，因为他没有用心于进献之礼。'（我没去拜访储子)是因为他没有尽到进献的礼节。"

屋庐子听了很高兴。有人问他这件事,屋庐子说:"季子(因为要代理任国的国政,所以)不能亲自去邹国,而储子是能够亲自到平陆去的。"

12.6 淳于髡曰[1]:"先名实者[2],为人也。后名实者[3],自为也。夫子在三卿之中[4],名实未加于上下而去之[5],仁者固如此乎?"

孟子曰:"居下位,不以贤事不肖者,伯夷也。五就汤,五就桀者,伊尹也。不恶污君,不辞小官者,柳下惠也。三子者不同道,其趋一也[6]。一者何也?曰:仁也。君子亦仁而已矣,何必同?"

曰:"鲁缪公之时,公仪子为政[7],子柳[8]、子思为臣,鲁之削也滋甚[9]。若是乎贤者之无益于国也!"

曰:"虞不用百里奚而亡,秦穆公用之而霸。不用贤则亡,削何可得与?"

曰"昔者王豹处于淇[10],而河西善讴。绵驹处于高唐[11],而齐右善歌[12]。华周、杞梁之妻善哭其夫[13],而变国俗。有诸内必形诸外。为其事而无其功者,髡未尝睹之也。是故无贤者也,有则髡必识之[14]。"

曰:"孔子为鲁司寇[15],不用[16];从而祭,燔肉不至[17]。不税冕而行[18]。不知者以为为肉也,其知者以为为无礼也。乃孔子则欲以微罪行[19],不欲为苟去。君子之所为,众人固不识也[20]。"

【注释】

〔1〕淳于髡:战国时期齐国著名的政治家和思想家。具体生卒时间不详,略长于孟子。淳于髡以博学多才、善于辩论著称,是稷下学宫中的著名学者之一。

〔2〕先(xiàn):重视。名:声誉。实:事功。朱熹《集注》:"名,声誉也。实,事功也。言以名实为先而为之者,是有志于救民者也。以名实为后而不为者,

是欲独善其身者也。”

〔3〕后:轻视,与“先”一样作动词用。

〔4〕三卿:指上卿、亚卿和下卿。孟子在齐国时,曾位列三卿之中。

〔5〕上下:君王与平民百姓。

〔6〕趋:旨趣。

〔7〕公仪子:即公仪休。曾经当过鲁相,奉法循礼治理鲁国。

〔8〕子柳:即本书《公孙丑下》提及之泄柳。

〔9〕削:朱熹《集注》:“地见侵夺也。”

〔10〕王豹:卫国人,歌唱家。淇:水名,在今河南北部,古为黄河支流,南流至今汲县东北入河。

〔11〕绵驹:齐国人,歌唱家。高唐:地名,在今山东省禹城南。

〔12〕右:西方,古人以西为右。

〔13〕华周、杞梁之妻善哭其夫:朱熹《集注》:“华周、杞梁,二人皆齐臣,战死于莒。其妻哭之哀,国俗化之,皆善哭。”

〔14〕朱熹《集注》:“髡以此讥孟子仕齐无功,未足为贤也。”

〔15〕司寇:据《史记·孔子世家》载,孔子仕鲁“由中都宰为司空,由司空为大司寇”。孔子任中都宰在鲁定公九年(前501年),任期一年左右,第二年升任司空。不久,鲁定公又任命孔子为司寇,孔子至是始为卿职。司马迁为区别司空下设的小司寇而冠一“大”字,因称“大司寇”。孔子一生仕鲁仅四年左右,任大司寇时间最长,从定公十年(前500年)至定公十三年,这三年左右时间是孔子一生政治生涯中的重要阶段。

〔16〕不用:赵岐《注》曰:“不能用其道也。”

〔17〕燔(fán)肉:祭肉,与“膰肉”同。

〔18〕税(tuō):通“脱”。冕:大夫以上戴的礼帽。

〔19〕微罪:小的过错。

〔20〕焦循《正义》曰:“故当时不知者以孔子为为肉,纵在知者,亦以孔子为为无礼。乃孔子之意,则欲以己不税冕之罪行,不欲为苟去。”

【解读】淳于髡说:“重视名誉功业的,是为了济世救民;轻视名誉功业的,是为了独善其身。先生位在齐国三卿之中,上无辅佐国君的声誉,下无救济百姓的功业,就辞职离去了,有仁德的人原来是这样的吗?”

孟子说:“处在低下的职位,不以自己的贤才去侍奉不肖之人,这是伯夷;五次投靠汤,又五次往桀那里去做官,这是伊尹;不厌恶污浊之君,也不拒绝卑贱的职位,这是柳下惠。三个人的行为不相同,但方向是一致的。这一致的是什么呢?应该说,就是仁。君子只要行仁就可以了,为什么一定要做法相同呢?”

淳于髡说:“鲁缪公时,公仪子主持国政,子柳、子思做大臣,鲁国却日复一日削弱。如此看来,贤者无益于国家啊!”

孟子说:“虞国不任用百里奚,因而亡国;秦穆公重用百里奚,因而称霸。(可见,)不任用贤人就会导致灭亡,何止是削弱呢?”

淳于髡说:“从前歌唱家王豹住在淇水边,住在河西的人因此都喜欢唱歌;歌唱家绵驹住在高唐,齐国西部的人也都善于唱歌;华周、杞梁的妻子痛哭她们的丈夫,甚至改变了一国的风俗。内心存在着什么,一定会显现在外面。做了某件事却没有什么功效,我还未曾见到过。所以,当今之世没有贤人;如果有,我一定会知道的。”

孟子说:“孔子任鲁国的大司寇而不被信任。随从国君祭祀时,祭肉又没按照礼仪分送给他,孔子于是不解下礼帽就离开了鲁国。不了解孔子的人以为他是为了祭肉的缘故,了解孔子的人认为他是因为鲁君的失礼而离开的。至于孔子,他就是想担当点小罪名离开,不想随便就离开父母之邦。君子的作为,一般人很难理解。”

12.7 孟子曰:“五霸者[1],三王之罪人也[2]。今之诸侯,五霸之罪人也。今之大夫,今之诸侯之罪人也。天子适诸侯,曰巡狩。诸侯朝于天子,曰述职。春省耕而补不足[3],秋省敛而助不给。入其疆,土地辟,田野治,养老尊贤,俊杰在位,则有庆[4],庆以地。入其疆,土地

荒芜，遗老失贤，掊克在位[5]，则有让[6]。一不朝，则贬其爵；再不朝，则削其地；三不朝，则六师移之[7]。是故天子讨而不伐[8]，诸侯伐而不讨。五霸者，搂诸侯以伐诸侯者也[9]。故曰：五霸者，三王之罪人也。五霸，桓公为盛。葵丘之会诸侯[10]，束牲、载书而不歃血[11]。初命曰：'诛不孝，无易树子[12]，无以妾为妻。'再命曰：'尊贤育才，以彰有德。'三命曰：'敬老慈幼，无忘宾旅[13]。'四命曰：'士无世官[14]，官事无摄[15]，取士必得[16]，无专杀大夫[17]。'五命曰，'无曲防[18]，无遏籴[19]，无有封而不告[20]。'曰：'凡我同盟之人，既盟之后，言归于好。'今之诸侯皆犯此五禁，故曰：今之诸侯，五霸之罪人也。长君之恶，其罪小。逢君之恶[21]，其罪大。今之大夫，皆逢君之恶，故曰：今之大夫，今之诸侯之罪人也。"

【注释】

〔1〕五霸：指齐桓公、晋文公、秦穆公、宋襄公、楚庄王等"春秋五霸"。

〔2〕三王：夏禹，商汤，周文王、周武王。

〔3〕省：巡察。

〔4〕庆：奖赏。

〔5〕掊(póu)克：聚敛。这里代指聚敛民财的统治者。

〔6〕让：责罚。

〔7〕六师：周天子的军队。周礼规定天子设六军，诸侯设三军。移之：赵岐《注》曰："不朝至三，讨之以六师。移之，就之也。"朱熹《集注》又云："诛其人而变置之也。"

〔8〕讨：朱熹《集注》："讨者，出命以讨其罪，而使方伯、连帅帅诸侯以伐之也。"伐：朱熹《集注》："伐者，奉天子之命，声其罪而伐之也。"

〔9〕搂：带领。

〔10〕葵丘之会诸侯：公元前651年，齐桓公在葵丘(在今河南省兰考县一带)大会诸侯，参加会盟的有齐、鲁、宋、卫、郑、许、曹等国的国君，周襄王也派代表参加，对齐桓公予以表彰。这是齐桓公多次召集诸侯会盟中规模最大的一次，标志着齐桓公的霸业达到顶峰，齐桓公成为中原的首位霸主。

〔11〕束牲：不宰杀牺牲，将盟书放在牺牲上。《谷梁传·僖公九年》云："僖公九年，葵丘之会，陈牲而不杀，读书，加于牲上，壹明天子之禁。"载书：将盟约放在牺牲上。歃(shà)血：古代盟誓的一项仪式，口微吸牺牲血，表示信守诺言。

〔12〕树：立。朱熹《集注》："已立世子，不得擅易。"

〔13〕无忘宾旅：朱熹《集注》："宾，宾客也。旅，行旅也。皆当有以待之，不可忽忘也。"

〔14〕士无世官：朱熹《集注》："士世禄而不世官，恐其未必贤也。"

〔15〕摄：兼任。朱熹《集注》："当广求贤才以充之，不可以阙人废事也。"

〔16〕得：得贤。朱熹《集注》："必得其人也。"

〔17〕无专杀大夫：朱熹《集注》："有罪则请命于天子而后杀之也。"

〔18〕曲防：遍设堤防。曲，遍，与《易·系辞传》"曲成万物而不遗"之"曲"含义同。防，堤防。朱熹《集注》："不得曲为堤防、壅泉激水，以专小利、病邻国也。"

〔19〕遏籴(dí)：禁止邻国来购买粮食。

〔20〕封：封赏。告：禀告盟主。

〔21〕逢：逢迎、辩护。朱熹《集注》："君之过未萌，而先意导之者，逢君之恶也。"

【解读】孟子说："五霸是三王的罪人，现在的诸侯是五霸的罪人，现在的大夫是诸侯的罪人。天子到诸侯的封地考察叫做巡狩，诸侯朝见天子叫做述职。(天子巡狩，)春天视察耕种情况，补助种子不足的百姓；秋天视察收获情况，赈济粮食短缺的百姓。一进入诸侯国的疆界，(如果看到)土地得到开辟，田野得到治理，老人得到赡养，贤人得到尊敬，有才能的人立于朝廷，那么就给予赏赐，赏给土地。一进入某诸侯国的疆界，(如果看到)土地荒芜，老人被遗弃，贤者不被任用，搜刮民财的人立于朝廷，那么就给予责罚。(诸侯)一次不来朝见，就贬低他的爵位；两次不来朝见，就削减他的土地；三次不来朝见，就派军队去讨伐他。所以，天子(对不服从的诸侯)只是声讨而不亲自去征伐，诸侯只是征伐而不声讨。五霸，带领着诸侯去征伐诸侯，所以说，五霸是三王的罪人。五霸当中，齐桓公势力最强。在葵丘盟会上，诸侯们捆绑了牺牲，把盟书放在牺牲身上，而没有歃血。第一条盟约说：'诛责不孝之人，不要废立太子，不要立妾为妻。'第二条盟约说：'尊贵贤人，养育人才，借以表彰有德者。'第三条盟约说：'恭敬老人，慈爱幼小，不要怠慢来宾和旅客。'第四条盟约说：'士人的官职不可世代相传，官职不可兼任，选用士人一定要唯才是举，不可擅自杀戮大夫。'第五条盟约说：'不要到处构筑堤防，不可阻止邻国来采购粮食，不可私自封赏而不告诉盟主。'最后说：'所有我们参与会盟的人，订立盟约之后，完全恢复旧日的友好。'现在的诸侯都违反了这五条禁令，所以说，现在的诸侯是五霸的罪人。助长国君的恶行，还算是小罪；逢迎、掩饰君主的恶行，罪过就大了。现在的大夫都逢迎国君的恶行，所以说现在的大夫是诸侯的罪人。"

12.8 鲁欲使慎子为将军[1]。孟子曰："不教民而用之[2]，谓之殃民。殃民者，不容于尧、舜之世。一战胜齐，遂有南阳[3]，然且不可。"

慎子勃然不悦，曰："此则滑釐所不识也。"

曰："吾明告子：天子之地方千里；不千里，不足以待诸侯。诸侯之地方百里；不百里，不足以守宗庙之典籍。周公之封于鲁，为方百里也；地非不足，而俭于百里[4]。太公之封于齐也，亦为方百里也；地非不足也，而俭于百里。今鲁方百里者五[5]，子以为有王者作，则鲁在所损乎？在所益乎？徒取诸彼以与此，然且仁者不为，况于杀人以求之乎？君子之事君也，务引其君以当道[6]，志于仁而已。"

【注释】

〔1〕慎子：名滑釐，鲁国善用兵者。

〔2〕不教民而用之：赵岐《注》曰："不教民以仁义而用之战斗。"朱熹《集注》亦认为："教民者，教之礼义，使知入事父兄，出事长上也。"

〔3〕南阳：即汶阳，在今山东省泰安市西南。因为地处汶水之北、泰山西南，所以叫南阳。

〔4〕俭：少。

〔5〕今鲁方百里者五：鲁国先后兼并宋、莒、项、郏等国，疆土不断拓展。

〔6〕当道：朱熹《集注》亦认为："谓事合于理。"

【解读】鲁国打算让慎子做将军。孟子说："不先教导百姓知礼义，就驱使他们去打仗，这叫做坑害百姓。坑害百姓的人，如果在尧、舜的时代，是不被容纳的。即使只作战一次便打败了齐国，得到了南阳，也是不正当的。"

慎子顿时不高兴地说："这是我所不明白的。"

孟子说："我明白地告诉你：天子的土地方圆一千里，如果不到一千里，便不能够接待诸侯；诸侯的土地方圆一百里，如果不到一百里，便不能够奉守宗庙的礼制。周公被封于鲁国，有方圆百里的土地；土地并不是不够，但也只不过区区百里。太公被封于齐，也有方圆百里的土地；土地并不是不够，但也只不过区区百里。如今鲁国有五倍于方圆百里的土地，你以为假如有圣王兴起，鲁国的土地是会减少呢，还是会增加呢？不用兵力，白白地把别国的土地抢过来给予这国，仁人尚且不去做，何况用杀人手段来谋求土地呢？君子侍奉君主，应当一心一意引导君主走上正道，立志于仁。"

12.9 孟子曰："今之事君者曰：'我能为君辟土地，充府库。'今之所谓良臣，古之所谓民贼也。君不乡道[1]，不志于仁，而求富之，是富桀也。'我能为君约与国[2]，战必克。'今之所谓良臣，古之所谓民贼也。君不乡道，不志于仁，而求为之强战，是辅桀也。由今之道，无变今之俗，虽与之天下，不能一朝居也。"

【注释】

〔1〕乡：向、向往。

〔2〕约：邀结。

【解读】孟子说："今天侍奉君主的人都说：'我能为您开辟土地，充实府库。'现今所谓的良臣，正是古代所谓的民贼。君主不向往大道，不立志于行仁义，(做臣子的)却想使他富足，这好比是使夏桀富足。(他们又说：)'我能为您邀结盟国，每战必胜。'现今所谓的良臣，正是古代所谓的民贼。君主不向往大道，不立志于行仁义，(做臣子的)却谋求为他的强大去作战，这好比是辅佐夏桀。沿着现在这条路走下去，不改变现今的风气，即使把整个天下给他，他也是一天都坐不稳的。"

12.10 白圭曰[1]："吾欲二十而取一，何如？"

孟子曰："子之道，貉道也[2]。万室之国，一人陶，则可乎？"

曰："不可。器不足用也。"

曰："夫貉，五谷不生，惟黍生之。无城郭、宫室、宗庙、祭祀之礼，无诸侯币帛饔飧[3]，无百官有司，故二十取一而足也。今居中国，去人伦[4]，无君子[5]，如之何其可也？陶以寡，且不可以为国，况无君子乎？欲轻之于尧、舜之道者，大貉小貉也。欲重之于尧、舜之道者，大桀、小桀也[6]。"

【注释】

〔1〕白圭：名丹，字圭，先秦时期著名商人。朱熹《集注》："林氏曰：'按《史记》：白圭能薄饮食，忍嗜欲，与童仆同苦乐；乐观时变，人弃我取，人取我与。以此居积致富。其为此论，盖欲以其术施之国家也。"

〔2〕貉(mò)：与"貊"同，古代北方少数民族。

〔3〕饔飧(yōng sūn)：本义为早餐与晚餐，此处代指宴请宾客之礼。

〔4〕去人伦：朱熹《集注》："无君臣、祭祀、交际之礼，是去人伦。"

〔5〕无君子：朱熹《集注》："无百官有司，是无君子。"

〔6〕赵岐《注》云："尧、舜以来，什一而税，足以行礼，故以此为道。今欲轻

之二十税一者,夷貉为大貉,子为小貉也。欲重之过十一,则夏桀为大桀,子为小桀也。"

【解读】白圭说:"我想定税率为二十抽一,怎么样?"

孟子说:"你的做法是貉国的做法。假如有一万户的国家,只有一个人制作陶器,那能行吗?"

白圭说:"不行,陶器不够用。"

孟子说:"貉这个国家,地处北方极寒地区,不出产庄稼,只有黍子能生长;没有城邑、宫室、宗庙以及祭祀的礼仪,没有诸侯之间互赠礼物、彼此宴享之类的礼仪,没有各级官吏,因此二十抽一就足够了。而现今在中原各国,摒弃人伦,不设官吏,这怎么行呢?陶器缺乏尚且不能立国,更何况没有官吏呢?想要把税率定得比尧、舜时的税率还要低的,是大貉、小貉这样的国家;想要把税率定得比尧、舜时的税率还要高的,是大桀、小桀这样的暴君。"

12.11 白圭曰:"丹之治水也[1],愈于禹。"

孟子曰:"子过矣。禹之治水,水之道也,是故禹以四海为壑。今吾子以邻国为壑。水逆行,谓之洚水[2]。洚水者,洪水也[3],仁人之所恶也。吾子过矣。"

【注释】

〔1〕丹之治水:赵岐《注》曰:"当时诸侯有小水。白圭为之筑堤,壅而注之他国。"

〔2〕洚(jiàng)水:水流不遵河道。

〔3〕朱熹《集注》:"水逆行者,下流壅塞,故水逆流。今乃壅水以害人,则与洪水之灾无异矣。"

【解读】白圭说:"我治水胜过禹。"

孟子说:"你错了。禹治水,是顺着水性,所以禹把四海作为蓄水场所。如今你把邻国作为沟壑用来排水,(使得)水逆流而行,这叫做洚水。洚水就是洪水，这是仁者所憎恶的，(所以说)你错了。”

12.12 孟子曰："君子不亮[1]，恶乎执[2]？"

【注释】

〔1〕亮：通"谅"，诚信。

〔2〕执：执持。赵岐《注》曰："亮，信也。《易》曰：'君子履信思顺。'若为君子之道，舍信将安执之？"

【解读】孟子说："君子不讲诚信，如何能有操守？"

12.13 鲁欲使乐正子为政[1]。孟子曰："吾闻之，喜而不寐。"

公孙丑曰："乐正子强乎？"

曰："否。"

"有知虑乎？"

曰："否。"

"多闻识乎？"

曰："否。"

"然则奚为喜而不寐？"

曰："其为人也好善[2]。"

"好善足乎？"

曰："好善优于天下[3]，而况鲁国乎？夫苟好善，则四海之内，皆将轻千里而来告之以善[4]。夫苟不好善，则人将曰：'訑訑[5]，予既已知之矣。'訑訑之声音颜色，距人于千里之外[6]。士止于千里之外，则谗谄面谀之人至矣。与谗谄面谀之人居，国欲治，可得乎[7]？"

【注释】

〔1〕乐正子：复姓乐正，名克，孟子弟子。

〔2〕好善：乐闻善言。

〔3〕优：朱熹《集注》："优，有余裕也。言虽治天下，尚有余力也。"

〔4〕轻：易，意动用法。

〔5〕訑訑(yí)：自足自满的样子。朱熹《集注》："自足其智，不嗜善言之貌。"

〔6〕距：通"拒"，拒绝。

〔7〕朱熹《集注》："此章言为政不在于用一己之长，而贵于有以来天下之善。"

【解读】鲁国打算叫乐正子治理国政。孟子说："我听说这件事，高兴得睡不着。"

公孙丑说："乐正子坚强果断吗？"

孟子回答说："不。"

"有智慧有谋略吗？"

孟子说："不。"

"他见多识广吗？"

孟子回答说："不。"

"那你为什么高兴得睡不着呢？"

孟子说："因为他喜欢听取善言。"

"喜欢听取善言就够了吗？"

孟子说："喜欢听取善言，治理天下绰绰有余，何况是治理一个鲁国呢？如果喜欢听取善言，那么天下的人都会从千里之外赶来把善言告诉他；如果不喜欢听取善言，那他就会说：'嗯嗯！我早已知晓了！'这种腔调和脸色就会把别人拒之于千里之外了。士人在千里之外停止不来，那么谄媚阿谀的人就来了。同谄媚阿谀的人混在一起，要把国家治理好，做得到吗？"

12.14　陈子曰[1]："古之君子何如则仕？"

孟子曰："所就三[2]，所去三。迎之致敬以有礼，言将行其言也，则就之；礼貌未衰[3]，言弗行也，则去之。其次，虽未行其言也，迎之

致敬以有礼，则就之；礼貌衰，则去之。其下，朝不食，夕不食，饥饿不能出门户；君闻之，曰：'吾大者不能行其道，又不能从其言也。使饥饿于我土地，吾耻之。'周之[4]，亦可受也，免死而已矣。"

【注释】

〔1〕陈子：即陈臻，孟子弟子。

〔2〕所就三：朱熹具体归纳为"见行可之仕"、"际可之仕"和"公养之仕"三类。

〔3〕礼貌：礼仪、态度。

〔4〕周：接济。

【解读】陈子问："古代的君子要怎样才肯出来任职呢？"

孟子说："任职的情况有三种，离职的情况也有三种。(君主)毕恭毕敬地以礼相迎，按他所说的话去施行，就去任职；礼貌虽然没有衰减，但不再按他所说的去施行，就辞去官职。其次，虽然没有按他说的去做，但迎请时恭敬有礼，就去任职；如果礼貌衰减了，就辞去官职。最下等的，早晨没有饭吃，晚上也没有饭吃，饿得不能走出大门。国君知道后说：'我作为国君不能实行他的主张，又不能听从他的进言，使他在我的国土上挨饿，对此我深感羞耻。'于是周济他。这也是可以接受的，但只是为了免于一死罢了。"

12.15 孟子曰："舜发于畎亩之中[1]，傅说举于版筑之间[2]，胶鬲举于鱼盐之中[3]，管夷吾举于士[4]，孙叔敖举于海[5]，百里奚举于市[6]。故天将降大任于是人也，必先苦其心志，劳其筋骨，饿其体肤，空乏其身，行拂乱其所为[7]，所以动心忍性[8]，曾益其所不能[9]。人恒过，然后能改。困于心，衡于虑[10]，而后作[11]。征于色[12]，发于声，而后喻。入则无法家拂士[13]，出则无敌国外患者，国恒亡。然后知生于忧患，而死于安乐也。"

【注释】

〔1〕畎(quǎn)亩：田地。畎，田间小沟。朱熹《集注》："舜耕历山，三十登

庸。”

〔2〕傅说(yuè):殷商王武丁的国相。传说傅说为筑墙之奴隶,武丁梦得圣人,名曰说,求于野。乃于傅岩得之,举以为相,国大治。版筑:古人建房造墙,用两块木板相夹,两板之间的宽度等于墙的厚度,板外用木柱支撑住,然后在两板之间填满泥土,用杵捣严实,筑毕拆去木板木柱,即成一堵墙。

〔3〕胶鬲:商纣王时的贤人。朱熹《集注》:“胶鬲遭乱,鬻贩鱼盐。文王举之。”

〔4〕管夷吾:即管仲。公元前698年,齐僖公驾崩,留下三个儿子,太子诸儿、公子纠和小白。太子诸儿即位,是为齐襄公。当时,管仲和鲍叔牙分别辅佐公子纠和公子小白。齐襄公十二年(前686年),齐襄公被杀。次年,公子小白在鲍叔牙的帮助下顺利登上了君位,他就是历史上有名的齐桓公。齐桓公即位后,采纳了鲍叔牙的建议,择吉日以非常隆重的礼仪拜管仲为相。士:狱官。

〔5〕孙叔敖:楚国人。朱熹《集注》:“孙叔敖隐处海滨,楚庄王举之为令尹。”

〔6〕百里奚举于市:百里奚事见《万章章句上》篇。

〔7〕拂:戾、违背。

〔8〕忍:《广雅·释言》云:“忍,耐也。”

〔9〕曾:同“增”。

〔10〕衡:通“横”,不顺。

〔11〕作:奋起。

〔12〕征:证验。

〔13〕法家:赵岐《注》曰“法度大臣之家”。拂(bì)士:辅弼的贤士,拂与“弼”通。

【解读】孟子说:“舜兴起于农田之中,傅说从夯土筑墙的苦役中被举用,胶鬲从贩卖鱼盐的工作中被举荐,管夷吾从狱官的牢笼被释放后而被举用,孙叔敖是从海边的隐居生活中被举用,百里奚是在集市上自卖为奴后被举用。所以上天将要把重大的使命委托给某人时,一定先要磨砺他的心志,劳累他的筋骨,饥饿他的肌体,穷困他的生活，使他的每一个行为都受到扰乱。这样，便可以震动他的内心，坚韧他的性情，增加他所缺少的能力。一个人常犯错误，才会改正；内心困苦，思虑阻塞，才能奋发有为；显现在形貌上，抒发在言语中，才能被人了解。一个国家，内部没有执法严明的大臣和辅弼君王的贤士，外部没有敌国外患的威胁，常常就会灭亡。由此可知，忧患能使人生存，安乐常使人陷于死亡。”

12.16 孟子曰：“教亦多术矣[1]。予不屑之教诲也者，是亦教诲之而已矣[2]。”

【注释】

〔1〕术：方法。郑玄注《礼记·祭统》“惠术也，可以观政矣”曰：“术犹法也。”

〔2〕是亦教诲之：朱熹《集注》：“其人若能感此，退自修省，则是亦我教诲之也。”

【解读】孟子说：“教育也有多种方法。我不屑于去教育某人，这其实也是教育他的一种方式。”

孟子通释卷十三

尽心章句上(凡四十六章)

【概说】弟子桃应通过假设向孟子提出了一个问题:在亲情和法律发生矛盾时,圣人应当如何做?孟子的答案是"窃负而逃"。当代有的学者批评孟子的这一回答是藐视法律,是鼓励"搞腐败"!实际上,世人对孟子孝论多有误解。具体而言,就是对孟子"父子之间不责善"这一命题缺乏深入了解。在《孟子》文本中,经常出现"事亲"一词,这是孔子与曾子所未曾提及的一个新概念。"仁之实,事亲是也;义之实,从兄是也;智之实,知斯二者弗去是也。"在孟子看来,事亲的原则就是"顺亲":"不得乎亲,不可以为人;不顺乎亲,不可以为子。"正因为孟子强调"顺",所以才会提出"父子之间不责善"这一伦理学命题。"父子之间不责善"是孟子标新立异的命题,其内在逻辑为:一旦父子相互责善,就会伤害人伦亲情;伤害人伦亲情,则是天地间最大的"不祥"。匡章是"通国皆称不孝"的人物,但是,孟子不仅"与之游",而且还"从而礼貌之"。《战国策·齐策一》对匡章之事也有注录:"章子之母启得罪其父,其父杀之而埋马栈之下。"匡章可能为此事向其父抗争,结果被其父逐出家门,父子从此形同陌路。匡章一生为抗争之事懊悔不已,并且通过"出妻屏子,终身不养"来惩罚自己。孟子其实是出于同情才与匡章交游,因为在孟子看来,"责善，朋友之道；父子责善，贼恩之大者”。父子人伦亲情高于一切，当社会法律与父子人伦亲情发生矛盾冲突时，孟子偏向于首先维护父子人伦亲情。在人伦亲情与社会法律之间，前者是至高无上的行为准则，后者也是人间大法。问题的关键在于你从何种立场与角度看待此事，作为人之子，孟子的答案是“窃负而逃”；但作为统治者，孟子又主张“执之”。所以，如何在人伦亲情与社会法律之间寻求平衡，才是孟子矻矻以求的社会目标。

13.1 孟子曰："尽其心者〔1〕，知其性也。知其性，则知天矣。存其心〔2〕，养其性〔3〕，所以事天也〔4〕。殀寿不贰〔5〕，修身以俟之，所以立命也〔6〕。"

【注释】

〔1〕心：本心，具体指生而固有的恻隐、羞恶、辞让、是非四种善端。

〔2〕存：朱熹《集注》："存，谓操而不舍。"

〔3〕养：朱熹《集注》："养，谓顺而不害。"

〔4〕事：朱熹《集注》："事，则奉承而不违也。"

〔5〕殀：同“夭”。

〔6〕立命：朱熹《集注》："谓全其天之所付，不以人为害之。"

【解读】孟子说："充分扩张善良的本心，就可以知晓人的本性。知晓人的本性，就会知晓天命。保持人的本心，养护人的本性，以此来敬奉天道。不论寿命长短，都不怀疑动摇。心无旁骛地修身养性，因循自然法则，这就是安身立命的方法。"

13.2 孟子曰："莫非命也〔1〕，顺受其正〔2〕。是故知命者，不立乎岩墙之下〔3〕。尽其道而死者，正命也。桎梏死者〔4〕，非正命也。"

【注释】

〔1〕命：诸种外在因素作用的总和，其中也包含自然法则、规律与趋势。张岱年在《中国哲学史大纲》中对“命”作了如下定义："大致说来，可以说命

乃指人力所无可奈何者。我们做一件事情,这件事情之成功或失败,即此事的最后结果如何,并非做此事之个人之力量所能决定,但也不是以外任何个人或任何其他一件事情所能决定,而乃是环境一切因素之积聚的总和力量所使然。如成,既非完全由于我一个人的力量;如败,亦非因为我用力不到,只是我一个因素,不足以抗广远的众多因素之总力而已。做事者是个人,最后决定者却非任何个人。这是一件事实。儒家所谓命,可以说即由此种事实而导出的。这个最后的决定者,无以名之,名之曰命。"

〔2〕正:正命,朱熹《集注》:"人物之生,吉凶祸福,皆天所命,然惟莫之致而至者,乃为正命,故君子修身以俟之,所以顺受乎此也。"

〔3〕岩墙:危墙。

〔4〕桎梏:古代刑具,比喻犯罪而亡。

【解读】孟子说:"无一不是由命(决定)。顺从天理而行,是正命。所以,懂得命的人不会站在危墙之下。尽力行天道而死的人,所实现的是正命。犯罪受刑而死的人,所接受的不是正命。"

13.3 孟子曰:"求则得之,舍则失之,是求有益于得也,求在我者也〔1〕。求之有道,得之有命,是求无益于得也,求在外者也〔2〕。"

【注释】

〔1〕求在我者:指仁义礼智诸善端。

〔2〕求在外者:朱熹《集注》:"在外者,谓富、贵、利、达,凡外物皆是。"赵岐《注》曰:"言为仁由己,富贵在天,如不可求,从吾所好。"

【解读】孟子说:"不懈追求就可获得,一旦舍弃就将失去;这种追求对获得善心有益处,因为所追求的善端存在于我自身之内。有些追求虽有途径,能否获得却靠命。这种追求对善心的获得无益,因为所追求的是自身以外的东西。"

13.4 孟子曰:"万物皆备于我矣〔1〕。反身而诚〔2〕,乐莫大焉。强

恕而行[3],求仁莫近焉。”

【注释】

〔1〕物:赵岐《注》曰:“物,事也。”备:丰足。《经籍纂诂》释:“备,丰足。”

〔2〕反:同“返”。诚:实,真实不妄。

〔3〕强:坚定不移推行。恕:孔子定义为“己所不欲,勿施于人”。朱熹定义为“推己以及人”。

【解读】孟子说:“天地万事万物之理都丰足于我心。反躬自问,本心未失,自心与天地万物之道合一,天人无间,真实无妄,快乐没有比这更大的了。勉力地按照恕道行事,求仁的道路没有比这更近的了。”

13.5 孟子曰:“行之而不著焉[1],习矣而不察焉[2],终身由之而不知其道者[3],众也。”

【注释】

〔1〕著:朱熹《集注》:“知之明。”

〔2〕察:朱熹《集注》:“识之精。”

〔3〕由:因循。

【解读】孟子说:“做了却不明所以,习惯了却不去深究,终生遵循却不懂得其中的道理,多数人都是这样。”

13.6 孟子曰:“人不可以无耻[1]。无耻之耻,无耻矣[2]。”

【注释】

〔1〕耻:朱熹《集注》:“耻者,吾所固有羞恶之心也。”

〔2〕赵岐《注》曰:“人能耻己之无所耻,是能改行从善之人,终身无复有耻辱之累矣。”

【解读】孟子说:“人不可以不知羞耻。一个人如果能够为自己不知羞耻的言行而深感可耻,他就可以终身不再蒙受耻辱了。”

13.7 孟子曰:“耻之于人大矣。为机变之巧者[1],无所用耻焉。不耻不若人[2],何若人有[3]?”

【注释】

〔1〕机变:变诈。

〔2〕若:比得上。

〔3〕何若人有:赵岐《注》云:“不耻不如古之圣人,何有如贤人之名也。”

【解读】孟子说:“羞耻对于人至关重要。玩弄机谋巧诈的人没有什么地方用得着羞耻。不以比不上贤人为羞耻,如何能赶上贤人呢?”

13.8 孟子曰:“古之贤王好善而忘势[1],古之贤士何独不然?乐其道而忘人之势,故王公不致敬尽礼,则不得亟见之[2]。见且由不得亟[3],而况得而臣之乎?”

【注释】

〔1〕势:地位。

〔2〕亟:多次。

〔3〕由:通“犹”,尚且。

【解读】孟子说:“古代的贤君因为喜好善言善行,因而忘记了自己的权势。古代的贤士何尝不是如此?贤士乐于行道,忘记了他人的权势地位。所以王公贵族如果不对他们恭敬有加,就别指望多次见到他们。相见尚且不可多得,何况要以他们为臣呢?”

13.9 孟子谓宋句践曰[1]:“子好游乎[2]?吾语子游。人知之,亦嚣嚣[3];人不知,亦嚣嚣。”

曰:“何如斯可以嚣嚣矣?”

曰:“尊德乐义[4],则可以嚣嚣矣。故士穷不失义[5],达不离道[6]。

穷不失义，故士得己焉。达不离道，故民不失望焉。古之人得志，泽加于民；不得志，修身见于世[7]。穷则独善其身，达则兼善天下。”

【注释】

〔1〕宋句(gōu)践：其生平无考。

〔2〕游：游说。

〔3〕嚣嚣(xiáo)：通“闲”，悠闲自得。赵岐《注》曰：“嚣嚣，自得无欲之貌。”

〔4〕尊德乐义：朱熹《集注》：“乐之，则有以自安，而不殉乎外物之诱矣。”

〔5〕穷：不得志。

〔6〕达不离道：朱熹《集注》：“言不以贫贱而移，不以富贵而淫，此尊德乐义见于行事之实也。”

〔7〕见：现，立。赵岐《注》云：“见，立也。”

【解读】孟子对宋句践说：“你喜欢游说吗？我和你说说游说的事。别人理解，我自得其乐；别人不理解，我也自得其乐。”

宋句践说：“要怎样才能够做到自得其乐呢？”

孟子回答说：“崇尚德，喜爱义，就可以自得其乐。所以，士人穷困时，不失掉义；得意时，不离开道。穷困时不失掉义，所以能自得其乐；得意时不离开道，所以百姓不会失望。古代的人，得志时惠泽普施于百姓；不得志时，就修养个人的品德，以此立身于世。穷困便独善其身，显达则兼善天下。”

13.10 孟子曰：“待文王而后兴者[1]，凡民也。若夫豪杰之士[2]，虽无文王犹兴。”

【注释】

〔1〕兴：奋发向善。朱熹《集注》：“兴者，感动奋发之意。”

〔2〕豪杰：朱熹《集注》：“豪杰，有过人之才智者也。”

【解读】孟子说：“等待文王那样的贤王出现才肯奋发向善的，是普通的老百姓。至于那些杰出的人物，即使没有文王出现，也能够奋发有为、积极向善。”

13.11 孟子曰：“附之以韩、魏之家[1]，如其自视欿然[2]，则过人远矣。”

【注释】

〔1〕附：益，增益。韩、魏之家：朱熹《集注》：“韩、魏，晋卿富家也。”

〔2〕欿(kǎn)然：淡泊、谦虚。赵岐《注》曰：“言人既自有家，复益韩、魏百乘之家，其富贵已美矣。而其人欿然不以足，自知仁义之道不足也，此则过人甚远矣。”

【解读】孟子说：“把韩、魏两个世家的财富地位都给他，如果他并不自满自骄，说明他的德行已远在常人之上。”

13.12 孟子曰：“以佚道使民[1]，虽劳不怨。以生道杀民[2]，虽死不怨杀者。”

【注释】

〔1〕佚道：同“逸道”，安乐之道。

〔2〕生道：生民之道。

【解读】孟子说：“本着让老百姓安逸的原则来统治老百姓，百姓虽然劳苦，也不会埋怨；本着让百姓生存的原则去判处犯人死刑，被判处死刑的人也不会怨恨杀他的人。”

13.13 孟子曰：“霸者之民，驩虞如也[1]。王者之民，皞皞如也[2]。杀之而不怨，利之而不庸[3]，民日迁善而不知为之者。夫君子所过者化，所存者神，上下与天地同流，岂曰小补之哉[4]！”

【注释】

〔1〕驩虞：同“欢娱”。

〔2〕皞皞(hào):同“浩浩”。朱熹《集注》:“皞皞,广大自得之貌。”

〔3〕庸:功。

〔4〕朱熹《集注》:“‘所过者化’,身所经历之处,即人无不化,如舜之耕历山而田者逊畔,陶河滨而器不苦窳也。‘所存者神’,心所存主处,便神妙不测,如孔子之‘立斯立,道斯行,绥斯来,动斯和’,莫知其所以然而然也。是其德业之盛,乃与天地之化同运并行,举一世而甄陶之,非如霸者,但小小补塞其罅漏而已。此则王道之所以为大,而学者所当尽心也。”

【解读】孟子说:“霸主治理下的百姓欢喜快乐,圣王治理下的百姓怡然自得。(圣王治理下的百姓)被判处死刑,却不怨恨别人。老百姓蒙受恩泽,他们却不知该报答谁。老百姓日益向善,却不知道是谁使他们如此。君子所经过之处,百姓受到感化;所留存之地,潜移默化、神妙莫测。君子之德简直上下与天地协调运行,这难道只是小小的补益吗?”

13.14 孟子曰:“仁言[1],不如仁声之入人深也[2]。”善政,不如善教之得民也。善政民畏之,善教民爱之。善政得民财,善教得民心。”

【注释】

〔1〕仁言:赵岐《注》曰:“仁言,政教法度之言也。”

〔2〕仁声:朱熹《集注》:“程子曰:仁声,谓仁闻,谓有仁之实,而为众所称道者也。此尤见仁德之昭著,故其感人尤深也。”

【解读】孟子说:“仁爱的言论不如仁爱的声望感人深切,良好的政治措施不如良好的教化能赢得民心。百姓对于良好的政治,尚存畏惧之心;对于良好的教化,百姓由衷地喜爱。良好的政治能聚敛百姓的财富,良好的教化能赢得民心的拥护。”

13.15 孟子曰:“人之所不学而能者,其良能也[1]。所不虑而知

者，其良知也。孩提之童[2]，无不知爱其亲者；及其长也，无不知敬其兄也。亲亲，仁也。敬长，义也。无他，达之天下也[3]。"

【注释】

〔1〕良：赵岐《注》曰："不学而能，性所自能。良，甚也。"朱熹认为："良者，本然之善也。程子曰：'良知良能，皆无所由；乃出于天，不系于人。'"

〔2〕孩提之童：二三岁小孩。孩：古文作"咳"。提：抱。

〔3〕达：通，推广。赵岐《注》曰："人，仁义之心少而皆有之。欲为善者无他，达，通也。但通此亲亲敬长之心，推之天下人而已。"

【解读】孟子说："人不经后天学习就能做到的，是他的良能；不经思虑就明白的，是他的良知。孩童没有不知道爱自己父母的，等到长大后没有不知道敬自己兄长的。亲爱父母是仁之源泉，尊敬兄长是义之源泉。圣人没有其他诀窍，只不过善于把良知良能推广到普天下。"

13.16 孟子曰："舜之居深山之中，与木石居，与鹿豕游，其所以异于深山之野人者几希。及其闻一善言，见一善行，若决江河，沛然莫之能御也[1]。"

【注释】

〔1〕沛然：江河奔流不息。

【解读】孟子说："舜居住在深山之中时，住在树木、石头之间，与鹿和野猪打交道，跟深山之中的野人几乎没有什么差别。但当他听到一句善言，看见一件善行，(就立即照着去做。)就如同决口的江河，澎湃汹涌，势不可当。"

13.17 孟子曰："无为其所不为，无欲其所不欲，如此而已矣。"

【解读】孟子说："不要做他不愿做的事，不要贪图他不该要的东西。一个人如果能做到这一点，也就可以了。"

13.18 孟子曰："人之有德、慧、术、知者[1]，恒存乎疢疾[2]。独孤臣孽子[3]，其操心也危[4]，其虑患也深，故达[5]。"

【注释】

〔1〕知：通"智"，才智。

〔2〕疢(chèn)疾：灾患。朱熹《集注》："疢疾，犹灾患也。言人必有疢疾，则能动心忍性，增益其所不能也。"

〔3〕孽子：非嫡妻所生子女。

〔4〕危：不安、忧患。焦循《正义》引《战国策》高诱注："危，不安也。"

〔5〕达：朱熹《集注》："达，谓达于事理，即所谓德慧术知也。"

【解读】孟子说："那些拥有德行、智慧、道术和才智的人，往往曾经身处灾患之中。只有孤立无助的大臣和地位卑贱的庶子，他们总是操心劳神，深切地考虑着忧患，所以才能通达事理与人情。"

13.19 孟子曰："有事君人者，事是君则为容悦者也[1]。有安社稷臣者，以安社稷为悦者也[2]。有天民者[3]，达可行于天下而后行之者也。有大人者[4]，正己而物正者也。"

【注释】

〔1〕朱熹《集注》："阿殉以为容，逢迎以为悦，此鄙夫之事、妾妇之道也。"

〔2〕朱熹《集注》："言大臣之计安社稷，如小人之务悦其君，眷眷于此而不忘也。"

〔3〕天民：赵岐《注》曰："知道者也。"

〔4〕大人：圣人。朱熹《集注》："大人，德盛而上下化之，所谓'见龙在田，天下文明'者。"

【解读】孟子说："有侍奉君主的人，侍奉君主是为了使他高兴；有安定国家的臣子，那是以安定国家为快乐的人；有天民，那是他们的大道能畅行于天下然后才去实行的人；有圣人，那是以义正己，天下便随之端正了的人。”

13.20 孟子曰：“君子有三乐，而王天下不与存焉。父母俱存，兄弟无故[1]，一乐也。仰不愧于天，俯不怍于人[2]，二乐也。得天下英才而教育之，三乐也。君子有三乐，而王天下不与存焉。”

【注释】

〔1〕故：灾患疾病。

〔2〕怍(zuò)：惭愧。

【解读】 孟子说：“君子一生有三大快乐，但称王天下不包括在内。父母都健在，兄弟无变故，是第一种乐事；抬头无愧于天，俯首不惭于人，是第二种乐事；得到天下优秀的人才而教育培育他们，是第三种乐事。君子有三种快乐，但称王天下不在其内。”

13.21 孟子曰：“广土众民，君子欲之，所乐不存焉。中天下而立，定四海之民，君子乐之，所性不存焉。君子所性，虽大行不加焉[1]，虽穷居不损焉，分定故也[2]。君子所性，仁、义、礼、智根于心。其生色也，睟然见于面[3]、盎于背[4]、施于四体[5]。四体不言而喻。”

【注释】

〔1〕大行：通达，与“穷居”对文。

〔2〕分：本分、本心。朱熹《集注》：“分者，所得于天之全体，故不以穷达而有异。”

〔3〕睟(suì)然：清和润泽。

〔4〕盎：充盈。

〔5〕施：延及。

【解读】孟子说：“辽阔的土地、众多的民众，是君子所希望得到的，但他的快乐不在于此；屹立在天下之中，安定四海之内的民众，君子以此为乐，但他得自于天的本性不在于此。君子把仁义礼智作为本性，纵使显贵通达也不会因此有所增加，即使穷困隐居也不会因此有所减少，这是因为本心已经确定了的缘故。君子的本性，仁、义、礼、智四端根植于内心，显现于外则温润纯正。它表现在脸上，充溢于脊背，延伸到四肢。通过肢体的动作，不待言说，就能使人了解。”

13.22　孟子曰：“伯夷辟纣[1]，居北海之滨，闻文王作兴，曰：‘盍归乎来！吾闻西伯善养老者[2]。’太公辟纣，居东海之滨，闻文王作兴，曰：‘盍归乎来！吾闻西伯善养老者。’天下有善养老，则仁人以为己归矣。五亩之宅，树墙下以桑，匹妇蚕之，则老者足以衣帛矣。五母鸡，二母彘，无失其时，老者足以无失肉矣。百亩之田，匹夫耕之，八口之家足以无饥矣。所谓西伯善养老者，制其田里[3]，教之树畜，导其妻子，使养其老。五十非帛不暖，七十非肉不饱。不暖不饱，谓之冻馁。文王之民，无冻馁之老者，此之谓也。”

【注释】

〔1〕辟：同“避”。

〔2〕西伯：周文王。

〔3〕田里：朱熹《集注》：“田，谓百亩之田。里，谓五亩之宅。”

【解读】孟子说：“伯夷躲避殷纣，住在北海之滨，听说文王兴盛起来了，便说：‘何不去归附他呢？我听说西伯善于奉养老人。’姜太公躲避殷纣，住在东海之滨，听说文王兴盛起来了，便说：‘何不去归附他呢？我听说西伯善于奉养老人。’天下有善于养老的人，那么仁人便把他当做自己的归宿。五亩大小的宅院，在墙边栽种桑树，妇女养蚕缫丝，那么老年人就可以穿上丝帛了。五只母鸡，两头母猪，加以饲养，不错过它们的繁殖时节，那么老年人就可以不缺肉吃了。百亩的土地，男子去耕种，八口的家庭就足够吃饱了。所谓西伯善于奉养老人,就在于他制定了平民百姓的田亩宅地制度。文王教导他们栽种、畜牧,引导百姓奉养他们的老人。五十岁的人,没有丝帛便穿不暖;七十岁的人,没有肉便吃不饱。穿不暖、吃不饱,叫做挨冻受饿。在文王的治理区域,没有挨冻受饿的老人,说的正是这个意思。"

13.23 孟子曰:"易其田畴[1],薄其税敛,民可使富也。食之以时,用之以礼,财不可胜用也。民非水火不生活。昏暮叩人之门户,求水火,无弗与者,至足矣。圣人治天下,使有菽粟如水火。菽粟如水火,而民焉有不仁者乎?"

【注释】

〔1〕易:治、整治。畴:耕治的田亩。

【解读】孟子说:"整治耕地,减轻赋税,可以使百姓富足。依照时令饮食,按照礼仪消费,财物便不会用尽。民众没有水、火就无法生存,夜里敲别人的家门去求觅水、火,没有不给的,因为家家水、火相当充足。圣人治理天下,要使拥有豆、粟如同水、火那样充足。豆、粟如同水、火那样充足,民众哪有不仁爱的呢?"

13.24 孟子曰:"孔子登东山而小鲁[1],登太山而小天下[2]。故观于海者难为水,游于圣人之门者难为言[3]。观水有术,必观其澜[4]。日月有明,容光必照焉[5]。流水之为物也,不盈科不行[6]。君子之志于道也,不成章不达[7]。"

【注释】

〔1〕东山:蒙山,在今山东境内。

〔2〕太山:泰山。

〔3〕朱熹《集注》:"此言所处益高,则其视下益小;所见既大,则其小者不足观也。"

〔4〕澜：朱熹《集注》："澜，水之湍急处也。"

〔5〕容光：透光的微小缝隙。赵岐《注》曰："容光，小隙也。"焦循《正义》进一步指出："苟有丝发之隙可以容纳，则光必入而照焉，容光非小隙之名，至于小隙，极言其容之微者，以见其照之大也，故以小隙明容光。"

〔6〕科：坑洼。

〔7〕成章：《说文》云："乐竟为一章。"此处指事物达到一定程度，具备一定规模。《吕氏春秋·大乐篇》云："阴阳变化，一上一下，合而成章。"朱熹《集注》："成章，所积者厚，而文章外见也。"

【解读】孟子说："孔子登临东山，觉得鲁国渺小；孔子登临泰山，觉得天下变小了。因此，见过大海的人，难以对别的小江小河感兴趣；在圣人门下学习过的人，难以对言之无物的言论感兴趣。观看水有诀窍，必须观看它的波澜。太阳和月亮都有光辉，极小的缝隙都能照得到。流水这种东西，不流满洼地就不再向前流；君子所志于的大道，不达到一定的程度就不能通达。"

13.25 孟子曰："鸡鸣而起，孳孳为善者[1]，舜之徒也。鸡鸣而起，孳孳为利者，蹠之徒也[2]。欲知舜与蹠之分，无他，利与善之间也[3]。"

【注释】

〔1〕孳孳：勤勉不已。

〔2〕蹠(zhí)：同"跖"，即盗跖，春秋战国时期的大盗。

〔3〕间：极小的空隙。朱熹《集注》："程子曰：'言间者，谓相去不远，所争毫末耳。善与利，公私而已矣。才出于善，便以利言也。'"

【解读】孟子说："鸡叫便起身，孜孜不倦行善的，是舜一类的人；鸡叫便起身，孜孜不倦求私利的，是盗跖一类的人。要想知道舜和跖的区别，没有别的，只在利和善这极其微小的差异中。"

13.26 孟子曰："杨子取为我[1]，拔一毛而利天下，不为也。墨

子兼爱,摩顶放踵利天下〔2〕,为之。子莫执中〔3〕,执中为近之。执中无权〔4〕,犹执一也。所恶执一者,为其贼道也〔5〕,举一而废百也。"

【注释】

〔1〕杨子:杨朱。取:主张。朱熹《集注》:"'取为我'者,仅足于为我而已,不及为人也。《列子》称其言曰:'伯成子高不以一毫利物',是也。"

〔2〕摩:摩秃。顶:头顶。放:到。踵:脚后跟。

〔3〕子莫:鲁国贤人。赵岐《注》曰:"子莫,鲁之贤人也。其性中和专一者也。"朱熹《集注》又云:"子莫,鲁之贤人也。知杨、墨之失中也,故度于二者之间而执其中。"

〔4〕权:权变。

〔5〕贼:损害。朱熹《集注》:"'为我'害仁,'兼爱'害义,'执中'者害于时中,皆举一而废百者也。"

【解读】孟子说:"杨子主张为我,拔下一根毫毛能够有利于天下,他都不肯做;墨子主张兼爱,只要对天下有利,即使摩秃头顶、走破脚跟,他也愿意去做;子莫主张中道而行,主张中道就接近仁义了。但是,如果坚持中道而缺乏变通,就和固执于一端一样偏颇了。之所以厌恶固执于一端,是因为它损害了大道,只抓住了一点却废弃了其余。"

13.27 孟子曰:"饥者甘食,渴者甘饮,是未得饮食之正也,饥渴害之也。岂惟口腹有饥渴之害?人心亦皆有害。人能无以饥渴之害为心害,则不及人不为忧矣。"

【解读】孟子说:"饥饿的人觉得任何食物都是香的,干渴的人觉得任何饮料都是甜的。他们并未尝到食物、饮料的本来滋味,而是由于受了饥饿干渴损害的缘故。难道只是口腹有饥饿干渴的损害吗?人心也有这种损害。人们如果能够不使饥渴的损害变成对心的损害,那么就不会因为比不上他人而忧虑了。"

13.28 孟子曰："柳下惠不以三公易其介[1]。"

【注释】

〔1〕介：耿介的操守。赵岐《注》云："介，大也。柳下惠执宏大之志，不耻污君，不以三公荣位易其大量也。"焦循《正义》引刘熙说云："介，操也。"

【解读】 孟子说："柳下惠不因为三公的高位而改变他耿介的操守。"

13.29 孟子曰："有为者辟若掘井[1]，掘井九轫而不及泉[2]，犹为弃井也。"

【注释】

〔1〕辟：通"譬"。

〔2〕轫：同"仞"，八尺为一仞，赵岐《注》曰："轫，八尺也。"一说七尺为一仞。

【解读】孟子说："立志修身养性的人做事好比掘井，掘得很深却不曾挖到泉水，仍然只是一口废井而已。"

13.30 孟子曰："尧、舜，性之也[1]。汤、武，身之也[2]。五霸，假之也[3]。久假而不归，恶知其非有也[4]？"

【注释】

〔1〕性之：朱熹《集注》："尧、舜天性浑全，不假修习。"

〔2〕身之：朱熹《集注》："汤、武修身体道，以复其性。"

〔3〕假之：朱熹《集注》："五霸则假借仁义之名，以求济其贪欲之私耳。"

〔4〕久假而不归：赵岐《注》曰："五霸若能久假仁义，譬如假物，久而不归，安知其不真有也。"

【解读】孟子说："尧舜是本性具备仁义，商汤、武王是亲身践行仁义，五霸是假借利用仁义。假借久了而不知归还，又怎么能知道

他们本心并没有仁义之善端呢？”

13.31 公孙丑曰：“伊尹曰：‘予不狎于不顺[1]。’放太甲于桐，民大悦。太甲贤，又反之[2]，民大悦。贤者之为人臣也，其君不贤，则固可放与？”

孟子曰：“有伊尹之志[3]，则可。无伊尹之志，则篡也。”

【注释】

〔1〕狎：习见、亲近。不顺：指不顺义理。

〔2〕反：通“返”。

〔3〕志：心志。朱熹《集注》：“伊尹之志，公天下以为心，而无一毫之私者也。”

【解读】公孙丑说：“伊尹说：‘我不亲近不遵循礼义的人。’于是他把太甲放逐到桐邑，百姓非常高兴。太甲悔过自新，变得贤明谦逊了，又让他回来(做君主)，百姓非常高兴。贤者做了臣子，他的君主不贤明，就可以将君主放逐吗？”

孟子说：“有伊尹以天下为公的心志就可以，没有伊尹那样的心志就是篡位。”

13.32 公孙丑曰：“《诗》曰[1]：‘不素餐兮[2]。’君子之不耕而食，何也？”

孟子曰：“君子居是国也，其君用之，则安富尊荣；其子弟从之，则孝弟忠信。‘不素餐兮’，孰大于是？”

【注释】

〔1〕《诗》曰：出自《诗经·魏风·伐檀》。

〔2〕素餐：无功而食禄。

【解读】公孙丑说：“《诗》里说：‘不能无功而食禄。’君子不亲自种地也有饭吃，为什么呢？”

孟子说："君子居住在这个国家，国君任用他，便能得到安宁富足、尊贵荣耀；他的弟子追随他，便会孝顺父母、敬爱兄长、忠诚守信。'不能无功而食禄'，还有比这更重要的吗？"

13.33 王子垫问曰[1]："士何事？"

孟子曰："尚志[2]。"

曰："何谓尚志？"

曰："仁义而已矣。杀一无罪，非仁也。非其有而取之，非义也。居恶在？仁是也。路恶在？义是也。居仁由义，大人之事备矣。"

【注释】

〔1〕王子垫：齐王之子，名垫。

〔2〕志：心志。朱熹《集注》："士既未得行公卿大夫之道，又不当为农工商贾之业，则高尚其志而已。"

【解读】王子垫问道："士该做什么事？"

孟子说："使心志高尚。"

王子垫说："什么叫使心志高尚呢？"

孟子说："遵行仁义罢了。杀死一个无罪的人，就是不仁；不是自己的东西却强行占有，就是不义。居所在哪里？以仁为家；道路在哪里？以义为路。以仁为家，以义为路，君子该做的事就齐备了。"

13.34 孟子曰："仲子[1]，不义与之齐国而弗受，人皆信之。是舍箪食豆羹之义也。人莫大焉亡亲戚、君臣、上下[2]。以其小者，信其大者，奚可哉？"

【注释】

〔1〕仲子：即陈仲子。

〔2〕大焉：同"大于"。亡：无。

【解读】孟子说："陈仲子，（如果）不合道义地把齐国送给他，他不会接受,人们都相信这一点。(不过,)这只是拒绝一筐饭、一碗汤的小道义罢了。人的罪过没有比不讲亲属、君臣、尊卑之礼更大的了。因为他有这点廉洁的表现,就相信他会有大的节操,这怎么可以呢?"

13.35 桃应问曰[1]:"舜为天子,皋陶为士[2],瞽瞍杀人,则如之何?"

孟子曰:"执之而已矣[3]。"

"然则舜不禁与?"

曰:"夫舜恶得而禁之?夫有所受之也。"

"然则舜如之何?"

曰:"舜视弃天下,犹弃敝蹝也[4];窃负而逃,遵海滨而处[5],终身䜣然[6],乐而忘天下。"

【注释】

〔1〕桃应:孟子弟子。

〔2〕皋陶(yáo):东夷族的首领。士:掌管刑狱的官员。

〔3〕朱熹《集注》:"言皋陶之心,知有法而已,不知有天子之父也。"

〔4〕蹝(xǐ):草鞋。

〔5〕遵:循。

〔6〕䜣(xīn):同"欣"。

【解读】桃应问道:"舜当天子,皋陶当法官,如果瞽瞍杀了人,该如何处置?"

孟子说:"把他抓起来。"

桃应说:"那么舜不去阻止吗?"

孟子说:"舜怎么能去阻止呢?皋陶根据法律规则,他有权这样做。"

桃应说:“那么舜该怎么办呢?”

孟子说:“舜把抛弃天下看成抛弃破鞋一样,(因此他会)偷偷地背着父亲逃走,在海边住下来。终身快乐,以至于忘记了天下。”

13.36 孟子自范之齐[1],望见齐王之子。喟然叹曰:“居移气,养移体。大哉居乎!夫非尽人之子与!”

孟子曰:“王子宫室、车马、衣服,多与人同。而王子若彼者,其居使之然也。况居天下之广居者乎[2]?鲁君之宋,呼于垤泽之门[3]。守者曰:‘此非吾君也,何其声之似我君也?’此无他,居相似也。”

【注释】

〔1〕范:齐国地名,故城在今河南省范县东南。

〔2〕广居:喻指仁。

〔3〕垤(dié)泽:宋国都城门名。

【解读】孟子从范来到齐都,远远地看见了齐王的儿子,喟然长叹道:“居处改变人的气度,奉养改变人的体质,环境是多么重要啊!他不同样是人的儿子吗?”

孟子说:“王子的宫室、车马、衣服大多与他人相同,然而王子之所以那样(与众不同),是他所居住的环境造成的,何况居住在(‘仁’这样一个)天下最广阔的居所中的人呢?鲁君有一次到宋国去,在垤泽门下呼喊。守门人说:‘他不是我们的国君,为什么他的声音非常像我们的国君呢?’这没有别的原因,只是因为环境相似罢了。”

13.37 孟子曰:“食而弗爱,豕交之也[1]。爱而不敬,兽畜之也[2]。恭敬者,币之未将者也[3]。恭敬而无实[4],君子不可虚拘[5]。”

【注释】

〔1〕交:接。

〔2〕畜：养。

〔3〕将：送。《尔雅·释言》云：“将，送也。”

〔4〕朱熹《集注》：“此言当时诸侯之待贤者，特以币帛为恭敬而无其实也。”

〔5〕拘：止、留。

【解读】孟子说：“养活他却不爱他，这是用对待猪的方式来跟他交往；爱他却不尊敬他，这是用对待牲畜的方式来畜养他。恭敬之心，是在奉送礼物之前就应该具备的。如果恭敬却没有实质，那么君子就不可因虚假的礼节而留住。”

13.38 孟子曰：“形、色〔1〕，天性也〔2〕。惟圣人然后可以践形。”

【注释】

〔1〕形：体貌。色：女子容貌。

〔2〕天性：朱熹《集注》：“人之有形有色，无不各有自然之理，所谓天性也。”

【解读】孟子说：“人的形体和容貌禀受自然之理而生成，只有圣人才能通过形体和容貌来彰显善的本性。”

13.39 齐宣王欲短丧。公孙丑曰：“为朞之丧〔1〕，犹愈于已乎〔2〕？”

孟子曰：“是犹或紾其兄之臂〔3〕，子谓之‘姑徐徐’云尔。亦教之孝弟而已矣。”王子有其母死者，其傅为之请数月之丧〔4〕。

公孙丑曰：“若此者，何如也？”

曰：“是欲终之而不可得也，虽加一日愈于已。谓夫莫之禁而弗为者也。”

【注释】

〔1〕朞（qī）：同“期”，一年。

〔2〕已:止。

〔3〕紾(zhěn):扭。

〔4〕朱熹《集注》:"陈氏曰:'王子所生之母死,厌于嫡母而不敢终丧。其傅为请于王,欲使得行数月之丧也。时又适有此事,丑问:"如此者,是非何如?"按《仪礼》:"公子为其母,练冠,麻衣縓缘,既葬除之。"疑当时此礼已废,或既葬而未忍即除,故请之也。'"

【解读】齐宣王想要缩短服丧时间。公孙丑说:"服丧一年总比不服丧好吧?"

孟子说:"这就像有人在扭折他兄长的胳膊,你对他说'慢慢地扭'。(这有什么用呢?)你应该教导他孝顺父母、敬爱兄长。"

有个王子的生母死了,他的老师替他请求(为死去的母亲)服丧几个月。公孙丑问道:"像这样的事,该如何看待?"

孟子答道:"这是由于王子想要服丧三年却办不到的缘故。即使多服丧一天也总比不服丧好,这是针对那些没有人禁止他而他自己却不肯去服丧的人说的。"

13.40 孟子曰:"君子之所以教者五。有如时雨化之者[1],有成德者,有达财者[2],有答问者,有私淑艾者[3]。此五者,君子之所以教也。"

【注释】

〔1〕时雨:及时之雨。朱熹《集注》:"草木之生,播种封植,人力已至而未能自化,所少者,雨露之滋耳。及此时而雨之,则其化速矣。教人之妙,亦犹是也,若孔子之于颜、曾是已。"

〔2〕财:通"才"。

〔3〕私:私下。淑:善。艾(yì):治。私淑艾即私淑,焦循《正义》云:"'私淑艾'者即'私拾取'也。亲为门徒,面相授受,直也。未得为孔子之徒,而拾取于相传之人,故为私,'私淑'犹云'窃取'也。彼言私淑诸人,不必又叠'艾'字,

其义自足。此叠‘艾’字以足其句,其实‘私淑艾’犹‘私淑’也。”

【解读】孟子说:“君子实施教化的方式有五种:有像及时雨一样滋润万物的,有帮助成就德行的,有培养才能的,有解答疑问的,还有以自身德行与学识为后人所景仰与学习的。这五种就是君子所用来施行教化的方法。”

13.41 公孙丑曰:“道则高矣美矣,宜若登天然,似不可及也。何不使彼为可几及而日孳孳也[1]?”

孟子曰:“大匠不为拙工改废绳墨,羿不为拙射变其彀率[2]。君子引而不发,跃如也。中道而立,能者从之。”

【注释】

〔1〕几:近。

〔2〕彀(gòu)率:拉开弓的标准。

【解读】公孙丑说:“圣人之道既崇高又完美,(追求它)几乎像登天一样,遥遥不可企及。为什么不使圣人之道变得有希望达到,让人每天都不懈地去追求呢?”

孟子说:“高明的木匠不会因为笨拙的徒工而改变或废弃绳墨,后羿不会因为拙劣的射手而改变他拉弓的标准。君子拉满了弓,但不把箭射出去,只是跃跃欲试(地做示范)。他树立一个符合中道的准则,如同一位君子站在大道的中央,有才能的人就知道如何追随他。”

13.42 孟子曰:“天下有道,以道殉身[1]。天下无道,以身殉道。未闻以道殉乎人者也。”

【注释】

〔1〕殉:从。朱熹《集注》:“以道从人,妾妇之道。”

【解读】孟子说:“天下政治清明,终身行道;天下政治黑暗,为道献身。我还没听说过牺牲道来迁就王侯的。”

13.43 公都子曰:“滕更之在门也[1],若在所礼。而不答,何也?”

孟子曰:“挟贵而问,挟贤而问,挟长而问,挟有勋劳而问,挟故而问[2],皆所不答也。滕更有二焉[3]。”

【注释】

〔1〕滕更:滕国国君的弟弟,孟子弟子。

〔2〕故:故旧之好。

〔3〕朱熹《集注》:“此言君子虽诲人不倦,又恶夫意之不诚者。”

【解读】公都子说:“滕更在您门下学习时,似乎属于以礼相待的学生,可您却不回答他的提问,这是为什么呢?”

孟子说:“倚仗显贵的地位来发问,倚仗贤明能干来发问,倚仗年长来发问,倚仗有功劳来发问,倚仗故交来发问,这些都是我不予回答的。五条之中,滕更就占了其中的两条。”

13.44 孟子曰:“于不可已而已者[1],无所不已。于所厚者薄,无所不薄也。其进锐者,其退速。”

【注释】

〔1〕已:止。

【解读】孟子说:“对不该停止的工作却中止了,那么对他而言,世上就没有什么不可以中止了;对该厚待的人却给予薄待,那就没有什么人不可以薄待了。前进的步伐过于迅猛的人,后退也将迅速。”

13.45 孟子曰："君子之于物也[1]，爱之而弗仁[2]。于民也，仁之而弗亲[3]。亲亲而仁民，仁民而爱物。"

【注释】

〔1〕物：朱熹《集注》："谓禽兽草木。"

〔2〕爱：爱惜。朱熹《集注》："谓取之有时，用之有节。"

〔3〕仁之而弗亲："仁"和"亲"的含义虽近，但有区别。焦循《正义》有所甄别："《说文·人部》云：'仁，亲也。'亲即是仁，而仁不尽于亲。仁之在族类者为亲，其普施于民者，通谓之仁而已。仁之言人也，称仁以别于物；亲之言亲也，称亲以别于疏。"相对于"亲"而言，"仁"的适用范围更广。

【解读】孟子说："君子对于天地万物，爱惜它们却不施以仁德；对于天下大众，施以仁德却不亲爱。君子从亲爱亲人开始，进而施仁德于天下百姓。从施仁德于天下百姓，进而爱惜宇宙万物。"

13.46 孟子曰："知者无不知也，当务之为急。仁者无不爱也，急亲贤之为务。尧、舜之知而不遍物，急先务也。尧、舜之仁不遍爱人，急亲贤也。不能三年之丧，而缌、小功之察[1]；放饭流歠[2]，而问无齿决[3]，是之谓不知务。"

【注释】

〔1〕缌（sī）：古代丧服的名称，五服中最轻的一服，以细麻布为孝服，服丧三个月。小功：古代丧服的名称，五服中的第四等，以熟麻布为孝服，用于兄弟之丧，服丧五个月。

〔2〕放饭：大饭，放肆无礼地吃饭。放，纵。流歠（chuò）：张口大喝。歠，吸、喝。朱熹《集注》："放饭，大饭；流歠，长歠，不敬之大者也。"

〔3〕齿决：用牙咬断干肉。朱熹《集注》："齿决，啮断干肉，不敬之小者也。"

【解读】孟子说："智者无所不知，但急于知道当前该做的事情；仁者无所不爱，但急于先爱亲人和贤者。尧、舜的智慧不能遍知所有的事物,是因为他们急于知道与洞察眼前的大事;尧、舜的仁德虽深广,不能遍爱所有的人,是因为他们急于去爱亲人和贤者。如果不能够实行三年的丧礼,却对于缌麻、小功之类的丧礼过于苛求;(在尊长面前)大吃大喝,毫无礼貌,却讲究不要用牙齿咬断干肉(这样的小礼节),这就叫做不识大体。”

孟子通释卷十四

尽心章句下(凡三十八章)

【概说】民本主义者胡适认为,“因为他把个人的人格,看得如此之重,因为他以为人性都是善的,所以他有一种平等主义”。并且评论说:“孟子的政治学说很带有民权的意味。”梁启超也将孟子定位为民权主义者,主张统治者应以民意为进退,以顺从民心为标准。实际上,民本思想就是近代民主思想在古代社会的表现形式,随着近代以自由贸易、工业生产为代表的生产方式的出现,民本思想自然而然将过渡到民主思想。

性命之学是子思氏之儒对儒家学说的重要贡献。虽然孔子有“性相近,习相远”(《论语·阳货》)之说,也谈“命”与“天命”,但他没有明确指出命或天命与性是什么关系。正如子贡所说,“夫子之文章,可得而闻也;夫子之言性与天道,不可得而闻也”(《论语·公冶长》)。郭店竹简《性自命出》篇将“性”和“命”的关系定义为“性自命出,命自天降”。《中庸》也说:“天命之谓性,率性之谓道。”显然,二者都认为“性命合一”。孟子继承了他们对“性”和“命”关系的认识,并进一步对“性”和“命”的内涵进行了区分。他认为,耳目之欲等自然属性,虽可被称为性,但属于“求在外者”(《孟子·尽心上》),所以他不称之为性,而宁谓之命。仁义理智等美德“求则得之,舍则失之”(《孟子·告子上》),是“求在我者也”(《孟子·尽心上》)。因而它们属于性而不应称之命。

14.1 孟子曰:“不仁哉,梁惠王也!仁者以其所爱,及其所不爱[1]。不仁者,以其所不爱,及其所爱。”

公孙丑曰:“何谓也?”

“梁惠王以土地之故,糜烂其民而战之[2],大败,将复之[3],恐不能胜,故驱其所爱子弟以殉之。是之谓以其所不爱及其所爱也。”

【注释】

〔1〕仁者以其所爱,及其所不爱:即孟子所谓:“亲亲而仁民,仁民而爱物。”

〔2〕糜烂:朱熹《集注》:“糜烂其血肉也。”

〔3〕复之:复战。

【解读】孟子说:“梁惠王真是不仁啊!仁人把他施于所喜爱的人的恩德推及于他所不认识的陌生人,不仁的人却把他加给所不爱的人的祸害推及于他所喜爱的人。”

公孙丑问道:“为什么这么说呢?”

孟子说:“梁惠王因为争夺土地的缘故,不惜牺牲平民百姓的血肉之躯去作战,大败之后,还准备再战。唯恐不能战胜敌人,因此又驱使他所喜爱的子弟上战场送死,这就是把加给不爱的人的祸害推及到所爱的人身上。”

14.2 孟子曰:“《春秋》无义战[1],彼善于此,则有之矣。征者上伐下也,敌国不相征也[2]。”

【注释】

〔1〕《春秋》无义战:朱熹《集注》:“《春秋》每书诸侯战伐之事,必加讥贬,以著其擅兴之罪,无有以为合于义而许之者。”

〔2〕敌:匹敌。

【解读】孟子说:“春秋时代没有正义的战争。交战的那一方比这一方好一点,那是有的。所谓征,是指天子讨伐诸侯,同等级的诸侯之间是不能互相征讨的。”

14.3　孟子曰："尽信《书》,则不如无《书》。吾于《武成》[1],取二三策而已矣[2]。仁人无敌于天下。以至仁伐至不仁,而何其血之流杵也[3]?”

【注释】

〔1〕《武成》:古《尚书》篇名,赵岐考证秦汉时已佚失。古文《尚书》中的《武成》,已非孟子所看到的《武成》。

〔2〕策:竹简。

〔3〕杵:舂杵。

【解读】孟子说:“完全相信《书》,还不如没有《书》。我对于《武成》这一篇,只取其中的两三段文字罢了。仁人天下无敌,凭(周武王这样)天下最具仁德的贤君去讨伐(商纣这样)最不仁的暴君,怎么会让鲜血流淌得足以把杵都漂起来呢?”

14.4　孟子曰:“有人曰:‘我善为陈[1],我善为战。’大罪也。国君好仁,天下无敌焉。南面而征,北狄怨[2];东面而征,西夷怨。曰:‘奚为后我?’武王之伐殷也,革车三百两[3],虎贲三千人[4]。王曰:‘无畏!宁尔也,非敌百姓也。’若崩厥角稽首[5]。征之为言正也,各欲正己也,焉用战?”

【注释】

〔1〕陈:通“阵”。

〔2〕北狄:《四部丛刊》本、焦循《正义》本皆作“北夷”。

〔3〕两:通“辆”。

〔4〕虎贲:勇士。贲,通“奔”。三千:《书序》作三百人。

〔5〕厥角:顿首、磕头。厥,同“蹶”,顿;角,额头。古今注家对“厥角”历来有两种理解:一说指兽之角,孔颖达疏《尚书·泰誓中》“百姓懔懔,若崩厥角”

曰:“以畜兽为喻,民之怖惧,若似畜兽崩摧其角然。”一说为以额触地。厥,同“蹶”。角,即额角。《说文》云:“顿,下首也。”今从后说。朱熹《集注》又云:“《书·太誓》文与此小异。”

【解读】孟子说:“有人说:‘我善于布阵,我善于作战。’这实际上是该服上刑的大罪过。君主好行仁政,天下所向无敌。向南征讨,北方的狄人就会埋怨;向东征讨,西方的夷人就会埋怨,说:‘为什么把我们放在后面啊!’周武王讨伐殷纣时,有兵车三百辆、勇士三千人。武王对老百姓说:‘不要害怕!我是来让你们安居乐业的,不是来同你们为敌的。’老百姓便都额角触地叩起头来,声响好像山陵崩塌一般。征的意思就是正,各人都希望端正自己,那又何必要发动战争呢?”

14.5 孟子曰:“梓匠轮舆[1],能与人规矩,不能使人巧。”

【注释】

〔1〕梓:做器具的工匠。匠:造房屋的工匠。轮:造车轮的工匠。舆:造车厢的工匠。

【解读】孟子说:“工匠能把制作的规矩传授给别人,却不能使人心灵手巧。”

14.6 孟子曰:“舜之饭糗茹草也[1],若将终身焉。及其为天子也,被袗衣[2],鼓琴,二女果[3],若固有之[4]。”

【注释】

〔1〕饭:吃。糗(qiǔ):炒熟的米麦,泛指干粮。茹:吃。

〔2〕袗(zhěn)衣:即絺(chī)衣,细葛布。

〔3〕果:一作婐,女侍。此处用作动词,侍候。

〔4〕朱熹《集注》:“言圣人之心,不以贫贱而有慕于外,不以富贵而有动于中,随遇而安,无预于己,所性分定故也。”

【解读】孟子说："舜当年啃干粮、咽野菜时，好像终身都要如此过下去；等他做了天子，穿着细葛布的衣服，弹着琴，尧的两个女儿侍候着他，又好像本来就拥有这种生活似的。"

14.7 孟子曰："吾今而后知杀人亲之重也。杀人之父，人亦杀其父。杀人之兄，人亦杀其兄。然则非自杀之也，一间耳[1]。"

【注释】

〔1〕间(jiàn)：隔。朱熹《集注》："一间者，我往彼来，间一人耳，其实与自害其亲无异也。范氏曰：'知此则爱敬人之亲，人亦爱敬其亲矣。'"

【解读】孟子说："我从今而后知道杀死别人亲人的严重后果：杀死别人的父亲，别人也会杀死他的父亲；杀死别人的哥哥，别人也会杀死他的哥哥。那么，虽然不是自己杀死了父亲和哥哥，也仅仅只有一步之遥。"

14.8 孟子曰："古之为关也，将以御暴。今之为关也，将以为暴。"

【解读】孟子说："古时候设立关卡是用来抵御强暴，如今设立关卡却是用来施行强暴。"

14.9 孟子曰："身不行道，不行于妻子。使人不以道，不能行于妻子[1]。"

【注释】

〔1〕孟子这一段话是对孔子"其身正，不令而行；其身不正，虽令不从"(《论语·子路》)的进一步论述。

【解读】孟子说："自己不依大道而行，大道在妻子、儿女身上也行不通；使唤别人不合于道，要去使唤妻子、儿女都行不通。"

14.10 孟子曰："周于利者[1]，凶年不能杀[2]。周于德者，邪世不

能乱。”

【注释】

〔1〕周:足。

〔2〕杀:窘困。郑玄注《礼记·礼器》“是故年虽大杀,众不匡惧”曰:“杀,谓谷不熟也。”

【解读】孟子说:“财富充足的人,荒年不能使他困窘;德性敦厚的人,身处乱世也不会迷惑。”

14.11 孟子曰:“好名之人能让千乘之国。苟非其人,箪食豆羹见于色[1]。”

【注释】

〔1〕赵岐《注》曰:“好不朽之名者,轻让千乘,子藏、季札之俦是也。诚非好名者,争箪食豆羹变色,讼之致祸。”朱熹的理解与赵岐不同,“好名之人,矫情干誉,是以能让千乘之国;然若本非能轻富贵之人,则于得失之小者,反不觉其真情之发见矣。盖观人不于其所勉,而于其所忽,然后可以见其所安之实也。”

【解读】孟子说:“爱惜名声的人,能够让出拥有千辆兵车的国家给贤人;但是,如果不是适宜受让的对象,即使让给一筐饭、一碗汤,他都会流露出不悦的神情。”

14.12 孟子曰:“不信仁贤,则国空虚。无礼义[1],则上下乱。无政事,则财用不足。”

【注释】

〔1〕朱熹《集注》:“礼义,所以辨上下,定民志。”

【解读】孟子说:“不信任仁者贤士,国力就会空虚;没有礼义,上下等级与社会秩序就会混乱;没有政事,国家的财用就会不足。”

14.13 孟子曰："不仁而得国者有之矣。不仁而得天下者，未之有也[1]。"

【注释】

〔1〕朱熹《集注》："言不仁主人骋其私智，可以盗千乘之国，而不可以得丘民主心。邹氏曰：'自秦以来，不仁而得天下者有矣，然皆一再传而失之，犹不得也。所谓得天下者，必如三代而后可。'"

【解读】孟子说："不行仁政却能得到一个国家，这种事情是有的。不行仁政却能得到整个天下，这样的事从来没有发生过。"

14.14 孟子曰："民为贵，社稷次之[1]，君为轻。是故得乎丘民而为天子[2]，得乎天子为诸侯，得乎诸侯为大夫。诸侯危社稷，则变置[3]。牺牲既成，粢盛既洁[4]，祭祀以时，然而旱干水溢，则变置社稷[5]。"

【注释】

〔1〕社：土神。稷：谷神。

〔2〕丘民：民众。丘，众。《周礼·地官·小司徒》："九夫为井，四井为邑，四邑为丘。"朱熹《集注》："丘民，田野之民，至微贱也；然得其心，则天下归之。"王念孙《广雅疏证》云："丘，众也。《孟子·尽心篇》：'得乎丘民而为天子。'《庄子·则阳》篇云：'丘里者，合十姓百名，而以为风俗也。'《释名》云：'四邑为丘，丘，聚也。'皆众之义也。"

〔3〕诸侯危社稷，则变置：朱熹《集注》："诸侯无道，将使社稷为人所灭，则当更立贤君。是君轻于社稷也。"

〔4〕粢盛(zī chéng)：祭祀时所提供的饭食。

〔5〕朱熹《集注》："祭祀不失礼，而土谷之神不能为民御灾捍患，则毁其坛壝而更置之，亦'年不顺成，八蜡不通'之意。是社稷虽重于君而轻于民也。"

【解读】孟子说："平民百姓地位最重要，其次是土谷之神，君主的地位最轻。因此，得到平民大众的拥戴，就可以成为天子；得到天子的赏识，就可以做诸侯；得到诸侯的赏识，就可以做大夫。如果诸侯危及了国家，就另外改立；如果祭祀用的牲畜已经肥壮了，祭品已经洁净了，祭祀也按时举行了，但仍有水旱灾害，就另外改立土谷之神祭坛。”

14.15 孟子曰："圣人，百世之师也，伯夷、柳下惠是也。故闻伯夷之风者，顽夫廉[1]，懦夫有立志；闻柳下惠之风者，薄夫敦，鄙夫宽。奋乎百世之上[2]。百世之下，闻者莫不兴起也。非圣人而能若是乎？——而况于亲炙之者乎[3]？"

【注释】

〔1〕顽：贪。

〔2〕奋：感动奋发。

〔3〕亲炙：直接受到熏陶。朱熹《集注》："亲炙，亲近而熏炙之也。"

【解读】孟子说："圣人是百代人的老师，伯夷和柳下惠便是这样的人。所以，听说过伯夷风范的，贪婪者会变得廉洁，懦弱者会立下志向；听说过柳下惠风范的，刻薄成性者变得厚道，心胸狭隘者变得宽容。他们在百代以前发奋有为，在百代之后，听说过他们事迹的人没有不振作奋发的。不是圣人，能够像这样吗？更何况当时亲身受到他们熏陶的人呢？"

14.16 孟子曰："仁也者，人也。合而言之，道也[1]。"

【注释】

〔1〕朱熹《集注》："仁者，人之所以为人之理也。然仁，理也；人，物也。以仁之理，合于人之身而言立，乃所谓道者也。"

【解读】孟子说："仁就是人。把仁和人结合起来说，便是道。"

14.17　孟子曰："孔子之去鲁，曰：'迟迟吾行也。'去父母国之道也。去齐，接淅而行，去他国之道也[1]。"

【注释】

〔1〕此章重出。

【解读】孟子说："孔子离开鲁国时说：'我要慢慢地走。'这是离开祖国时的态度。离开齐国时，把正在淘的米捞出来漉干了就走。这是离开别国时的态度。"

14.18　孟子曰："君子之戹于陈、蔡之间[1]，无上下之交也[2]。"

【注释】

〔1〕戹：通"厄"，困厄。《史记·孔子世家》记载："孔子迁于蔡三岁，吴伐陈。楚救陈，军于城父。闻孔子在陈蔡之间，楚使人聘孔子。孔子将往拜礼，陈蔡大夫谋曰：'孔子贤者，所刺讥皆中诸侯之疾。今者久留陈蔡之间，诸大夫所设行皆非仲尼之意。今楚，大国也，来聘孔子。孔子用于楚，则陈蔡用事大夫危矣。'于是乃相与发徒役围孔子于野。不得行，绝粮。从者病，莫能兴。"

〔2〕无上下之交：朱熹《集注》："君臣皆恶，无所与交也。"

【解读】孟子说："孔子被围困在陈国、蔡国之间，是因为这两个国家的君臣都昏聩无道，孔子不愿与他们君臣打交道的缘故。"

14.19　貉稽曰[1]："稽大不理于口[2]。"

孟子曰："无伤也。士憎兹多口[3]。《诗》云[4]：'忧心悄悄，愠于群小。'孔子也。'肆不殄厥愠[5]，亦不陨厥问[6]。'文王也。"

【注释】

〔1〕貉(mò)稽：人名，其人与事不可详考。

〔2〕理：利、顺。赵岐《注》曰："为众口所讪。理，赖也。"

〔3〕憎：朱熹与赵岐皆认为"憎"当为"增"传写之误。朱熹《注》曰："赵氏曰：'为士者，益多为众口所讪。'按此则'憎'当从'土'，今本皆从心，盖传写

之误。”

〔4〕《诗》云：引自《诗经·邶风·柏舟》。

〔5〕肆：发语词。殄(tiǎn)：绝。愠：怒。

〔6〕陨：失。问：声闻。肆不二句引自《诗经·大雅·绵》。

【解读】貉稽说：“我被人家说了很多坏话。”

孟子说：“没有关系。学者士人会比别人更多地遭受别人的议论。《诗》里说：‘忧思忡忡压在心头，小人对我愤恨嫉妒。’孔子就是这样的人。(《诗》里还说：)‘虽未消除别人的怨恨，也并不丧失自己的声誉。’文王就是这样的人。”

14.20 孟子曰：“贤者以其昭昭[1]，使人昭昭。今以其昏昏[2]，使人昭昭[3]。”

【注释】

〔1〕昭：明。《说文》：“昭，日明也。”

〔2〕昏(hūn)：同“昏”，暗。

〔3〕朱熹《注》曰：“尹氏曰：‘《大学》之道，在自昭明德，而施于天下国家，其有不顺者寡矣。’”

【解读】孟子说：“贤者以自己的透彻明了，再去帮助别人明白事理；今天的人自己糊里糊涂，却企图使别人透彻明了。”

14.21 孟子谓高子曰[1]：“山径之蹊间[2]，介然用之而成路[3]。为间不用[4]，则茅塞之矣。今茅塞子之心矣[5]。”

【注释】

〔1〕高子：齐人，曾学于孟子。

〔2〕径：山坡。蹊：小路。间：狭窄。

〔3〕介然：意志专一而不旁骛。《荀子·修身》篇云：“善在身，介然必以自好也。”此“介然”与荀子之“介然”同义。用：由、行。对“山径之蹊间介然用之

而成路”应如何句读，历来有争议，朱熹《集注》本断句为：“山径之蹊间，介然用之而成路。”他将“间”上读，取“介然”的“倏然之顷”之意。另一种断句是赵岐的“山径之蹊间介然，用之而成路。”

〔4〕为间：朱熹《注》曰：“为间，少顷也。”

〔5〕今茅塞子之心：朱熹《注》曰：“言理义之心，不可少有间断也。”

【解读】孟子对高子说道：“山坡上的小路很窄，经常走便变成了一条路；如果隔了段时间不去走，就会被茅草堵塞。人心与此同理。现在，‘茅草’也把你的心堵塞了。”

14.22 高子曰：“禹之声，尚文王之声〔1〕。”

孟子曰：“何以言之？”

曰：“以追蠡〔2〕。”

曰：“是奚足哉？城门之轨，两马之力与〔3〕？”

【注释】

〔1〕尚：通“上”，胜过。

〔2〕追(duī)：钟钮。蠡：快要断的样子。古今注家对“追蠡”的注解大体有三：其一，为钟钮欲断貌；其二，为器物剥蚀貌；其三，为击钟留下的痕迹。

〔3〕两：同“辆”。

【解读】高子说：“禹的音乐胜过文王的音乐。”

孟子说：“凭什么这么说呢？”

高子回答说：“因为(禹传下来的)钟钮都快断了。”

孟子说：“这怎么足以证明呢？城门下面的深深的车辙印，难道只是几匹马的力量造成的吗？”

14.23 齐饥。陈臻曰：“国人皆以夫子将复为发棠〔1〕，殆不可复〔2〕。”

孟子曰：“是为冯妇也〔3〕。晋人有冯妇者，善搏虎，卒为善士〔4〕。

则之野[5],有众逐虎。虎负嵎[6],莫之敢撄[7]。望见冯妇,趋而迎之。冯妇攘臂下车,众皆悦之。其为士者笑之[8]。”

【注释】

〔1〕发:开仓赈济。棠:齐国地名,在今山东省即墨市一带。

〔2〕殆不可复:朱熹《注》曰:“先时齐国尝饥,孟子劝王发棠邑之仓,以振贫穷。至此又饥,陈臻问言齐人望孟子复劝王发棠;而又自言恐其不可也。”

〔3〕冯妇:人名,古代勇士,姓冯,名妇。

〔4〕朱熹《注》曰:“卒为善士,后能改行为善也。”

〔5〕“卒为善士则之野”:关于这一句的断句,历来有争议。宋人刘昌诗在《芦蒲笔记》、周密在《志雅堂杂抄》中提出将“善”和“士”分开,以“卒为善,士则之”断句。刘昌诗认为:“余味此段之言,恐合以‘卒为善’为一句,‘士则之’为一句,‘野有众逐虎’为一句。盖有搏虎之勇而卒能为善,故士以为则;及其不知止,则士以为笑也。”周密进而指出:“本以‘善’字‘之’字断句,前云‘士则之’,后云‘其为士者笑之’文义相属,与章旨亦合。”

〔6〕嵎(yú):山坳。

〔7〕撄:触、碰。

〔8〕朱熹《注》曰:“疑此时齐王已不能用孟子,而孟子亦将去矣,故其言如此。”

【解读】齐国发生饥荒。陈臻说:“国人都认为夫子将要再次劝说齐王打开棠地的粮仓救灾,恐怕不能再这样做了吧。”

孟子说:“如果再这样做,我就成为冯妇了。晋国以前有个叫冯妇的大力士,擅长徒手打老虎,后来成为善士。一次他去野外,看到许多人在追逐老虎,老虎背依山险,进行顽抗,没有人敢靠近它。人们远远地看到了冯妇,就跑过去迎接他。冯妇捋起袖子,挥舞着胳膊,走下车来。众人都很喜欢他,可是士人却讥笑他。”

14.24 孟子曰:“口之于味也,目之于色也,耳之于声也,鼻之

于臭也[1],四肢之于安佚也,性也,有命焉,君子不谓性也[2]。仁之于父子也,义之于君臣也,礼之于宾主也,智之于贤者也,圣人之于天道也,命也,有性焉,君子不谓命也[3]。"

【注释】

〔1〕臭(xiù):通"嗅",气味。

〔2〕朱熹《注》曰:"程子曰:'五者之欲,性也。然有分,不能皆如其愿,则是命也。不可谓"我性之所有"而求必得之也。'愚按:'不能皆如其愿',不止为贫贱。盖虽富贵之极,亦有品节限制,则是亦有命也。"

〔3〕徐复观《中国人性论史·先秦篇》对这段话的解释是:"当时一般人把耳目之欲等称为性;孟子以为此类耳目之欲,在生而即有的这一点上,固可称之为性;但当其实现时,则须'求在外',其权并不能操之在己;所以他宁谓之命,而不谓之性。当时一般人,把仁义礼智天道等称为命,孟子以为此等道德理性,在莫之致而至的这一点上,固可称之为命;但当其实现时,是'求在内',其主宰在人之自身;固孟子宁谓之性而不谓之命。""性"是"求在内",具备"生而即有"的特性;命须"求在外",具备"莫之致而至"的特征。"性"和"命"的共同点是"生而即有,莫之致而至",二者的区别在于"性"的主宰在人之自身,而"命"不能操之在己。

【解读】孟子说:"人的嘴巴喜欢尝美味,眼睛喜欢看美貌,耳朵喜欢听美妙的音乐,鼻子喜欢香味,四肢喜欢安逸,这是人的本性。(至于能否全部得到,)其中有命的作用,所以君子不认为它们全是性分所定。仁对于父子,义对于君臣,礼对于宾主,智对于贤者,圣人对于天道,(能否全部实现,)这由命所决定,但其中也有本性的作用。因此,君子不把它们看成是命的安排。"

14.25 浩生不害问曰[1]:"乐正子[2],何人也?"

孟子曰:"善人也,信人也。"

"何谓善?何谓信?"

曰："可欲之谓善[3]。有诸己之谓信。充实之谓美。充实而有光辉之谓大。大而化之之谓圣。圣而不可知之之谓神[4]。乐正子，二之中、四之下也[5]。"

【注释】

〔1〕浩生不害：齐国人，姓浩生，名不害。

〔2〕乐正子：孟子弟子。

〔3〕可欲之谓善：高诱注："善，好也。"焦循《正义》认为，"可欲即可好"，"好善"即"善善"。"可欲"当与"可求"互训。

〔4〕神："神"是会意字，从示、申。"申"是天空中闪电形，古人因闪电变化莫测，威力无穷，故称之为神。孟子对"神"的定义是"圣而不可知之"。朱熹《注》曰："程子曰：'圣不可知，谓圣之至妙，人所不能测。非圣人之上又有一等神人也。'"

〔5〕二之中、四之下：朱熹《注》曰："盖在善、信之间。"

【解读】浩生不害问道："乐正子是一个什么样的人？"

孟子答道："是个善人、信人。"

（浩生不害又问：）"什么叫'善'，什么叫'信'？"

孟子说："我们称悦人心意的东西（善端）叫做善，仁义礼智善端为自身所拥有叫做信，使善端充盈实在叫做美，既充盈实在又使人性的善端光耀四方叫做大，既大又能感化万物叫做圣，圣达到妙不可测的境界叫做神。乐正子处在前两者之中，而在后四者之下。"

14.26　孟子曰："逃墨必归于杨，逃杨必归于儒[1]。归，斯受之而已矣。今之与杨、墨辩者，如追放豚，既入其苙[2]，又从而招之[3]。"

【注释】

〔1〕逃墨必归于杨，逃杨必归于儒：朱熹《注》曰："墨氏务外而不情，杨氏太简而近实，故其反正之渐，大略如此。"墨家主张兼爱，无亲疏之别；杨朱主张绝对为我，贵己、重生，否认个人对社会的义务。

〔2〕苙(lì):栏,圈。

〔3〕招:拴、羁绊。

【解读】孟子说:"离开墨子一派的人,一定会归向杨朱这一派;离开杨朱一派的人,最后一定会回归儒家。归向儒家,接纳他们就是了。现今与杨、墨两家辩论的人,好像在追逐走失的猪一样,已经赶入圈栏了,还要缚住它的脚。"

14.27 孟子曰:"有布缕之征、粟米之征、力役之征[1]。君子用其一,缓其二。用其二而民有殍,用其三而父子离。"

【注释】

〔1〕布缕之征、粟米之征、力役之征:朱熹《注》曰:"征赋之法,岁有常数,然布缕取之于夏,粟米取之于秋,力役取之于冬,当各以其时。若并取之,则民力有所不堪矣。"

【解读】孟子说:"有征收布帛的赋税,有征收粟米的赋税,还有征收人力的徭役。君子采用其中的一种,另外两种暂时不用。如果同时采用两种,平民百姓就会有饿死的;如果同时采用三种,就会家破人亡。"

14.28 孟子曰:"诸侯之宝三:土地,人民,政事。宝珠玉者,殃必及身。"

【解读】孟子说:"诸侯的宝贝有三件:土地、人民、政事。以珠玉为宝的人,灾祸必定降到他的身上。"

14.29 盆成括仕于齐[1]。孟子曰:"死矣盆成括!"盆成括见杀[2],门人问曰:"夫子何以知其将见杀?"曰:"其为人也小有才。未闻君子之大道也,则足以杀其躯而已矣[3]。"

【注释】

〔1〕盆成括:姓盆成,名括。据赵岐考证,此人曾求学于孟子,未成即去。

〔2〕见:被。

〔3〕朱熹《注》曰:“恃才妄作,所以取祸。”

【解读】盆成括在齐国做官。

孟子说:“盆成括活不长了!”

盆成括果然被人杀害。学生问道:“老师如何知道他将会被杀呢?”

孟子说:“盆成括这个人小有才干,但未曾懂得君子的大道,这就足以招致杀身之祸了。”

14.30 孟子之滕,馆于上宫[1]。有业屦于牖上[2],馆人求之弗得[3]。

或问之曰:“若是乎从者之廋也[4]?”

曰:“予以是为窃屦来与?”

曰:“殆非也[5]。夫子之设科也[6],往者不追,来者不距。苟以是心至,斯受之而已矣。”

【注释】

〔1〕上宫:齐国别宫的名字。历代注者对“上宫”大体有三种看法:赵岐《注》云:“上宫,楼也”;朱熹认为,“上宫,别宫名”;焦循则认为:“此‘上宫’当如‘上舍’,谓上等之馆舍也。”今取朱熹之说。

〔2〕业屦(jù):没织好的草鞋。

〔3〕馆人:管理馆舍的官吏。

〔4〕廋(sōu):隐藏。

〔5〕殆非也:俞樾《古书疑义举例》指出,“殆非也”乃孟子自问自答。可备一说。

〔6〕设科:赵岐《注》云:“设教授之科。”

【解读】孟子到了滕国,住在上宫。有一双尚未织成的草鞋放在窗台上不见了,旅馆里的管理者没有找到。有人便问孟子说:“是不是跟随您的人把它藏起来了?”

孟子说："你认为他们是为了偷草鞋而来的吗？"

那人说："大概不是。不过，您老人家设置课程，(接收学生的态度是)去的不追回，来的不拒绝。只要他们怀着学习的心来，您就会接收他们。(其中难免良莠不齐，会有一些手脚不干净的人混进来。)"

14.31 孟子曰："人皆有所不忍，达之于其所忍，仁也。人皆有所不为，达之于其所为，义也。人能充无欲害人之心，而仁不可胜用也。人能充无穿踰之心[1]，而义不可胜用也。人能充无受'尔'、'汝'之实[2]，无所往而不为义也。士未可以言而言，是以言餂之也[3]。可以言而不言，是以不言餂之也。是皆穿踰之类也。"

【注释】

〔1〕穿踰：穿穴逾墙，代指偷窃行为。赵岐《注》曰："穿墙逾屋，奸利之心也。"朱熹《注》曰："皆为盗之事也。"《论语·阳货》云："色厉而内荏，譬诸小人，其穿窬之盗也与。"

〔2〕尔、汝：本是长辈对于晚辈的通称，这里是作为轻蔑的称呼，表示对别人的不尊敬。朱熹《集注》曰："盖尔汝人所轻贱之称。"

〔3〕餂(tiǎn)：同"舔"，取。朱熹《注》曰："探取之也。今人以舌取物曰餂，即此意也。"

【解读】孟子说："人人都有不忍心做的事，把这种不忍之心推及到他所忍心做的事上，就是仁；人人都有不愿做的事，把这种不愿之心推及到他愿做的事上，就是义。人人如果能够把不想害人的心加以扩充，那么仁就会用之不竭；人如果能够把不愿挖洞、跳墙(去行窃)的心扩充开，那么，义就会用之不竭；人如果能够把不愿受人轻蔑的心理扩充开，那么无论到哪里，行为都会符合义。士人，不可以和他交谈的却与之交谈，这是用言语设置陷阱，诱惑他而使自己从中取利；可以和他交谈却不与之谈，这是用沉默诱惑他而使自己从中取利。这些都属于挖洞、跳墙之类的卑鄙行径。”

14.32 孟子曰：“言近而指远者[1]，善言也。守约而施博者[2]，善道也。君子之言也，不下带而道存焉[3]。君子之守，修其身而天下平。人病舍其田而芸人之田[4]，所求于人者重，而所以自任者轻。”

【注释】

〔1〕指：通“旨”。

〔2〕施：施给恩惠。《左传》僖公二十四年云：“报者倦矣，施者未厌。”杜预《注》云：“施，功劳也。有劳则望报过甚。”

〔3〕不下带：带，束腰之带。古人把衣带束在腰上，心在腰带之上。所以这里所谓“不下带”，比喻人之心。朱熹《注》曰：“古人视不下于带，则带之上，乃目前常见至近之处也。举目前之近事而至理存焉，所以为言近而指远也。”

〔4〕芸：通“耘”。

【解读】孟子说：“言语浅近而含意深远，是善言；遵守起来非常简约，施行起来效用广博深远，是善道。君子的言语，说的虽都是眼前的事情，但治国平天下的大道却蕴涵其中；君子的操守，虽然只是修养自身，但影响所及，却能使天下太平。一般人的毛病在于舍弃自己的田地而去耕耘别人的田地，责求于他人的很苛重，加给自己的责任却很轻。”

14.33 孟子曰：“尧、舜，性者也[1]。汤、武，反之也[2]。动容周旋中礼者，盛德之至也。哭死而哀，非为生者也。经德不回[3]，非以干禄也[4]。言语必信，非以正行也。君子行法[5]，以俟命而已矣。”

【注释】

〔1〕朱熹《注》曰：“性者，得全于天，无所污坏，不假修为，圣之至也。”

〔2〕反：通“返”。

〔3〕经：行。回：违。

〔4〕干:求取。

〔5〕君子行法:朱熹《注》曰:“法者,天理之当然者也。君子行之,而吉凶祸福有所不计,盖虽未至于自然,而已非有所为而为矣。”

【解读】孟子说:“尧、舜的仁德,出自本性;商汤和周武王的仁德,是经过修身力行回复到自己的本性。举止仪容无不合于礼,这是德行深厚到了极点。为死者而悲哀哭泣,这不是为了给活人看;遵循道德而不违背,这不是为了谋求官职;言语一定要信实,这不是为了向他人表明自己品行端正。君子依照天地间规律行事,成败得失自有定数。”

14.34　孟子曰:“说大人[1],则藐之,勿视其巍巍然。堂高数仞[2],榱题数尺[3],我得志弗为也。食前方丈[4],侍妾数百人,我得志弗为也。般乐饮酒[5],驱骋田猎,后车千乘,我得志弗为也。在彼者,皆我所不为也。在我者,皆古之制也,吾何畏彼哉?”

【注释】

〔1〕大人:赵岐《注》曰:“大人,当时尊贵者也。”

〔2〕堂高:指殿堂的台阶之高。焦循《正义》曰:“经传称堂高者,皆指堂阶而言。”

〔3〕榱(cuī)题:此处指屋檐。榱,即桷,房椽子。题,头。

〔4〕食前方丈:朱熹《注》曰:“食前方丈,馔食列于前者,方一丈也。”

〔5〕般:大。

【解读】孟子说:“游说诸侯,就要藐视他们,不要顾及他们高高在上的样子。殿堂台阶高数丈,屋檐宽几尺,我要是得志了,就不会这样做;面前的食物摆满一丈见方,侍奉的姬妾有几百个,我要是得志了,就不会这样做;饮酒狂欢,驰骋射猎,随从的车辆有上千乘,我要是得志了,就不会这样做。他的所作所为都是我不愿做的,我所愿做的都合乎古时的法度,我为什么要敬畏他呢?”

14.35 孟子曰："养心莫善于寡欲[1]。其为人也寡欲，虽有不存焉者，寡矣。其为人也多欲，虽有存焉者，寡矣[2]。"

【注释】

〔1〕养心莫善于寡欲：朱熹《注》曰："欲，如口、鼻、耳、目四支之欲，虽人之所不能无，然多而不节，未有不失其本心者，学者所当深戒也。程子曰：'所欲不必沈溺。只有所向便是欲。'"

〔2〕郭店楚墓竹简《语丛二》有"欲生于性，虑生于欲，倍生于虑，争生于倍，党生于争"的记载，认为欲产生于本性，本性每个人都有，只要是人就会有欲，与孟子有相近之处。孟子认为"寡欲"是"养心"的最好手段，孟子强调的是"寡欲"，并非"灭欲"。

【解读】孟子说："修养心性没有比减少欲望更好的方法了。一个人欲望不多，那么即使善性有所丧失，也不会很多；一个人欲望很多，那么即使善性有所存留，也是很少的。"

14.36 曾皙嗜羊枣[1]，而曾子不忍食羊枣。

公孙丑问曰："脍炙与羊枣孰美[2]？"

孟子曰："脍炙哉！"

公孙丑曰："然则曾子何为食脍炙而不食羊枣？"

曰："脍炙所同也，羊枣所独也。讳名不讳姓[3]，姓所同也，名所独也。"

【注释】

〔1〕羊枣：一种紫黑色、小而圆的果实，俗称羊矢枣。朱熹《注》曰："羊枣，实小黑而圆，又谓之羊矢枣。曾子以父嗜之，父殁之后，食必思亲，故不忍食也。"也有人认为，羊枣不是枣，而是一种较小的柿子。

〔2〕脍炙(kuài zhì)：脍，把鱼、肉切成薄片。炙，烤肉。

〔3〕讳名：不可直呼尊长之名。

【解读】曾皙喜欢吃羊枣，曾子因此不忍心吃羊枣。公孙丑问道：

"烤肉和羊枣比，哪一种更加美味可口？"

孟子说："当然是烤肉。"

公孙丑说："那么曾子为什么吃烤肉而不吃羊枣呢？"

孟子回答说："烤肉是人们都爱吃的，而吃羊枣是曾皙的独特爱好。这就像避讳，只避名，不避姓。因为姓是很多人共有的，而名却是一个人所独有的。"

14.37 万章问曰："孔子在陈，曰：'盍归乎来？吾党之士狂简[1]，进取不忘其初[2]。'孔子在陈，何思鲁之狂士？"

孟子曰："孔子：'不得中道而与之[3]，必也狂獧乎[4]？狂者进取，獧者有所不为也[5]。'孔子岂不欲中道哉？不可必得，故思其次也。"

"敢问何如斯可谓狂矣？"

曰："如琴张[6]、曾皙、牧皮者[7]，孔子之所谓狂矣。"

"何以谓之狂也？"

曰："其志嘐嘐然[8]，曰：'古之人，古之人[9]！'夷考其行[10]，而不掩焉者也。狂者又不可得，欲得不屑不洁之士而与之，是獧也，是又其次也。孔子曰[11]：'过我门而不入我室，我不憾焉者，其惟乡原乎！乡原[12]，德之贼也。'"

曰："何如斯可谓之乡原矣？"

"曰：'何以是嘐嘐也？言不顾行，行不顾言，则曰"古之人，古之人"。''行何为踽踽凉凉[13]？生斯世也，为斯世也，善斯可矣。'阉然媚于世也者[14]，是乡原也。"

万子曰："一乡皆称原人焉，无所往而不为原人，孔子以为德之贼，何哉？"

曰："非之无举也，刺之无刺也。同乎流俗，合乎污世。居之似忠信，行之似廉洁。众皆悦之，自以为是。而不可与入尧、舜之道，故曰

‘德之贼’也。孔子曰：‘恶似而非者：恶莠，恐其乱苗也。恶佞[15]，恐其乱义也。恶利口[16]，恐其乱信也。恶郑声[17]，恐其乱乐也。恶紫，恐其乱朱也[18]。恶乡原，恐其乱德也。’君子反经而已矣[19]。经正则庶民兴；庶民兴，斯无邪慝矣。”

【注释】

〔1〕党：乡里。狂简：朱熹《注》曰：“狂简，谓志大而略于事。”简，志大。

〔2〕这一段话与《论语·公冶长》篇小异。

〔3〕不得中道而与之：语见《论语·子路》篇，《论语》“道”作“行”，“獧”作“狷”。

〔4〕狂：朱熹《注》曰：“狂，有志者也。有志者，能进于道。”獧：同“狷”，朱熹《注》曰：“獧，有守者也。有守者，不失其身。”

〔5〕有所不为：朱熹《注》曰：“知耻自好，不为不善之人也。”

〔6〕琴张：根据赵岐、朱熹考证，琴张即孔子弟子子张。

〔7〕牧皮：生平已无从考查。或说为孔子弟子。

〔8〕嘐嘐(xiāo)：心高志傲的样子。

〔9〕曰：“古之人，古之人”：俞樾《古书疑义举例》谓此七字当是衍文。

〔10〕夷考：考查。夷：平，辨。朱熹《注》曰：“夷，平也。”

〔11〕孔子曰：此处引文另有所出，唯最后一句“乡原，德之贼也”见于《论语·阳货》。

〔12〕乡原：即乡愿，指乡里似德非德、伪善欺世的伪君子。

〔13〕踽踽(jǔ)凉凉：孤单不合群。朱熹《注》曰：“踽踽，独行不进之貌。凉凉，薄也，不见亲厚于人也。”

〔14〕阉：低下。

〔15〕佞：巧言谄媚。

〔16〕利口：朱熹《注》曰：“利口，多言而不实者也。”

〔17〕郑声：郑地的乐歌。声与乐有区别，《礼记·乐记》云：“感于物而动，故形于声。声相应，故生变。变成方谓之音。比音而乐之，及干、戚、羽、旄，谓之乐。”又云：“凡音者，生于人心者也。乐者，通伦理者也。是故知声而不知

音者,禽兽是也。知音而不知乐者,众庶是也。唯君子为能知乐。是故审声以知音,审音以知乐,审乐以知政,而治道备矣。是故不知声者,不可与言音,不知音者,不可与言乐,知乐则几于礼矣。礼乐皆得,谓之有德。”可见,由“声”到“乐”不仅是艺术层次的递进,更是生命境界的升华。

〔18〕朱:朱熹《注》曰:“紫,间色。朱,正色也。”

〔19〕反:同“返”。经:正道、大道。朱熹《注》曰:“经,常也,万世不易之常道也。”

【解读】万章问道:“孔子在陈国,说道:‘何不回去呢!我乡里的晚辈们志大而狂放,积极进取而不忘本。’孔子在陈国,为什么想念鲁国这些狂放之人呢?”

孟子回答说:“孔子说过:‘找不到言行合于中庸之道的人相交往,那就只能找狂放者和狷介者了。狂放的人勇于进取,狷介的人有所不为。’孔子难道不想与合于中道的人相交吗?(只是)不一定能找到,所以只好想到次一等的人了。”

“请问什么样的人才可被称作狂放之人呢?”

孟子回答说:“像琴张、曾皙、牧皮这样的人,就是孔子所说的狂放之人。”

“为什么说他们是狂放之人呢?”

孟子回答说:“他们志向远大,口气也大,总是说:‘古人啊,古人啊!’可是考查他们的行为,却不能与所说的话相符。这种狂放之人如果也不可以得到,便想找那些不屑于做肮脏之事的人来交往,这种人就是狷介之士,这又是次一等的。孔子说:‘路过我的家门却不进到屋里,我能不感到遗憾的,恐怕只有好好先生吧!这些好好先生们,是德行的戕害者。’”

“什么样的人才算是好好先生呢?”

孟子回答说:“(这种人批评狂放之士说:)‘为什么志向、口气那么大呢?实在是言语不能和行为相照应,行为也不能同言语相照应,就只会空喊:‘古人啊,古人啊!’(他们又批评狷介之士说:)‘做事情为什么这样落落寡合呢?生在这个世道,为这个世道做事,只要过得去就行了。’像阉人那样谄媚邀宠的人就是好好先生。”

万章说:“全乡的人都说他是好人,他也处处表现出是一个好人,孔子却把他看成是德行的戕害者,为什么呢?”

孟子说:“(这种人,)要非难他,却又举不出什么错误来;要指责他,却也没什么能指责的;混同于流俗,迎合于浊世,平时似乎忠厚信实,处事似乎正直廉洁,大家都喜欢他,他也自以为是,但是却背离了尧舜之道,所以说他是德行的戕害者。孔子说:‘我憎恶似是而非的东西:憎恶莠草,是怕它混淆了禾苗;憎恶巧言令色,是怕它混淆了义;憎恶夸夸其谈,是怕它混淆了信;憎恶郑国的音乐,是怕它混淆了雅乐;憎恶紫色,是怕它混淆了大红色;憎恶好好先生,是怕他毁坏了德行。’君子只是要回归正道罢了。道路正确了,民众就会奋起有为;民众奋起有为,就没有邪恶的事发生了。”

14.38 孟子曰:“由尧、舜至于汤,五百有余岁[1]。若禹、皋陶,则见而知之。若汤,则闻而知之。由汤至于文王,五百有余岁。若伊尹、莱朱[2],则见而知之。若文王,则闻而知之。由文王至于孔子,五百有余岁。若太公望、散宜生[3],则见而知之。若孔子,则闻而知之。由孔子而来,至于今,百有余岁。去圣人之世,若此其未远也。近圣人之居,若此其甚也。然而无有乎尔[4],则亦无有乎尔?”

【注释】

〔1〕五百有余岁:赵岐《注》云:“五百岁而圣人出,天道之常。然亦有迟速,不能正五百年,故言‘有余’也。”

〔2〕莱朱:商汤的贤臣,一名仲虺(huǐ)。赵岐《注》云:“莱朱,汤贤臣。或曰:即仲虺也。为汤左相。”

〔3〕散宜生:周文王四贤臣之一,以文德著称。

〔4〕乎尔：赵岐《注》云："乎尔者，叹而不怨之辞也。"唐代韩愈在《原道》中所标示的尧、舜、禹、汤、文、武、周公、孔子的圣人道统，在本章中已经大备。

【解读】孟子说："从尧、舜到商汤，有五百多年。像禹和皋陶，是亲眼目睹因而知道尧、舜之道的；至于商汤，则是听到传闻而知道的。从商汤到文王，有五百多年，像伊尹和莱朱，是亲眼目睹因而知道商汤之道的；至于文王，则是听到传闻而知道的。从文王到孔子，有五百多年，像太公望和散宜生，是亲眼目睹因而知道文王之道的；至于孔子，则是听到传闻而知道的。从孔子到现在，有一百多年了，离圣人的时代并不遥远，距离圣人的家乡又是如此之近，然而却没有亲耳所闻、亲眼所见圣人之道的人。既然如此，难道真的没有继承与光大圣人之道的人了吗？"

作者曾振宇简介

曾振宇,1962 年 3 月生,江西省泰和县人。山东省“泰山学者”特聘教授,孔子研究院特聘教授,山东大学儒学高等研究院副院长、教授、博士生导师、史学博士,山东省政协委员,美国康涅狄格大学访问学者。研究方向为儒学与中国古代思想史。已出版学术专著 15 部,论文 90 多篇。多次荣获山东省社科联一、二、三等奖。

图书在版编目(CIP)数据

孟子诠解 / 曾振宇校注. —2 版. —济南:山东友谊出版社,2004.11(2018.03 重印)
ISBN 978-7-5516-0503-8

Ⅰ. ①孟… Ⅱ. ①曾… Ⅲ. ①儒家 ②《孟子》—注释 Ⅳ. ①B222.52

中国版本图书馆CIP 数据核字(2014)第 267340 号

主管单位:山东出版传媒股份有限公司
出版发行:山东友谊出版社
地　　址:济南市英雄山路 189 号　邮政编码:250002
电　　话:出版管理部(0531)82098756
　　　　　市场营销部(0531)82098035(传真)
印　　刷:临沂市第二印刷厂
版　　次:2014 年 11 月第 2 版
印　　次:2018 年 3 月第 4 次印刷
开　　本:710mm×1000mm　1/16
印　　张:22
字　　数:340 千
定　　价:42.00 元
